Barbara Koch-Priewe · Arne Niederbacher · Annette Textor
Peter Zimmermann

Jungen – Sorgenkinder oder Sieger?

Barbara Koch-Priewe
Arne Niederbacher · Annette Textor
Peter Zimmermann

Jungen – Sorgenkinder oder Sieger?

Ergebnisse einer quantitativen
Studie und ihre pädagogischen
Implikationen

VS VERLAG FÜR SOZIALWISSENSCHAFTEN

Bibliografische Information der Deutschen Nationalbibliothek
Die Deutsche Nationalbibliothek verzeichnet diese Publikation in der
Deutschen Nationalbibliografie; detaillierte bibliografische Daten sind im Internet über
<http://dnb.d-nb.de> abrufbar.

1. Auflage 2009

Lektorat: Stefanie Laux

VS Verlag für Sozialwissenschaften ist Teil der Fachverlagsgruppe
Springer Science+Business Media.
www.vs-verlag.de

Umschlaggestaltung: KünkelLopka Medienentwicklung, Heidelberg
Druck und buchbinderische Verarbeitung: Krips b.v., Meppel
Gedruckt auf säurefreiem und chlorfrei gebleichtem Papier
Printed in the Netherlands

ISBN 978-3-531-15859-4

Inhalt

Einleitung

Seit einigen Jahren ist – insbesondere aufgrund der Ergebnisse internationaler Schulleistungsvergleichsstudien – die Rede davon, „dass Frauen und Mädchen das siegreiche Geschlecht des 21. Jahrhunderts sind [...], währenddessen Männer und Jungen zunehmend ins Abseits geraten" (Rose und Schmauch 2005: 7). Jungen wurden als 'Leerstelle' in der Forschung entdeckt, und es zeichnet sich mittlerweile ein Perspektivwechsel „von der Benachteiligung der Mädchen zur Benachteiligung der Jungen" (Cornelißen 2004: 128, vgl. auch Epstein et al. 1998) ab. Dieser Perspektivwechsel kommt in der Berichterstattung durch die Printmedien deutlich zum Ausdruck: 'Die Krise der kleinen Männer' (Die Zeit 2007), 'Schlaue Mädchen – dumme Jungen' (Der Spiegel 2004) oder 'Arme Jungs!' (Focus 2002) lauten die Titelgeschichten einschlägiger Magazine. In den genannten Beiträgen geht es vor allem um die Frage, inwiefern Jungen im Vergleich zu Mädchen im Hinblick auf ihre Bildungs- und Zukunftschancen benachteiligt sind. Die Debatten über die Benachteiligung von Jungen münden in der Regel in Problem-Diagnosen, die jenen der Ratgeberliteratur mit Titel wie 'Arme Jungs: Was Eltern, die Söhne haben, wissen sollten' (Preuschoff 2007), 'Kleine Helden in Not: Jungen auf der Suche nach Männlichkeit' (Schnack und Neutzling 2003) oder 'Lauter starke Jungen' (Rogge und Mähler 2002) gleichen und drei zentralen Diskurslinien zugeordnet werden können (vgl. Schultheis und Fuhr 2006: 16ff.):

- der 'Arme-Jungen-Diskurs' weist die Probleme von Jungen primär den Frauen/Müttern zu,
- der 'Die-Schule-Versagt-Diskurs' geht davon aus, dass die realen Bedürfnisse von Jungen von der Schule und ihren Organisationsstrukturen verkannt werden,
- wohingegen der 'Wie-Jungen-Sind-Diskurs' die natürliche – d.h. auf biologische Ursachen zurückzuführende – Jungenhaftigkeit postuliert und daraus folgend die Missachtung der spezifischen Bedürfnisse von Jungen kritisiert.

Unabhängig davon, welcher (sozialwissenschaftlicher) Quellen sich die Autoren der medialen Berichterstattung und der Jungen-Ratgeberliteratur im Einzelnen bedienen, zeigt sich, dass die 'realen' Bedürfnisse von Jungen als gemeinhin bekannt proklamiert werden. Damit soll nicht in Abrede gestellt werden, dass durch die mediale Berichterstattung und die Ratgeberliteratur interessante Perspektiven auf das Thema 'Jungen' eröffnet werden. Es zeigt sich aber, dass Jungen in der Berichterstattung nach wie vor als das *Allgemeine* – d.h. als mehr oder weniger homogene Gruppe – verhandelt werden und nicht berücksichtigt wird, dass im Zuge von Individualisierungs- und Pluralisierungsprozessen das Spektrum dessen erweitert wurde, wie sich ein Junge als Junge reflektieren und darstellen kann.

Dieser Perspektive folgend, kommen Jungen als das *Besondere* (vgl. Winter 2001, Meuser 2005a) in den Blick. Das meint in diesem Zusammenhang auch, dass es *die* männliche Sozialisation ebenso wenig gibt wie es *die* Jungen gibt. In den wissenschaftlichen Aufmerksamkeitsfokus sind Jungen bislang vor allem in Bezug auf Probleme bei der Suche nach männlicher Identität geraten – sei es in puncto Beziehungsgestaltung, Sexualität, Gewalt oder Leistungsstress. Zudem liegen Studien über Jugendliche vor, in denen häufig nicht nach Geschlecht differenziert wird oder aber der Fokus auf Mädchen liegt. Geprägt vom feministischen Diskurs und der Kritik von Frauen an Männlichkeitsvorstellungen wurde männliche Sozialisation vor allem als Problem diagnostiziert und mit Schlagworten wie 'Dominanzansprüche' oder 'fehlende Väter' besetzt. Das Wissen über Jungen ist jedoch nach wie vor ausgesprochen lückenhaft. Eine umfassende – *nicht auf einzelne Aspekte fokussierte* – empirisch untermauerte Argumentation ist bislang weder im populärwissenschaftlichen noch im wissenschaftlichen Diskurs zu verzeichnen. Die vorliegende Studie mit den Ergebnissen einer im Jahr 2005 durchgeführten Befragung von 1635 Jungen im Alter von 14 bis 16 Jahren versucht einige Wissenslücken zu schließen.[1] Sie schließt thematisch an eine im Jahr 1995 abgeschlossene Untersuchung (vgl. Zimmermann 1998) an, ist aber vor dem Hintergrund der zwischenzeitlichen Theorieentwicklung wesentlich differenzierter.

Im ersten Kapitel wird zunächst ein Überblick über theoretische Ansätze zur Geschlechtersozialisation und über aktuelle Ergebnisse der Jungen- und Geschlechterforschung gegeben. Daran schließen sich im zweiten Kapitel Ausführungen über das Design der Dortmunder Jungenstudie an; der Schwerpunkt liegt hier unter anderem auf der Beschreibung der Stichprobe unter Berücksichtigung verschiedener Facetten des Migrationsbegriffs. Im dritten Kapitel werden die

[1] Dank gebührt an dieser Stelle Bünyamin Aslan und Judith Pötting, die in den Jahren 2005 bis 2007 als wissenschaftliche Hilfskräfte an der Auswertung der Dortmunder Jungenbefragung beteiligt waren und die einige Textpassagen zum theoretischen Teil sowie zum Kapitel 3.7 der vorliegenden Untersuchung beigetragen haben. Danken möchten wir auch Nicole Pastor und Claudia Schmidt, die sich intensiv an der Erstellung des Literaturverzeichnisses und der Durchsicht des Manuskripts beteiligt haben.

Ergebnisse der Studie vorgestellt und diskutiert; zentrale Fragestellungen sind dabei, wie Jungen Rollenerwartungen an Mädchen und Jungen bzw. Frauen und Männer wahrnehmen und welche Zuschreibungen sie selbst vornehmen. Unter diesen Gesichtspunkten werden sowohl die Gestaltung von Beziehungen, eigene Geschlechterrollentypisierungen, die Zuschreibungen von Leistung und Geschlecht im schulischen Kontext, der tatsächliche Schulerfolg von Jungen in der Dortmunder Region und die Einstellungen der Jungen zu Gewalt analysiert. Insbesondere in den Unterkapiteln zum Schulerfolg und zur Gewalteinstellung wird auch auf den Migrationshintergrund der Jungen Bezug genommen. Wo es möglich und sinnvoll ist, werden außerdem Vergleiche mit den Ergebnissen der oben erwähnten Dortmunder Jungenbefragung aus dem Jahr 1995 angestellt, um Entwicklungen in der Sozialisation von Jungen analysieren zu können. Im abschließenden vierten Kapitel werden die wichtigsten Ergebnisse der Studie zusammengefasst und im Hinblick auf ihre Konsequenzen für die pädagogische Jungenarbeit und die Schulentwicklung diskutiert.

1 Jungen im Blick von Theorie und Forschung

In zahlreichen sozialwissenschaftlichen Disziplinen wurden Theorien und Forschungsergebnisse zu geschlechterbezogenen Themen teils unter ausgesprochen heterogenen Perspektiven vorgelegt. Während sich in der Geschlechterforschung die (feministische) Mädchen- und Frauenforschung in den letzten 25 Jahren erheblich ausdifferenziert hat und theoretische wie auch praktische Ansätze in Forschungs- und Handlungsfeldern konkretisiert und präzisiert wurden (vgl. Faulstich-Wieland 2006), gilt dies für die sich seit den 1990er Jahren langsam entwickelnde Jungen- und Männerforschung nicht (vgl. Budde 2003).

Kennzeichnend für den Stand der Forschung zum Thema Jungen ist, dass bislang fast ausschließlich Studien vorliegen, in denen auf Teilaspekte des Junge-Seins bzw. auf einzelne Lebensbereiche von Jungen fokussiert wird, in denen Jungen Mädchen kontrastierend gegenüber gestellt werden und in denen Jungen als Problem thematisiert werden. In diesem Kontext werden Probleme in der Regel mit der Geschlechtszugehörigkeit in Verbindung gebracht (vgl. Head 1999). Michalek (vgl. 2006) weist darauf hin, dass sich die Erklärungsansätze und empirischen Ergebnisse dabei jenen über Mädchen im Rahmen der ersten feministischen Forschungsarbeiten ähneln: „Damals wurden ebenfalls viele Defizite von Mädchen festgestellt. Diese wurden als Folge von Benachteiligungen in vielen gesellschaftlichen Bereichen, insbesondere in der Schule, interpretiert. Mädchen benötigten daher eine besondere Behandlung – eine solche scheint nun für Jungen erforderlich" (Michalek 2006: 12, vgl. dazu auch Winter 2005: 80 und die Beiträge in Rose und Schmauch 2005). Als Begründung für den Perspektivwechsel von der Benachteiligung der Mädchen hin zur Benachteiligung der Jungen wird angeführt, dass die Erosion des Normalarbeitsverhältnisses im ökonomisch-technologischen Strukturwandel der Arbeitsgesellschaft zu einer Entgrenzung von Männlichkeit geführt hat. Dieser Prozess wirft Böhnisch (2003: 173) zufolge „seine Schatten auf die männliche Sozialisation und ist für viele Jungen und Männer in sich widersprüchlich, von Verwehrungen und Bedürftigkeiten gekennzeichnet. Männlichkeit ist vom Status- zum Bewältigungsproblem geworden." Meuser (2005a: 11) führt zudem an, dass die Erosion des bürgerlichen Familienmodells, der Bildungserfolg von Mädchen und der Wandel des Wertesystems, welches in wachsendem Maße vom Ideal der Gleichheit geprägt ist, dazu führt, dass Männlichkeit „mehr und mehr ihre traditionellen institutionellen Orte und damit den Charakter des Selbstverständlichen" verliert und sich „von einer Vorgabe zu einer Aufgabe" gewandelt hat. Folgt man den Forschungsergebnissen der letzten Jahre, so entsteht das Bild, dass Jungen viele dieser Aufgabe ohne Schwierigkeiten lösen konnten: Die neueren Shell-Jugendstudien (vgl. Deutsche Shell 2000, 2002, Shell Deutschland Holding 2006) weisen beispielsweise darauf hin, dass sich Mädchen und Jungen auf der Einstellungsebene im Durchschnitt als gleichrangig und gleichwertig akzeptieren (vgl. dazu auch Meuser 2004: 371). Sobald es jedoch um die Bereiche Arbeit, Familie oder Politik geht, wird ein erhebliches Bedürfnis nach Abgrenzung, Durchsetzung und Kontrolle bei Jungen offenkundig, d.h. es werden stereotype Muster von Männlichkeit reproduziert und bedient (ausführlicher dazu siehe Keddie 2003).

Im Folgenden wird zunächst die Vielfalt und zum Teil Unübersichtlichkeit der Theorien und Forschungsergebnisse zu geschlechterbezogenen Themen systematisiert dargestellt (Kapitel 1.1). Vor dem Hintergrund aktueller gesellschaftlicher Diskussionen werden im Anschluss daran Forschungsansätze und Ergebnisse zu den Themen Gewalt und Migration (Kapitel 1.2) dargestellt und problematisiert.

1.1 Geschlechtersozialisation

Hagemann-White (1984: 5) konstatierte Anfang der 1980er Jahre: „In Forschung und wissenschaftlicher Literatur über Kinder- und Jugendfragen kommen Mädchen wenig vor, da durchweg ohne Unterscheidung über die Lebenskonzepte, die Berufsorientierung, Ausbildungs-, Schul- oder Freizeitprobleme, Familiensituation und Konfliktlagen 'der Jugendlichen' oder der 'Kinder' nachgedacht wird. Schon bei erstem Hinsehen zeigt sich: Es wird praktisch nur von Jungen berichtet – Mädchen erscheinen subsumiert bzw. allenfalls als eine (defizitäre) Untergruppe des 'Normalfalls' der männlichen Jugendlichen."

1.1.1 Die Entdeckung des Geschlechts
Wenn auch der Diagnose von Hagemann-White hinsichtlich der Nicht-Unterscheidung von Mädchen und Jungen in der Forschung weitestgehend zuzustimmen ist, so wird doch bei der Durchsicht des Forschungsstandes deutlich, dass Jungen in ihrer Geschlechtlichkeit keineswegs im Zentrum der Forschung standen (vgl. Schultheis und Fuhr 2006: 15, Lammerding 2004: 9). Gleichwohl hat diese Diagnose mit dazu beigetragen, dass Mädchen – als das 'benachteiligte' Geschlecht – in den Fokus der wissenschaftlichen Aufmerksamkeit gerückt sind (vgl. Scherr 1997: 214) und lange Zeit die Debatten in der Kinder-, Jugend-

und Geschlechterforschung dominierten (vgl. Horstkemper 1987, 1995, Willems und Winter 1990: 1). Hafenegger (2005: 40) weist in seiner phänomenologischen Skizze über Jungenbilder darauf hin, dass es zwar „eine lange Geschichte der Jungenbilder und Vorstellungen über Jungen" gibt (vgl. dazu auch Cohen 1998). „Wie die Bilder empirisch vorkommen, sich verteilen und mischen, auf welche sozio-kulturellen Milieus und sozialen Topographien sie sich beziehen, all das wäre [...] noch genauer zu untersuchen" (Hafenegger 2005: 40). Das dahinter-liegende erkenntnistheoretische Problem besteht darin, dass der Begriff 'Junge' als relationaler Begriff auf Gegenbegriffe verweist: Er setzt einerseits den Begriff 'Mädchen' und den Begriff 'Erwachsene' (vor allem im Hinblick auf das Konstrukt Männlichkeit/Weiblichkeit) voraus und grenzt sich andererseits von diesen Begriffen ab. Sofern also von Jungen die Rede ist, wird in der Regel über Unterschiede zwischen Jungen und Mädchen (Kategorie Geschlecht) bzw. zwischen Jungen und Erwachsenen (Kategorie Alter) gesprochen.

1.1.2 Konstruktivistische Erklärungen

In der gegenwärtigen Theoriediskussion zum Thema Geschlecht wird die in Kapitel 1.1.1 beschriebene Relationalität des Begriffes 'Jungen' anhand der Begriffe 'Konstruktion' und 'Dekonstruktion' und der These der sozialen und kulturellen Konstruktivität der Kategorie 'Geschlecht' aufgegriffen. Weiblichkeit und Männlichkeit existieren nicht an sich, sondern sind Ergebnis andauernder sozialer Konstruktionsprozesse, d.h. sie werden alltäglich in der sozialen Praxis durch symbolische und gegenständliche Tätigkeit aktualisiert und reproduziert. Das soziale Geschlecht wird als Ergebnis von Handeln gefasst, welches sich ohne 'natürliche' Vorgaben aus der durch soziale Diskurse bestimmten Zuord-nung zu den Kategorien 'männlich' oder 'weiblich' ergibt und in seiner jeweili-gen Ausformung in Interaktionsprozessen hergestellt und verstetigt wird. In konstruktivistischer Perspektive ist die Dichotomie von 'männlich' und 'weib-lich' somit keine natürliche, sondern eine kulturell hervorgebrachte und normativ regulierende Klassifikation – gerahmt durch einen Komplex normativer Muster, polarer Bedeutungen sowie Chiffren und Typologien (vgl. Bilden 1991, Hage-mann-White 2002). Die Unterscheidung von Jungen und Mädchen ist das Ergeb-nis der Interaktionsarbeit des 'doing gender' und wird als sozialer Konstrukti-onsprozess im Rahmen eines historisch gewachsenen kulturellen Kontextes ver-standen. Das heißt aber auch, dass nicht die Differenz zwischen Jungen und Mädchen als zentrales Erkenntnisinteresse im Vordergrund steht, sondern viel-mehr die Konstruktion dieser Differenz.

Das Moment der Konstruktion enthält zudem immer auch eines der De-konstruktion, welches in der doing-gender-Debatte die theoretische Meta-Klammer bildet. Das Moment der Dekonstruktion – im Sinne eines Verfahrens oder einer Strategie – geht auf Derrida (vgl. 1988) zurück, der in seiner 'Theorie der Differance' die gesellschaftliche Wirklichkeit als Gewebe von Differenzen analysiert. 'Differance' ist ein Kunstbegriff, mit dem Derrida die Wurzel der Verschiedenheit fasst. Diese Wurzel kann analysiert werden, indem sie aufgeteilt und in ihre Bestandteile zerlegt wird. Bezogen auf die Sex/Gender-Debatte folgt daraus, dass versucht wird, überlieferte Begriffsgerüste zu hinterfragen und in ihre Bestandteile zu zerlegen: Naturalisierende und ontologisierende Konzepte von Geschlecht werden in einem konstruktivistischen Zusammenhang dekonstruiert.

Geschlecht als soziale und kulturelle Konstruktion ist mittlerweile ein gemeinsamer theoretischer Ausgangspunkt der neueren Geschlechterforschung. Gleichwohl zeigen sich unterschiedliche Ausprägungen. Es gibt

- feministisch-dekonstruktive Ansätze in kulturwissenschaftlichen Zusammenhängen,
- diskursanalytische Ansätze in der Tradition von Foucault,
- ethnomethodologische Ansätze in den Sozial- und Kulturwissenschaften und
- radikal-konstruktivistische/systemtheoretische Ansätze in den Sozial- und Sprachwissenschaften.

Gemeinsamer Nenner der genannten Ansätze ist der Konsens darüber, dass das biologische Geschlecht nicht als Schicksal begriffen wird, sondern dass Vorstellungen von Mann und Frau 'gemacht' bzw. konstruiert und von daher als prinzipiell kontingent zu verstehen sind. Es ist nicht das biologische Geschlecht, nach dem sich die Vorstellung über das Geschlecht und die Geschlechtsidentität ausrichtet, sondern die agierenden und interpretierenden Subjekte konstruieren im Interaktionsprozess weibliche und männliche Identität.

In der Jungenarbeit wird dieser Aspekt zum Teil schon aufgegriffen. Im Bereich der identitätskritischen Jungenarbeit besteht die Zielstellung beispielsweise darin, Formen geschlechtlicher Routinen nachzuzeichnen und damit gleichzeitig Brüche und Kontingenzen von Geschlechtsidentität abzubilden. Geschlechtliche Routinen werden insbesondere dann erlebbar, wenn sie Jungen als 'gemacht' bewusst werden, d.h. wenn die Jungen realisieren, dass 'Geschlecht' ein Ergebnis von sozialen Handlungen und Symbolisierungen im Interaktionsprozess ist.

1.1.3 Männliche Hegemonie und hegemoniale Männlichkeit

Um im Rahmen konstruktivistischer Ansätze 'Männlichkeit' differenziert beschreiben und theoretisch fassen zu können, verwendet Connell den Begriff der 'Hegemonie'. Connell (vgl. 1999: 87ff.) unterscheidet insgesamt vier männliche

Handlungsmuster. Strenggenommen bezieht sich der Terminus 'männliche Hegemonie' aber auf die Gesamtgruppe der Männer im Unterschied zu Frauen, während Connells Kategorie der 'hegemonialen Männlichkeit' sich auf Differenzierungen und Konkurrenz unter Männern bezieht. Hegemoniale Männlichkeit definiert sich in diesem Sinne immer in Relation zu nichthegemonialen Männlichkeiten, die Connell nochmals unterteilt in marginalisierte, untergeordnete und komplizenhafte Männlichkeiten. Diese Kategorien beschreiben eine „historisch bewegliche Relation" (Connell 1999: 98), wobei Connell sich besonders auf Veränderungen in ökonomischen und politischen Machtrelationen, aber auch in sozialen und kulturellen Milieus bezieht. Dabei geht er von der Annahme aus, dass es keine geschlossenen Rollenmuster gibt, sondern dass verschiedene Muster existieren, die untereinander in Beziehung stehen und sich beständig verändern. Connell verweist allerdings selbst darauf, dass sein Konzept lediglich einen vagen Rahmen für die Analyse von Männlichkeit bildet, d.h. es fehlt an Begrifflichkeiten, die den Zusammenhang von sozialer Praxis, Körperlichkeit, Handlungs-, Denk- und Gefühlsmustern erfassen. Connell hält aber am Begriff 'Männlichkeiten' fest, der – aufgrund seiner Verankerung in unterschiedlichen Diskurskontexten – nur schwer definierbar ist (vgl. Scholz 2004: 34 und 36). An dieser Stelle bietet sich unseres Erachtens ein Rückgriff auf die Terminologie 'praktischer Sinn' bzw. 'sozialer Sinn' von Bourdieu an, der damit den (habituell verinnerlichten) praktischen Wissensvorrat sozialer Akteure bezeichnet. Der soziale Sinn ist unterhalb umfassender Reflexion und oberhalb totaler Unbewusstheit angesiedelt. Er bringt eine soziale Wahrnehmungsweise und Verhaltensmatrix hervor, die die Verfasstheit der sozialen Welt einerseits zwar als 'normal' und unabänderlich anerkennt. Andererseits ist damit aber auch das intuitive Gespür für soziale Distinktionen, d.h. der Sinn für gesellschaftliche Ungleichheitsverhältnisse sowie die Fähigkeit, die sozial 'angemessene' Nähe in der jeweiligen Situation zu finden und sich entsprechend der sozialen Stellung zu verhalten, gemeint (vgl. Bourdieu 1987: 122ff. und 1997). Ähnlich wie Connell argumentiert Bourdieu, dass Männlichkeit in einer doppelten Abgrenzung bzw. Distinktion – gegenüber Frauen und gegenüber anderen Männern – geformt wird (vgl. Döge und Meuser 2001: 15). Seine Konzeptualisierung ist jedoch in Bezug auf soziale Räume und soziales Kapital ausgesprochen differenziert im Unterschied zur Connellschen Konzeptualisierung, mit der weder hinreichend geklärt werden kann, wie die Vermittlung zwischen dem Konzept hegemonialer Männlichkeit bzw. nichthegemonialer Männlichkeiten und den Individuen vonstatten geht, noch wie deren gesellschaftliche Situiertheit zustande kommt (vgl. Budde 2005: 39).

In Bezug auf Jungen gehen wir davon aus, dass diese, unterschiedlich ausgestattet mit sozialem Kapital, in einem Netz von sozialen Räumen das Material zur Aneignung, Neujustierung und Reproduktion von 'Männlichkeit' und zur Bewältigung ihres Alltags suchen und finden – beispielsweise in der Schule, bei ihren Eltern, im familiären Umfeld, in der Clique, bei ihrem besten Freund, ihrer Freundin, beim Sport, in Zeitschriften, in der Werbung oder beim Musikhören (vgl. Winter 2001: 2).

Eine Neujustierung bzw. eine Entgrenzung von Männlichkeit ist durch den herrschenden Leistungs- und Erfolgsdruck, mit dem Jungen nach wie vor zu kämpfen haben, aber stark behindert, was laut Böhnisch (2003: 183) dazu führt, dass Jungen heute zwar mehr denn je die Chance haben, „das Verhältnis zum weiblichen Geschlecht auszubalancieren", dabei aber gleichwohl „in den Sog männlicher Identitätsverlegenheit gesellschaftlich hineingezogen werden". Die Ausgestaltung des Junge-Seins und Mann-Werdens ist dergestalt eine Aufgabe im Spannungsverhältnis gesellschaftlicher Ideologien, Strukturen sowie Männlichkeitsvorstellungen und individueller Gestaltungsspielräume. Ob und in welcher Hinsicht die oben genannten Veränderungen einen Bedeutungsverlust männlicher Hegemonie implizieren oder ob sich darin lediglich ein Gestaltwandel im Sinne einer modernisierten hegemonialen Männlichkeit andeutet, ist bislang allerdings unklar (vgl. Meuser 2004: 375).

1.1.4 Forschung zu Fragen der Koedukation in der Schule

Forschungsergebnisse, die einige der oben genannten Aspekte des Verhaltens von Jungen zumindest (mit-)thematisieren und zur Fundierung der angerissenen Problemlagen beitragen, finden sich auch im Bereich der Schulforschung, der sich in Deutschland seit Mitte der 1980er Jahre entwickelt hat (vgl. Budde 2005: 9, Schultheis und Fuhr 2006: 21). Seit Einführung der Koedukation rücken vor allem die Geschlechterkonstellationen im schulischen Unterricht als Untersuchungsgegenstand in den Fokus der Aufmerksamkeit. Dabei wird im stark feministisch geprägten Diskurs in erster Linie die Frage verfolgt, ob der gemeinsame Unterricht von Jungen und Mädchen geeignet ist, über die schulische Sozialisation den Weg zur Gleichberechtigung der Geschlechter bzw. (zumindest) zu einer Veränderung des Geschlechterverhältnisses zu ebnen. Im Zentrum der Untersuchungen steht dabei die Benachteiligung von Mädchen durch die Bevorzugung von Jungen im schulischen Unterricht. Hierzu liegen Studien vor, die Interaktionsprozesse im Unterricht analysieren: Sei es der Einfluss unterschiedlicher Unterrichtsformen auf Interaktionsstrukturen und geschlechtsspezifische Entfaltungsmöglichkeiten (vgl. Jungwirth 1990, Kaiser 1985), zur Aufmerksamkeitsverteilung von Lehrpersonen (vgl. Frasch und Wagner 1982, Spender und Sarah 1980, Spender 1985), zum geschlechtsstereotypen Verhalten von Jungen und Mädchen (vgl. Barz und Maier-Strömer 1982, Enders-Dragässer und Fuchs 1988, Enders-Dragässer 1989, Krappmann und Oswald 1995) oder zur sozialen

Konstruktion von Geschlecht im schulischen Unterricht (vgl. Breidenstein und Kelle 1998, Güting 2004, Faulstich-Wieland et al. 2004, Renold 2004). Alle Studien zeigen, dass den Interaktionen zwischen Lehrpersonen und Schülerinnen/Schülern sowie zwischen Schülerinnen und Schülern, also der Zugehörigkeit zur Geschlechtergruppe eine wesentliche Bedeutung bei der schulischen (Geschlechter-)Sozialisation zukommt. In diesem Zusammenhang widmet sich vor allen Dingen Budde (vgl. 2003, 2005, 2006) dem Vorhaben, die Konstruktion von Männlichkeit in der Schule aus der Perspektive der Jungen darzustellen. Dabei zeigt sich, dass das Handlungsmuster 'hegemoniale Männlichkeit' die Interaktionen zwischen den Jungen untereinander und mit den Mitschülerinnen und Lehrpersonen im Unterricht strukturiert. Außerdem zeigt sich, dass nicht nur in der geschlechtshomogenen Gruppe der Jungen Männlichkeit konstruiert und bestätigt wird, sondern dass auch die Mädchen sowie die Lehrpersonen an der Konstruktion von hegemonialer Männlichkeit beteiligt sind und dementsprechend zur Aufrechterhaltung geschlechtsstereotypen Verhaltens beitragen (vgl. dazu auch Keddie 2003, Swain 2004). Gerade von Seiten der Lehrkräfte wird konfliktreiches Verhalten von Schülern homogenisiert und als problematisches Jungenverhalten etikettiert, was wiederum Männlichkeitsstereotype verstärkt (vgl. Budde 2006: 118). Allerdings bleiben dabei außerschulische Faktoren bei der Rekonstruktion der Handlungs- und Deutungsmuster unberücksichtigt. Zudem ist die Perspektive stark orientiert am Konzept der hegemonialen Männlichkeit und lässt dementsprechend keine anderen Deutungsmuster zu (vgl. dazu auch Swain 2003).

Analysiert man die Debatte um Koedukation genauer, ist festzustellen, dass dieses Thema zumeist aus Perspektive der Mädchen diskutiert wird: Argumente, die für Phasen geschlechtergetrennten Unterrichts angeführt werden, bestehen vor allem darin, dass Mädchen im geschlechtergetrennten Unterricht in naturwissenschaftlichen und technischen Fächern sowie in Mathematik ein günstigeres fachbezogenes Selbstkonzept entwickeln und bessere Leistungen zeigen (vgl. Häußler und Hoffmann 1998, Kessels 2002, Kampshoff 2006: 323ff.). Dass ähnliches auch für Jungen in sprachlich orientierten Unterrichtsfächern gilt (vgl. Böhmann und Horstkemper 2006: 50), wird dagegen ausgesprochen selten angeführt. Argumente, die für eine Beibehaltung der Koedukation und gegen eine äußere Differenzierung hervorgebracht werden, fokussieren ebenfalls überwiegend auf die Perspektive der Mädchen: Beispielsweise besteht die Befürchtung, dass gerade durch eine äußere Differenzierung in geschlechtshomogene Gruppen die Wichtigkeit der Kategorie 'Geschlecht' hervorgehoben wird und Rollenklischees gefestigt werden. Hinzu kommt, dass fraglich ist, ob die (für Mädchen) positiven Effekte der untersuchten Schul- und Unterrichtsversuche primär auf die Geschlechtertrennung selbst oder auf andere Veränderungen zurückzuführen sind, denn meist werden zusätzlich zur Geschlechtertrennung weitere Maßnahmen eingeführt, auf die der bessere Lernerfolg und das positivere Selbstkonzept der Mädchen ebenfalls zurückgeführt werden können. Hierzu zählen umfassende Konzepte der Jungen- bzw. Mädchenförderung ebenso wie die Reflexion der Geschlechterverhältnisse im Unterricht; außerdem wird in Versuchen zur Geschlechtertrennung häufig in höherem Maße versucht, im Unterricht an Erfahrungen der Jugendlichen anzuknüpfen, als das im koedukativen Unterricht der Fall ist (vgl. Kampshoff 2006: 325f. und 334, Böhmann und Horstkemper 2006: 51). Eine Forschungslücke besteht zumindest in Deutschland hinsichtlich der Frage, inwieweit Jungen eher von Koedukation oder von Monoedukation profitieren. Studien aus Großbritannien weisen darauf hin, dass dies – im Gegensatz zu den Mädchen – eher nicht der Fall ist: Jungen zeigen in monoedukativen Schulen ähnliche Leistungen wie in koedukativen (vgl. Kampshoff 2006: 327).

Die Schülerinnen und Schüler selbst werden in zwei Studien mit sehr unterschiedlichen Methoden nach ihrer Sicht befragt (vgl. Faulstich-Wieland und Horstkemper 1995, Gluszczynski und Krettmann 2006). In beiden Studien stellt sich heraus, dass Mädchen der Koedukation deutlich kritischer gegenüberstehen als Jungen – insbesondere in der Adoleszenz: Von den 16 von Gluszczynski und Krettmann (vgl. 2006) mit einem teilstandardisierten Fragebogen befragten Sechstklässlerinnen votierten 63% für einen zeitweisen monoedukativen Unterricht; bei den Jungen (N=24) aus der sechsten Klasse votierten nur 29% für eine zeitweise Trennung der Geschlechter in einigen Fächern. Bei den jüngeren Schülerinnen und Schülern ist der Unterschied geringer, aber noch durchaus zu beobachten (insgesamt wurden 190 Jungen und 147 Mädchen befragt, vgl. Gluszczynski und Krettmann 2006: 45). Faulstich-Wieland und Horstkemper (vgl. 1995) stellen in ihrer inhaltsanalytischen Auswertung von 1.734 Aufsätzen zum Thema Koedukation fest, dass es darüber hinaus auch Unterschiede zwischen den Schulformen gibt: Jungen, die eine Realschule (25%) besuchen, stehen einer zeitweisen Geschlechtertrennung positiver gegenüber als Haupt- (18%) oder Gymnasialschüler (17%). Eine ähnliche Tendenz findet sich bei insgesamt höheren Zustimmungsraten auch bei den Mädchen (vgl. Faulstich-Wieland und Horstkemper 1995: 91). In den Jahrgängen der Sekundarstufe I wird von den Jungen eine Geschlechtertrennung vor allem für den Sportunterricht gewünscht (vgl. Faulstich-Wieland und Horstkemper 1995: 100).

Die Gründe, welche die Schüler und Schülerinnen in der Studie von Gluszczynski und Krettmann (vgl. 2006: 46ff.) in offenen Fragen für die Koedukation angeben, weisen vor allem darauf hin, dass der Unterricht in koedukativen Klassen unterhaltsamer sei (41% der Mädchen, 35% der Jungen). Ein kleinerer Teil der Befragten gibt an, dass Sympathien für Vertreter des jeweils anderen Geschlechts bestehen (11% der Mädchen, 15% der Jungen) oder führt den Zusammenhalt in der Klasse als Argument an (11% der Mädchen, 13% der Jungen). Die Gründe für eine Trennung divergieren dagegen stärker zwischen den Geschlechtern: Etwa die Hälfte der Mädchen gibt an, dass sie sich durch die Unterrichtsstörungen von Seiten der Jungen abgelenkt fühlen (49%), dagegen bemängeln nur 15% der Jungen Unterrichtsstörungen durch Mädchen. Die Jungen geben dagegen häufiger an, dass ihnen Mädchen grundsätzlich unsympathisch sind (26% versus 11% der Mädchen, die Jungen generell nicht mögen). Ein dritter Grund, der von allen Befragten ähnlich oft genannt wird, ist die Angst vor Blamage gegenüber dem jeweils anderen Geschlecht (6% der Mädchen, 5% der Jungen; vgl. Gluszczynski und Krettmann 2006: 46ff.). Die von Faulstich-Wieland und Horstkemper befragten Jugendlichen geben ähnliche Gründe an; Häufigkeiten werden dort nicht genannt. Darüber hinaus nennen einige Mädchen in dieser Untersuchung aber auch anzügliche Blicke und unwillkommene sexuelle Annäherungsversuche von Seiten der Jungen und einiger Lehrer als Grund für einen Wunsch nach Trennung – vor allem im Sportunterricht (vgl. Faulstich-Wieland und Horstkemper 1995: 91ff.). Jungen führen als Argument für eine Trennung im Sportunterricht dagegen eher an, dass der Sportunterricht dann mehr an den Interessen der Jungen ausgerichtet und auf höherem Leistungsniveau durchgeführt werden könne, da Jungen sportlicher seien als Mädchen (vgl. Faulstich-Wieland und Horstkemper 1995: 100ff.).

1.1.5 Geschlecht und schulische Leistung

Die Ergebnisse internationaler Schulleistungsvergleichsstudien zeigen auf, dass es im Rahmen der Koedukation offensichtlich nicht gelungen ist, Chancengleichheit und Gleichberechtigung der Geschlechter an Schulen herzustellen. Strittig ist allerdings, wer letztendlich davon 'profitiert': Beispielsweise zeigen Jungen in Deutschland in der PISA-Studie hinsichtlich ihrer Lesekompetenz geringere Leistungen als Mädchen; entsprechend sind sie an Gymnasien unter- und an Haupt- und Förderschulen überrepräsentiert und weisen häufiger als Mädchen eine verzögerte Schullaufbahn auf (vgl. Zimmer et al. 2004, Krüger und Kötters 1999, Stamm 2008). Andererseits „werden Jungen auch öfter als hoch begabt identifiziert, gehören häufiger zu den Klassenüberspringern und profitieren ausgeprägter von spezifischen Begabungsfördermaßnahmen" (Stamm 2008: 111).

Bereits in der Grundschulzeit finden sich außerdem Anfänge des unterschiedlichen Stresserlebens in der Schule. Mädchen sind in der Schule „konzentrierter und ausdauernder, sind aber auch ängstlicher und nervöser vor Klassenarbeiten" (Bos et al. 2003: 252, vgl. auch Lohaus et al. 2004). Außerdem verwenden Mädchen häufiger als Jungen Attributionsmuster, die sich negativ auf ihr Leistungsselbstkonzept auswirken. Grundschülerinnen erklären ihre guten Rechtschreibleistung häufiger als Jungen mit 'Zufall' (vgl. Bos et al. 2003: 252). Jungen fühlen sich dagegen im Verhältnis zu Mädchen subjektiv häufiger als Opfer stigmatisierender Zuschreibungen (vgl. Holtappels 2001). Insgesamt zeigen Jungen zwar schlechtere schulische Leistungen, fühlen sich durch die Schule aber weniger belastet als Mädchen: Sie haben insbesondere vor den schulischen Leistungsanforderungen weniger Angst (vgl. Krüger und Kötters 1999: 289f., Faulstich-Wieland et al. 2004) und entwickeln mehr Selbstvertrauen als Mädchen (vgl. Horstkemper 1987).

Im Allgemeinen werden drei unterschiedliche Gründe für diese Unterschiede vermutet. Erstens kann das positivere Selbstkonzept der Jungen mit der eindeutigen Machtverteilung in der Schule zugunsten der Jungen erklärt werden. Das vermittelte Wissen sei männlich geprägt und die Jungen könnten ihre Interessen dadurch besser durchsetzen (vgl. Horstkemper 1987: 219). Diese Erklärungsmöglichkeit macht allerdings nicht plausibel, warum die Schulnoten der Jungen schlechter sind und warum bei gleichen Leistungen in curricular validen Tests Mädchen besser bewertet werden (vgl. Budde et al. 2008: 125). Eine zweite mögliche Erklärung für die Benachteiligung von Jungen in der Schule ist, dass durch den hohen Frauenanteil zumindest unter den Grundschullehrkräften die Jungen strukturell benachteiligt sind. Hierzu gibt es aber verschiedene empirische Befunde aus der IGLU-Studie, die dem widersprechen:

- Verglichen mit den Leistungsunterschieden im Schriftspracherwerb zwischen Jungen und Mädchen, die in anderen Staaten feststellbar sind, sind diese Unterschiede in Deutschland relativ gering (vgl. Bos et al. 2003: 115). Sie treten nicht erst im Laufe der Schulzeit auf, sondern Mädchen kennen bereits bei der Einschulung mehr Buchstaben, und verfügen über bessere Lese- und Schreibfähigkeiten als Jungen (vgl. Bos et al. 2003: 251). Dass hier dennoch die Leistungsunterschiede beim Schriftspracherwerb zwischen Jungen und Mädchen im internationalen Vergleich relativ gering sind, bedeutet, dass der Grundschulunterricht in Deutschland die geschlechtsspezifisch unterschiedliche elterliche Förderung vergleichsweise gut kompensiert, also Jungen deutlicher fördert als in anderen Ländern. Offensichtlich gelingt es also den Grundschullehrerinnen in Deutschland relativ gut, Jungen ähnlich hohe Lesekompetenzen zu vermitteln wie Mädchen.
- Männliche Grundschüler, die von männlichen Grundschullehrern unterrichtet werden, unterscheiden sich in ihren Leistungen nicht von Jungen, die von einer Grundschullehrerin angeleitet werden (vgl. Valtin et al. 2006): Sie lesen nicht besser und machen auch nicht weniger Rechtschreibfehler. Dies kann als Hinweis darauf interpretiert werden, dass Grundschullehrer und Grundschullehrerinnen die Jungen ähnlich gut fördern.

- Grundschullehrkräfte – Lehrerinnen und Lehrer – benoten in den Fächern Deutsch und Sachunterricht Mädchen besser als Jungen, auch wenn sie vergleichbare Testleistungen zeigen (vgl. Bos et al. 2005: 191). Daraus kann aber nicht ohne Weiteres der Schluss gezogen werden, dass das Lehrpersonal ungerechterweise Mädchen bevorzugt, denn diese Schlussfolgerung würde voraussetzen, dass die Testleistungen der Schülerinnen und Schüler in IGLU den schulisch definierten Anforderungen in den jeweiligen Fächern vollständig entsprechen. Dies ist jedoch fraglich: Je nach Kompetenzbereich beurteilten ca. 20% bis 30% der befragten Experten die in IGLU verwendeten Texte als nicht angemessen (vgl. Bos et al. 2003: 93f.); außerdem werden nicht alle Kompetenzen, die im Unterricht vermittelt werden, bei IGLU auch abgefragt. Es könnte also sein, dass Mädchen im Unterricht gerade in den von den Tests nicht erfassten Bereichen deutlich bessere Leistungen erbringen als Jungen, sodass eine bessere Benotung angemessen und gerecht wäre. Diese Argumentation wird auch durch die oben bereits erwähnte Studie von Budde et al. (vgl. 2008) gestützt. Die Bewertung von Jungen korreliert eng mit der Testleistung und ist damit 'objektiver'; in die Bewertung der Mädchen fließen zusätzliche Größen ein, die in den Tests bisher nicht gemessen wurden. Auch daher können die IGLU-Daten nicht als Beleg für eine systematische Benachteiligung der Jungen durch Grundschullehrkräfte herangezogen werden.

Als dritte mögliche Erklärung für die ambivalente Situation von Jungen in der Schule wird in vielen Arbeiten aus dem Bereich der Schulforschung genannt, dass kulturell geprägte Männlichkeitsbilder für das Schulversagen (ebenso wie für das Selbstvertrauen) von Jungen eine hohe Bedeutung haben (vgl. Thies und Röhner 2000, Kassis 2003). Das bedeutet, „dass Leitbilder, die den Jungen heute über Medien und in ihren Peer-groups vermittelt werden, einen Teil der Jungen viel stärker hin auf 'Coolness', 'Toughness', Technikbeherrschung, Dominanzgebahren und Selbstgewissheit hin orientieren, als dies für eine angemessene Arbeitsdisziplin, ein breites fachliches Interesse und eine Bereitschaft, Lehrkräfte als Experten und Autoritäten anzuerkennen, von Vorteil ist" (Cornelißen 2004: 134). Dies würde bedeuten, dass Elemente der medial vermittelten, klassischen Mädchenrolle – beispielsweise angepasstes, prosoziales Verhalten und Fleiß – besser zu den Erwartungen, die auch an Schüler gestellt werden, passen als Elemente der Jungenrolle. Diese Erwartungen werden offensichtlich von männlichen und weiblichen Lehrkräften gleichermaßen kommuniziert.

Trifft diese Erklärung zu, müsste ein geschlechtergerechter Unterricht nicht nur im Blick haben, wie sich auch ('typische') Jungen im Unterricht wohl fühlen und Lernerfolge erzielen können, sondern der Unterricht muss individuell genug sein, um alle Kinder und Jugendlichen – unabhängig von ihrem Geschlecht und ihren Möglichkeiten – entsprechend zu fördern und zu fordern. Das bedeutet aber auch, dass soziales Lernen, anders als dies vielfach an Schulen der Fall ist, stärker betont werden muss, und dass Lehrkräfte sich Gedanken darüber machen müssen, wie sie selbst Geschlechterrollen interpretieren und unter Umständen 'rollengerechte' Stereotypen unbewusst verstärken.

1.1.6 Jugendforschung

In der Jugendforschung kommen Jungen bzw. männliche Jugendliche in der Regel immer dann (gesondert) in den Blick, wenn es um abweichendes Verhalten geht. Dementsprechend gibt es Untersuchungen zum Thema Gewalt (vgl. z.B. Kassis 2003, Tillmann et al. 1999, Popp et al. 2001, Popp 2002, Eckert et al. 2000, Heitmeyer et al. 1995), zu verschiedenen Formen von Kriminalität (vgl. Müller und Jäger 1998, Kersten 1998), zum Drogenkonsum (vgl. Hurrelmann und Bründel 1997, Kraus und Töppich 1998), zu rechtsextremistischen Orientierungen (vgl. Heitmeyer 1994, 1995, Farin 2001) oder zum Risikoverhalten von Jugendlichen (vgl. Mansel und Hurrelmann 1991, Nordlohne 1992, Kolip 1997, Fend 2001).

Darüber hinaus gibt es eine Vielzahl an Jugendstudien, die Daten zur Freizeit- und Lebensgestaltung von Jugendlichen präsentieren und dabei teilweise auch Geschlechterunterschiede thematisieren (vgl. Jugendwerk Shell 1992, 1997, Deutsche Shell 2000, 2002, Shell Deutschland Holding 2006, Zinnecker et al. 2002). Im Rekurs auf modernisierungstheoretische Ansätze, die seit den 1980er Jahren zunehmend gesellschaftliche Pluralisierungs- und Individualisierungsprozesse von jugendlichen Lebenslagen und Lebensstilen postulieren (vgl. z.B. Beck 1983, 1986, Ferchhoff 1985), setzt sich eine zunehmende Fokussierung der Jugendforschung auf spezifische Jugendkulturen durch. Damit wird dem Umstand Rechnung getragen, dass Jugendkulturen als Ausgangspunkte moderner Individuation begriffen werden (vgl. Andresen 2005: 137). Jugendszenen, Jugend(sub)kulturen oder Jugendcliquen werden als autonome Sozialräume dargestellt, die in der 'Lebensphase Jugend' immer stärker an Bedeutung gewinnen.

In Untersuchungen zum Risikoverhalten von Jugendlichen wird immer wieder darauf verwiesen, dass es vor allem in männlich dominierten Jugendkulturen und -szenen zu Gewalthandlungen und risiko-konnotativen Verhaltensweisen (insbesondere von Jungen) wie z.B. dem S-Bahn-Surfen kommt (vgl. Raithel 2003a) und die Gleichaltrigengruppe dabei ein wichtiger Einflussfaktor ist (vgl. Heitmeyer 1995, Melzer und Rostampour 1996). Zudem wird vermutet, dass diesen zumeist körperbetonten Verhaltensweisen insbesondere in der geschlechtsspezifischen Identitätsentwicklung Bedeutung zukommt (vgl. Raithel 2003a, Yates 1994). Ihre Hauptfunktion wird zum einen in der Integration bzw.

Aufnahme in eine Clique gesehen und zum anderen in einer männlichkeitsbezo-
genen Selbstpräsentation, Selbstbestätigung (vgl. Raithel 2001, 2003b) und Be-
kräftigung der Gruppenkohäsion (vgl. Bohnsack et al. 1995, Jösting 2005). Im
Rahmen der genannten Untersuchungen wird außerdem darauf verwiesen, dass
die positive Aneignung und Bestätigung von 'Männlichkeit' in homosozialen
jugendkulturellen Kontexten mittels der Durchführung von 'Wettbewerben'
erfolgt, in denen der Körper eine zentrale Stellung einnimmt. Gleich wie diese
Wettbewerbe – sei es in verbaler Form von Wortduellen bei Gruppen türkischer
Jugendlicher (vgl. Tertilt 1996), in gewalttätiger Form bei Hooligans (vgl. Bohnsack et al. 1995) oder in Form von 'battles' bei Breakdancern (vgl. Bohnsack
und Nohl 2000) – ausgetragen werden, sind sie als Praktiken geeignet, „kollektive Zugehörigkeit und habituelle Orientierungen zu schaffen, zu erproben und zu
reproduzieren" (Meuser 2005b: 320). Deutlich wird dabei auch, dass Vorstellungen von Männlichkeit – wie z.b. die 'männliche Ehre' bei türkischen Jugendlichen (vgl. Tertilt 1996, Bohnsack 2001) oder die 'männliche Härte' bei Jugendlichen in der Heavy-Metal-Szene (vgl. Schröder und Leonhardt 1998) – als Ori-
entierungsmuster fungieren, an denen Jungen ihr Verhalten innerhalb und außerhalb der Gruppe ausrichten.

Der Selbstwahrnehmung bzw. dem Selbstbild von Jugendlichen wird in der
Jugendforschung vor allem in Form von 'Panoramastudien' Aufmerksamkeit
geschenkt. Dabei geht es in erster Linie darum, wie Jugendliche ihr Leben gestalten, was sie für Zukunftsvorstellungen haben oder welche beruflichen und
politischen Orientierungen sie entwickeln (vgl. z.B. Vogelgesang 2001). Die
Charakterisierungen von Jungen in Abgrenzung zu Mädchen reichen vom selbst-
zufriedenen 'lonesome Cowboy', der seine Probleme in erster Linie mit sich
selbst ausmacht, männliche Vorbilder hat und am liebsten Risikosportarten frönt
(vgl. Zinnecker et al. 2002) bis hin zum 'robusten Materialisten' der (in Abgrenzung zum Idealisten) mit den Leistungsanforderungen in Schule und Ausbildung
weniger zurecht kommt, dabei aber zumindest äußerlich Stärke demonstriert
(vgl. Deutsche Shell 2002). Wurde in der Shell Jugendstudie aus dem Jahr 2002
noch eine grundsätzliche Werte-Trennungslinie zwischen Idealismus und Materialismus festgestellt, so werden in der jüngsten Studie (vgl. Shell Deutschland
Holding 2006: 186ff.) vier Wertetypen von Jugendlichen unterschieden: Idealisten, Materialisten, Macher und Unauffällige (vgl. Kapitel 3.4). Im Weiteren wird
darauf abgehoben, dass sich die Lebenswelten von Jungen und Mädchen zwar
unterscheiden, die Geschlechter sich aber im Hinblick auf traditionelle Wertori-
entierungen wie beispielsweise Familie und Beruf angeglichen haben und sich
insbesondere bei den Typen 'Macher' und 'Unauffällige' nicht wesentlich voneinander unterscheiden (vgl. Shell Deutschland Holding 2006: 187).

Zudem gibt es Untersuchungen, die sich dem Zusammenhang von Körper-selbstbild, Selbstwertgefühl, physischer Attraktivität und pubertären Verände-rungen widmen und dabei insbesondere auf Geschlechterunterschiede fokussie-ren (vgl. Renold 2004, Fend 1994, Offer 1984). Diese Studien verweisen auf den Umstand, dass die physische Entwicklung von zentraler Bedeutung für das Selbstkonzept im Jugendalter ist (vgl. Fend 1994). Dabei zeigen die empirischen Befunde durchgehend einen Geschlechterunterschied dahingehend, dass Jungen zufriedener mit ihrem Körper sind als Mädchen und sich positiver zu ihrer kör-perlichen Entwicklung äußern (vgl. Offer 1984).

Empirische Studien, die sich ausschließlich mit jungenspezifischen Fragen auseinander setzen, sind – mit Ausnahme der Studien zu kollektiven Männlich-keitsorientierungen von Jungen in der Adoleszenz (vgl. Lammerding 2004), über die Einstellungen von Jungen zur Schule (vgl. Krebs 2002), über Jungenfreund-schaften (vgl. Jösting 2005) und zu Vorstellungen vom 'Mannwerden' und 'Jun-ge-Sein' in Bezug auf Sexualität und sexuelle Identität (vgl. Winter und Neubau-er 1998) – bislang nicht vorzufinden. Dass Vorstellungen von Männlichkeit bei der Entwicklung der Geschlechtsidentität eine wesentliche Rolle spielen, weist Lammerding (vgl. 2004) in seiner Untersuchung nach. Er kommt zu dem Schluss, dass das Selbstwertgefühl von Jungen in Bezug auf ihre Männlichkeit schwach ausgeprägt ist und ständig neu bestätigt werden muss. Dies geschieht anhand unterschiedlicher Bewertungsmuster bzw. Männlichkeitsorientierungen. Geschlechtliches Handeln erfolgt aufgrund kollektiver Orientierungen im Sinne von „wir Männer und die Frauen" (Lammerding 2004: 197). Potenz und Stärke bilden für die befragten Jungen wesentliche Geschlechtermuster. Die Selbstdefi-nition als Mann erfolgt zudem über eine kollektive Abwertung von Homosexua-lität und eine Verknüpfung von Männlichkeit und Leistung. 'Junge-Sein' und 'Mann-Werden' muss über Leistung und Aktion immer wieder aktualisiert und bestätigt werden. Es zeigt sich, dass viele Jungen in ihrer Selbstdefinition als Mann stereotypen Männlichkeitsvorstellungen folgen, die einem modernisierten Geschlechterverhältnis eher entgegenlaufen. Verunsicherungen und Spannungen im Selbstbild von Jungen scheinen hierfür verantwortlich zu sein. Jösting (vgl. 2005) zeigt darüber hinaus auf, dass Jungen in der Her- und Darstellung von Männlichkeit weniger Variationen zugestanden wird als Mädchen in der Her- und Darstellung von Weiblichkeit. Bei Jungen dienen individuelle Unterschiede vor allem der Produktion von Hierarchie im homosozialen Raum (vgl. Jösting 2005: 314ff.). In der Studie von Winter und Neubauer (vgl. 1998) geben die befragten Jungen ein souveränes Bild von sich. 'Junge-Sein' bzw. 'Mann-Werden' scheint für die meisten Jungen eine selbstverständliche, unhinterfragba-re Angelegenheit zu sein. Dabei grenzen sie sich von traditionellen Männlich-keitsbildern ab, ohne aber einen alternativen Orientierungsrahmen aufzuzeigen.

'Junge-Sein' bedeutet für die meisten Jungen offensichtlich 'Normal-Zu-Sein' und dabei authentisch zu bleiben. In der Studie von Krebs (vgl. 2002) wird zudem festgestellt, dass Jungen sich selbst deutlich positiver wahrnehmen als sie von anderen Jungen wahrgenommen werden. Die befragten Jungen geben sich in ihrem Selbstbild als ehrlich, lustig und hilfsbereit, wohingegen sie an anderen eher das angriffslustige, dominante und selbstsichere Verhalten wahrnehmen. In den genannten Studien wird deutlich, dass bei Jungen nicht mehr nur traditionelle Vorstellungen von 'Junge-Sein' und 'Männlichkeit' vorherrschen, an denen sie sich orientieren. Allerdings bleibt unklar, wie es zu diesen (veränderten) Vorstellungen kommt und welche Deutungsmuster von 'Junge-Sein' und 'Männlichkeit' für sie relevant sind.

1.1.7 Kritische Jungen- und Männerforschung

In der kritischen Jungen- und Männerforschung geht es seit Anfang der 1990er Jahre vor allem darum, die Strukturen der Sozialisation von Jungen und Männern in den Mittelpunkt zu rücken, um dadurch Erkenntnisse über deren Sozialisationsbedingungen zu erhalten. Das zentrale Anliegen der kritischen Jungen- und Männerforschung liegt dabei insbesondere auf der Erfassung der Binnenrelationen zwischen unterschiedlichen Männlichkeiten und den damit verknüpften Machtstrukturen. Theoretisch beziehen sich die meisten Arbeiten in diesem Forschungsbereich auf das Konzept der 'hegemonialen Männlichkeit' (vgl. Connell 1999). Meuser (vgl. 1998: 118ff.) hat diesen Ansatz dahingehend erweitert, dass er auf den männlichen Habitus verweist. Er versucht dadurch die unterschiedlichen Formen und Ausdrucksweisen von Männlichkeit zu fassen und zu erklären. Das Verhalten von Männern wird seiner Meinung nach durch die Rollenerwartungen der hegemonialen Männlichkeit beeinflusst, welche im Handeln und Agieren reproduziert werden. Hierbei seien Männer bestrebt, habituelle Sicherheit zu erlangen, was aufgrund gesellschaftlicher Wandlungsprozesse (Arbeit, Familie, Werte) insbesondere auch für Jungen schwieriger wird, da sie mit einer Vielzahl unterschiedlicher Erwartungen in Bezug auf ihre Männlichkeit konfrontiert werden. Traditionelle Männlichkeitsbilder existieren unwidersprochen und unreflektiert neben modernisierten Anforderungen und Erwartungen. Jungen schwanken daher zwischen Geschlechterkonkurrenz, Verständnis für das andere Geschlecht und Rückgriff auf die 'natürliche' Überlegenheit.

Zentrale Forschungsfelder bilden im Rahmen der kritischen Jungen- und Männerforschung also die Bereiche Arbeit und Familie, Gewalt, Gesundheit, Sexualität und Kultur, die in der Regel mit Schlagworten wie Externalisierung, Gewalt, Alleinsein, Körperferne, Rationalität und Kontrolle zur Bewältigung des Mann-Seins belegt werden (vgl. Böhnisch und Winter 1993). Schultheis und Fuhr (vgl. 2006: 29) weisen jedoch darauf hin, dass Verallgemeinerungen weitestgehend dem Leser überlassen werden, der die Aussagen mit eigenen Erfahrungen und Einschätzungen vergleichen muss. Da die kritische Jungen- und Männerforschung gewissermaßen noch in den 'Kinderschuhen' (vgl. Döge und Meuser 2001: 20) steckt und insbesondere über Jungen bislang nur vereinzelt und zum Teil in sich widersprüchliche empirische Erkenntnisse vorgelegt wurden (vgl. Lammerding 2004: 37), will die vorliegende Studie einen Beitrag zum Schließen der hier angemahnten Forschungslücke liefern.

1.2 Gewalt und Migration

Ging es bisher um Jungen im Allgemeinen, geht dieses Kapitel – vor dem Hintergrund aktueller Diskussionen – gesondert auf Jungen mit Migrationshintergrund ein. Es stellt die Verbindung zum Kapitel 3.7 her, in dem die Fragen der Dortmunder Jungenstudie zur Einstellung zu Gewalt differenziert analysiert werden. Die Zusammenhänge zwischen dem Migrationshintergrund und der Einstellung der Jungen zu Gewalt werden hier deswegen so intensiv diskutiert, weil vor allem Jungen aus Familien mit Migrationshintergrund im Alltagsdiskurs häufig mit Traditionalismus, Gewalt und Schulversagen in Zusammenhang gebracht werden.

Unstrittig und keineswegs neu ist, dass Kinder und Jugendliche mit Migrationshintergrund im deutschen Bildungssystem stärker als in vielen anderen Staaten den einheimischen Gleichaltrigen gegenüber benachteiligt sind, obwohl Deutschland seit mehreren Jahrzehnten zu den klassischen Einwanderungsländern zählt. Die schulischen Leistungsdifferenzen, die daraus resultierenden Konsequenzen für die Betroffenen und die langfristigen gesellschaftlichen Auswirkungen werden aber vor allem seit der ersten PISA-Studie 2000 erneut intensiv diskutiert (vgl. PISA Konsortium Deutschland 2001, Baumert et al. 2006, Walter und Taskinen 2007: 337ff.). Aktuelle Forschungsergebnisse sowie Entwicklungen auf dem Arbeitsmarkt und das wachsende Konfliktpotenzial, das durch soziale Ausgrenzung entsteht, verdeutlichen die Brisanz der Problematik, zeigen einen dringenden Handlungsbedarf auf und machen eine gezielte Gegensteuerung und Förderung notwendig.

Die Herstellung von Chancengleichheit im Bildungssystem für Personen mit Migrationshintergrund ist – insbesondere vor dem Hintergrund von Prozessen der Globalisierung – auch für die politische und wirtschaftliche Entwicklung Deutschlands von Bedeutung. Personen mit Migrationshintergrund verfügen über ein Potenzial der Mehrsprachigkeit und Multikulturalität, das in der bundesrepublikanischen Gesellschaft selten erkannt und kaum genutzt wird: Bisher bewirken sprachliche Kompetenzen und kulturelle Differenzen – zumindest bei einem Teil der Schülerinnen und Schüler mit Migrationshintergrund – eher eine Segregation denn eine Integration in das Bildungssystem (vgl. Grundmann et al. 2003). Die Überwindung dieser Disparitäten stellt das Bildungssystem vor eine enorme integrative Aufgabe.

Im Folgenden wird zunächst erläutert, wie 'Gewalt' und 'Migrationshintergrund' im Rahmen der vorliegenden Studie verstanden werden, denn gerade bei der Erfassung eines solch brisanten und zugleich alltäglichen Problems wie Gewalt an Schulen, das Schüler, Lehrer, Eltern und letztlich die gesamte Struktur des Bildungs- und Erziehungssystems betrifft, müssen Forschung und die sich daran anschließenden Präventionsmaßnahmen auf der Basis eindeutiger und sinnvoller Definitionen der grundlegenden Begriffe sowie einer soliden Datengrundlage erfolgen. Im Anschluss daran werden theoretische Ansätze und aktuelle Forschungsergebnisse zum Zusammenhang zwischen Gewalt an Schulen und Migrationshintergrund erörtert.

1.2.1 Definition von 'Gewalt'

Was ist Gewalt an Schulen? Das Gewaltverständnis in der Alltagssprache reicht von Beschimpfungen über Schläge bis hin zum Totschlag. In Abgrenzung zur Alltagssprache werden im wissenschaftlichen Kontext bei der Fokussierung auf das Thema Gewalt in der Regel zwei Bereiche unterschieden:

- Die psychische Gewalt durch verbale und nonverbale Schädigung (Erpressung, Ausgrenzung, Beleidigung) und
- die physische Gewalt durch Anwendung von Waffen oder Körperkraft gegen eine Person oder gegen Sachen (vgl. Fuchs et al. 2005: 21ff., Klewin 2006: 12ff.).

Klewin et al. (vgl. 2002) verwenden im Anschluss an die US-amerikanische Forschung außerdem den Begriff 'Bullying', der auf Täter-Opfer-Beziehungen fokussiert, „bei denen unterlegene Personen dauerhaft gequält und drangsaliert werden" (Klewin et al. 2002: 1079) – unter Anwendung von physischer oder psychischer Gewalt. Dieser Aspekt, der neben einer Schädigung auch eine zeitliche Dimension umfasst, wird in der vorliegenden Studie nicht erfasst. Wie die meisten empirischen Untersuchungen definieren wir Gewalt als körperliche Gewalt, die mit dem Ziel der Schädigung des Gegenübers verbunden ist (vgl. Fuchs et al. 2005).

Ob – wie häufig proklamiert wird – tatsächlich eine Zunahme der Gewalt und der Gewaltbereitschaft Jugendlicher zu verzeichnen ist, wurde bislang nicht eindeutig festgestellt: Selbst in zeit- und ländervergleichenden Analysen fehlen abschließende Aussagen zur Zu- oder Abnahme von Gewalt (vgl. Heitmeyer und

Schröttle 2006). Die polizeiliche Kriminalstatistik registriert zwar eine Erhöhung der Gewaltkriminalität Jugendlicher: Diese wird aber einerseits mit einer erhöhten Anzeigebereitschaft (vor allem gegenüber Jugendlichen mit Migrationshintergrund) in Zusammenhang gebracht, andererseits korrespondiert sie mit einer abnehmenden Bereitschaft zur informellen Regelung von Konflikten (vgl. Panyr 2004). Diese Einschätzung sollte nicht zur Bagatellisierung des Gewaltproblems führen. Es muss aber darauf verwiesen werden, dass dem in vielen Medien präsenten 'Steigerungsdiskurs' die empirische Datengrundlage fehlt; im Gegenteil: Es ist generell eine deutliche Abnahme von Gewalthandlungen Jugendlicher (Tötungs- und Raubdelikte) zu beobachten (vgl. Pfeiffer 2008). Dieser Trend gilt ebenfalls für Gewalt an Schulen, und auch die Involvierung 'ausländischer' Schüler in Gewalthandlungen hat sich verringert. Eine zunehmende Brutalität der Auseinandersetzungen, gemessen an den durch Gewalthandlungen verursachten Frakturen, ist ebenfalls nicht festzustellen; im Gegenteil: Die Rate der in Schulen angezeigten Schädigungen sank in den letzten Jahren deutlich (vgl. Bundesverband der Unfallkassen 2005).

Andere Untersuchungen lassen jedoch darauf schließen, dass das Merkmal 'jugendlich' und das Merkmal 'männlich' statistisch gesehen Risikofaktoren für Anwendung von körperlicher Gewalt sind. So geht in der Mehrzahl der registrierten Fälle die Gewalt von Jungen und nicht von Mädchen aus; dies gilt vor allem für physische Gewalt. In der Gruppe der Jungen wiederum sind Jungen im Pubertätsalter die gewaltauffälligste Teilgruppe (vgl. Biedermann und Plaum 1999). Es gibt empirische Hinweise darauf, dass Jungen insbesondere in Gruppenzusammenhängen durch Männlichkeitsideale – wie z.B. 'Kräfte messen' oder nicht 'feige', sondern 'cool' sein zu wollen – veranlasst werden, aggressiv aufzutreten (vgl. Popp 1999). Für Jungen steht gelebte Männlichkeit häufig in Verbindung mit männlich-patriarchal interpretierter Geschlechterrolle und physischer Gewalt.

Gewalt ist aber nicht 'einfach da', sondern ist Ergebnis dynamischer Beziehungen zwischen Lebensbedingungen und deren subjektiver Verarbeitung. Verfügen Jungen nicht über angemessene soziale und personale Ressourcen, liegt die Gefahr der Gewaltorientierung sehr nahe. Aber auch wenn von einer männlich konnotierten Dimension der Jugendgewalt ausgegangen wird, kann nicht belegt werden, dass physische Gewalt zum typischen, alltäglichen Verhalten von Jungen gehört.

Obwohl das Thema 'Gewalt an Schulen' theoretisch und empirisch recht gut bearbeitet ist, zeigt sich, dass die Ergebnisse auf regional gültige Angaben beschränkt bleiben, da eine Untersuchung auf Bundesebene noch aussteht. Ein weiteres Defizit resultiert aus den methodischen Schwierigkeiten im Forschungsfeld: Sowohl in den Datenreports als auch im Rahmen der Diskussion differierender Theorieansätze werden unterschiedliche Begriffsbestimmungen für Gewalt verwendet, was die Vergleichbarkeit der Ergebnisse erschwert (vgl. Klewin et al. 2002). Fuchs et al. (vgl. 2005: 12) beklagen in diesem Kontext die „unzureichende Motivation zur Umsetzung" von Prinzipien und Definitionen, die eine Vereinheitlichung auf der Ebene der Datenbasis ermöglichen würden.

1.2.2 Definition von 'Migrationshintergrund'

Ausländer, Migrant, Kultur, Ethnizität oder Nation meint alles 'irgendwie' Migrationshintergrund; auch Religion und Sprache werden oft als Indikatoren herangezogen. Aber was bedeutet Migrationshintergrund genau? Auf die Mehrdeutigkeit des Begriffs weisen unter anderem Chlosta und Ostermann (vgl. 2005: 55) hin. Lange war es in Schulstatistiken üblich, die Staatsangehörigkeit von Schülern als Unterscheidungskriterium zugrunde zu legen. Allerdings hat sich in den letzten Jahren herausgestellt, dass dieses Kriterium allein als Unterscheidungsmerkmal der Integrationsproblematik von Zuwanderern nicht gerecht wird, wenn man Leistungsunterschiede und Integrationserfolge bilanzieren möchte. Beispielsweise bleiben (Spät-)Aussiedlerkinder, welche in der Regel eine deutsche Staatsbürgerschaft besitzen, trotz ihres Migrationshintergrunds statistisch unbeachtet. Gleiches gilt für viele Kinder, die nach 2000 in Deutschland geboren wurden: Eine veränderte Gesetzeslage zur Staatsangehörigkeit (§ 4 StAG) besagt, dass die im Inland geborenen Kinder die deutsche Staatsbürgerschaft erhalten, wenn ein Elternteil rechtmäßig seit mindestens acht Jahren im Inland lebt oder eine Aufenthaltsberechtigung besitzt (vgl. Konsortium Bildungsberichterstattung 2006: 139, Halbhuber 2005: 71). Bisher war in den offiziellen Statistiken der Migrationshintergrund solcher Schüler nicht erkennbar. Daher konnten schulische Erfolge von Kindern mit deutscher Staatsangehörigkeit aus Familien mit Migrationshintergrund von denen deutscher Schüler ohne Migrationshintergrund nicht unterschieden werden.

Diese Überlegungen sind ausgesprochen wichtig, weil die Gruppe der Schüler mit deutscher Staatsangehörigkeit, die einen Migrationshintergrund haben, statistisch relevant ist: Im Jahr 2005 besaßen 7,3 Millionen Menschen in Deutschland keine deutsche Staatsbürgerschaft; das sind 8,9% der Gesamtbevölkerung (vgl. Statistisches Bundesamt 2006, Fachserie 1, Reihe 2: 15). Zieht man dagegen – wie das Konsortium Bildungsberichterstattung (vgl. 2006) – zusätzliche Indikatoren wie beispielsweise das Herkunftsland der Eltern und Großeltern zur Erfassung des Migrationshintergrunds heran, weisen etwa doppelt so viele Menschen (15,3 Millionen) einen Migrationshintergrund auf, d.h. also knapp ein Fünftel der Gesamtbevölkerung. Die aufwändige und inzwischen sehr detaillierte Erfassung von Migrationsdaten erlaubt unter anderem Unterscheidungen zwischen der ersten, zweiten und dritten Generation. Zudem differenziert sie auch

bei Aussiedlern nach Subgruppen und macht Eingebürgerte erkennbar etc. (vgl. Konsortium Bildungsberichterstattung 2006: 140).
Eine Regionalstudie an 29 Grundschulen der Stadt Augsburg (vgl. Herwartz-Emden und Küffner 2006) hat die Diskrepanzen aufgezeigt, welche aus den unterschiedlichen Definitionen von Migrationshintergrund resultieren: Auch von den in dieser Studie Befragten besitzen nur etwa 30% keine deutsche Staatsangehörigkeit, wohingegen der in dieser Untersuchung zusätzlich auf andere Weise ermittelte Migrationshintergrund mit 50% wesentlich höher liegt (vgl. Herwartz-Emden 2005: 10f.). Dieses Beispiel macht die Dringlichkeit einer methodischen Änderung in den amtlichen Schulstatistiken bezüglich des Migrationshintergrunds deutlich. Im Bildungsbericht wird darüber hinaus festgestellt, dass ca. 20% der Gesamtbevölkerung in Deutschland einen Migrationshintergrund besitzten; 13% gehören zur ersten Generation (ca. zwei Drittel der Personen mit Migrationshintergrund). Bei den unter 25-jährigen beträgt der Anteil der Personen mit Migrationshintergrund 27%. Festgestellt wird außerdem, dass Schüler mit Migrationshintergrund nach wie vor eine Gruppe bilden, die mit vielen Schwierigkeiten zu kämpfen hat (vgl. Konsortium Bildungsberichterstattung 2006: 137):

- Ein Drittel der in Deutschland lebenden Personen mit Migrationshintergrund aus der zweiten und dritten Generation hat keinen beruflichen Abschluss,
- Kinder mit Migrationshintergrund besuchen seltener eine Kindertagesstätte,
- Schüler mit Migrationshintergrund wiederholen häufiger ein Schuljahr,
- Jugendliche mit Migrationshintergrund haben öfter Schwierigkeiten beim Übergang in die Berufsausbildung,
- viele Schüler mit Migrationshintergrund gehören in der PISA-Studie zur Risikogruppe mit unzureichender Lesekompetenz,
- der Unterschied zwischen Familien mit und ohne Migrationshintergrund hinsichtlich des Bildungsniveaus und des Sozialstatus ist nirgendwo so stark ausgeprägt wie in Deutschland,
- an Schulen, an denen der Anteil von Schülern mit Migrationshintergrund bei über 50% liegt, sprechen diese Schüler auch überwiegend kein Deutsch zu Hause.

Positiv ist zu bewerten, dass im neuen Mikrozensusgesetz, das im Januar 2005 in Kraft trat, der Fragebogenkatalog um die Items frühere Staatsangehörigkeit, Staatsangehörigkeit, Geburtsort und Einbürgerung der Eltern sowie der Großeltern und das Zuzugsjahr erweitert wurde. Dadurch wird die zunehmende Bedeutung von Migration berücksichtigt, was einer sachgerechteren Integrations- und

Migrationsberichterstattung dienlich ist (vgl. Beauftragte der Bundesregierung für Migration, Flüchtlinge und Integration 2005).

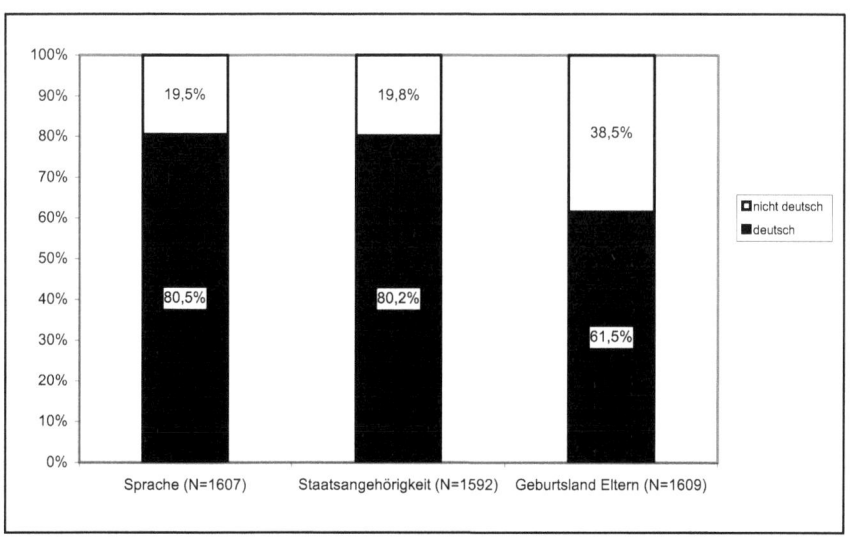

Abbildung 1:   Verteilung der Stichprobe der Dortmunder Jungenstudie nach unterschiedlichen Kriterien (Sprache, Staatsangehörigkeit und Herkunftsland der Eltern)

In der Dortmunder Jungenstudie zeigt sich: Je nachdem, welche Definition von 'Migrationshintergrund' herangezogen wird ('zu Hause überwiegend gesprochene Sprache', 'Staatsangehörigkeit' und 'Herkunftsland der Eltern'), variiert auch der Anteil der Schüler, die einen Migrationshintergrund aufweisen. Mit dem Kriterium des 'Herkunftslandes der Eltern' können offenbar deutlich mehr Schüler erfasst werden, in deren Familien Migrationserfahrungen gemacht wurden, als mit den Kriterien 'Staatsangehörigkeit' oder 'zu Hause überwiegend gesprochene Sprache' (vgl. Abbildung 1 sowie ausführlicher Kapitel 2.3). Daher werden in der vorliegenden Studie, ähnlich wie auch in der PISA-Studie, Jungen dann als Schüler mit Migrationshintergrund angesehen, wenn mindestens ein Elternteil nicht in Deutschland geboren ist. Zusätzlich wird für einige Analysen (z.B. in Kapitel 3.7) nach den Herkunftsregionen differenziert, aus denen die Eltern eingewandert sind.

1.2.3 Migration und Gewaltneigung

Schüler mit Migrationshintergrund werden von der Bevölkerung häufig als besonders gewalttätig eingestuft. In einer Studie, in der das Vorhandensein pauschalisierender Aussagen über 'gewalttätige Ausländer' überprüft wurde (vgl. Pfeiffer et al. 2005: 15), wurden repräsentativ ausgewählte Personen nach ihrer Einschätzung zur Entwicklung der Kriminalität von Nichtdeutschen befragt. Vorab wurden die Befragten darüber informiert, dass 1993 der Anteil von Ausländern an allen Tatverdächtigen 27% betrug. Die Befragten wurden aufgefordert die prozentuale Entwicklung der Tatverdächtigung in Bezug auf Ausländer im Zeitraum von 1993 bis 2003 einzuschätzen. 88% der Befragten gaben an, dass die Zahl der Tatverdächtigungen innerhalb der vergangenen zehn Jahre gestiegen ist. In Wirklichkeit aber sank der Anteil von Ausländern an allen Tatverdächtigen von 27% auf 19% (vgl. Pfeiffer et al. 2005: 15). Nach subjektiver Einschätzung nahm also die überwältigende Mehrheit der Befragten an, dass die Gewalttätigkeit von 'Ausländern' zugenommen hätte. Die Ergebnisse der Studie zeigen, dass die Wahrnehmung – insbesondere von Personen mit Migrationshintergrund – sehr vorurteilsbelastet ist.

Eine weitere Studie legt den Fokus stärker auf das selbst berichtete delinquente Handeln von Jugendlichen mit und ohne Migrationshintergrund (vgl. Wetzels et al. 2001). Aus dieser Studie geht hervor, dass von den befragten deutschen Jugendlichen 19% angeben, in den letzten 12 Monaten mindestens einmal gewalttätig gewesen zu sein; bei den Spätaussiedlern erreicht die Quote 20% und bei den türkischen Jugendlichen 34% (vgl. Wetzels et al. 2001: 199). Differenziert man bei den türkischen Jugendlichen nach der Aufenthaltsdauer, so zeigt sich, dass unter denen, die schon seit ihrer Geburt hier sind, mehr Jugendliche eigene Gewalttätigkeiten berichten als unter denen, die weniger als fünf Jahre in Deutschland leben. Wenn Jugendliche mit Migrationshintergrund sich erst seit kurzem in Deutschland aufhalten, ist der Prozentsatz derer, die angeben Gewalt ausgeübt zu haben, sogar geringer als bei Jugendlichen ohne Migrationshintergrund (vgl. Wetzels et al. 2001: 209). Letztendlich kommen die Autoren der Studie zu dem Schluss, dass das Bildungsniveau einen höheren Effekt hat als die ethnische Herkunft (vgl. Wetzels et al. 2001: 215). Wenn man die soziale Lage, den Grad der Arbeitslosigkeit sowie den sozio-ökonomischen Status der Familie kontrolliert, ergibt sich dennoch, dass Jugendliche mit türkischem Migrationshintergrund um den Faktor 2,3 häufiger von Gewalttaten berichten als Jugendliche ohne Migrationshintergrund.

1.2.4 Kulturdifferenzhypothese

Zum Zusammenhang von Migration und Gewaltneigung liegen verschiedene Erklärungsansätze sowie Forschungsergebnisse aus unterschiedlichen wissenschaftlichen Disziplinen vor. Eine mögliche Erklärung für divergente Verhaltensweisen zwischen den Kulturen bietet die Kulturdifferenzhypothese. Sie betrachtet die Differenzen zwischen sozialen Gruppen unter dem Gesichtspunkt der Kulturzugehörigkeit. Unterstellt wird, dass die Zugehörigkeit zu einer bestimmten Religion mit einer entsprechenden kulturellen Werteorientierung – insbesondere der Gewalttolerierung – einhergeht. Diese Hypothese liegt der Untersuchung von Heitmeyer et al. (vgl. 1997) zugrunde, in der die Zusammenhänge zwischen Gewaltbereitschaft und islamischer Religiosität am Beispiel von Jugendlichen türkischer Herkunft untersucht werden. Ergebnis ist, dass eine religiös fundierte Gewaltbereitschaft von Jugendlichen mit islamzentriertem Überlegenheitsanspruch festzustellen sei (vgl. Heitmeyer et al. 1997: 183). Aufgrund methodischer Mängel ist dieses Ergebnis überaus fragwürdig: So wurde kritisiert, die ethnische Segregation der Stichprobe sei nicht repräsentativ (es wurden nur Schüler und Schülerinnen türkischer Herkunft einbezogen), es gebe keine Vergleichsgruppen oder Kontrollgruppen anderer Nationen und Glaubensbekenntnisse und es würden ausschließlich Schulen mit einem besonders hohen Anteil an Schülern mit Migrationshintergrund untersucht (vgl. Wetzels und Brettfeld 2003, Auernheimer 1999, Krüger-Potratz und Lutz 2004). Hinzu kommt, dass verschiedene Argumente gegen die Kulturdifferenzhypothese sprechen: So sind beispielsweise die von Wetzels et al. (vgl. 2001; siehe dazu auch Kapitel 1.2.3) befragten Jugendlichen offenbar nicht 'aggressiv' sozialisiert nach Deutschland gekommen. Weiterhin wird festgestellt, dass es umso mehr Konflikte mit der Elterngeneration gibt, je länger Jugendliche mit Migrationshintergrund in Deutschland leben (vgl. Wetzels et al. 2001: 207ff.). Wenn diese Forschungsergebnisse die Kulturdifferenzhypothese stützen, dann eher in der Weise, dass nicht die ethnisch gemeinte Herkunftskultur, sondern die hier entstandene Migrantenkultur von Menschen türkischer Herkunft mit der Gewaltneigung in Zusammenhang gebracht werden kann. Vermutet werden kann, dass eine besondere Migrationserfahrung wichtiger für die Frage der Gewaltneigung ist als der jeweilige kulturelle oder ethnische Hintergrund (vgl. Fuchs et al. 2005: 205).

Gogolin und Pries (vgl. 2004) unterscheiden darüber hinaus nicht zwischen Migranten verschiedener Herkunftsregionen, sondern bilden vier idealtypische 'Migrationstypen', die unter den Bedingungen der Migration unterschiedliche Verhaltensmuster zeigen und dementsprechend als Analysekategorie möglicherweise besser geeignet sind (vgl. Gogolin und Pries 2004: 15, Gogolin 2006: 35). In der Diskussion um die Entstehung von Gewalthandeln müssen zudem soziale Voraussetzungen berücksichtigt werden, da sich diese in empirischen Studien als wirkmächtiger herausgestellt haben als die Faktoren 'Staatsangehörigkeit' und 'Migration' (vgl. Fuchs et al. 2005).

Gegen eine undifferenzierte Anwendung der Kulturdifferenzhypothese spricht außerdem, dass nur überraschend wenige Jugendliche mit Migrationshintergrund angeben, wegen ihrer Herkunft ausgegrenzt zu werden (8%, vgl. Wetzels et al. 2001: 109). Der Zusammenhang zwischen erlebter Ausgrenzungserfahrung und Aufenthaltsdauer in Deutschland ist eher U-förmig: Jugendliche, die erst seit kurzem in Deutschland leben, nehmen mehr Ausgrenzung wahr – bei jenen, die bereits sehr lange in Deutschland leben, ist der Prozentsatz ähnlich hoch. Am niedrigsten ist die Quote bei Jugendlichen mit mittlerer Aufenthaltsdauer (vgl. Wetzels et al. 2001: 109). Die subjektiv erlebte Ausgrenzungserfahrung kann also bei Jugendlichen, die bereits länger in Deutschland leben, durchaus zu neuen Typen von Reaktionen führen, die sich erst im Einwanderungsland herausbilden (kritisch dazu siehe Mannitz 2002).

Eine Studie von Wetzels und Brettfeld (vgl. 2003) lässt darauf schließen, dass es weitere, wesentlich bedeutsamere Faktoren für Gewalthandeln gibt als die Herkunftskultur: Untersucht wurde die Bedeutung der religiösen Orientierung für die Gewalterfahrung und -einstellung von Jugendlichen verschiedener Religionszugehörigkeiten. Die repräsentative Erhebung wurde im Jahr 2000 anhand einer Befragung mit 11819 Schülern an verschiedenen Schulformen durchgeführt. Der Untersuchungsschwerpunkt lag auf der Gruppe der muslimischen Jugendlichen, da der Anteil der Jugendlichen mit islamischem religiösem Hintergrund unter den Jugendlichen mit Migrationshintergrund in Deutschland besonders groß ist (vgl. Wetzels und Brettfeld 2003: 2ff.). Das Ergebnis der Erhebung entkräftet die These, dass ein höheres Ausmaß der Befürwortung von Gewalt bei muslimischen Jugendlichen ausschließlich auf eine stärkere religiöse Bindung zum islamischen Glauben zurückzuführen ist. Muslimische Jugendliche zeigten zwar eine größere Neigung zur Gewalt als Jugendliche christlicher Religionszugehörigkeit – und zwar sowohl auf der Verhaltens- als auch auf der Einstellungsebene. Neben den Erkenntnissen über die religiöse Orientierung junger Menschen mit islamischem Glauben und dem Vergleich zu Jugendlichen mit anderen Religionszugehörigkeiten müssen aber weitere wichtige Faktoren beachtet werden. So haben junge Muslime – verglichen mit der einheimischen Mehrheitsgesellschaft – die schlechtesten sozialen Rahmenbedingungen in ihrem Elternhaus. Damit gehen oftmals soziale Probleme, eine schlechte Wohnsituation sowie mangelnde sprachliche Integration und niedriger Bildungsstand einher. Weiter konnte festgestellt werden, dass die Entwicklung von Gewalteinstellungen und -handeln bei Jugendlichen mit der religiösen Normorientierung, vermittelt über familiäre Sozialisationsprozesse, zusammenhängt (vgl. Wetzels und Brettfeld 2003: 187ff.).

Nach Enzmann et al. (vgl. 2003) unterscheiden sich nicht eingebürgerte Türken von eingebürgerten Türken hinsichtlich der Delinquenzraten. Sie schlussfolgern daraus, dass nicht die Staatsangehörigkeitsunterschiede zwischen Deutschen und Nicht-Deutschen im Allgemeinen die entscheidende Rolle spielen, sondern die Unterschiede zwischen eingebürgerten und nicht eingebürgerten Kindern von Migranten türkischer Herkunft. Auffälliger sind jene Türken, die zwar in Deutschland geboren, aber nicht eingebürgert sind.

Die Daten legen eine weitere mögliche Erklärung durch die Frustrations-Aggressions-Hypothese (vgl. Kapitel 1.2.5) nahe, da es sich bei Jugendlichen, die als gewaltbereit charakterisiert werden können, überproportional häufig um Jugendliche handelt, „die sich wegen ihrer Nationalität oder auch wegen ihres Alters oft diskriminiert fühlen; die eine materialistische Grundorientierung aufweisen, die mehrmals pro Woche Alkohol zu sich nehmen und die Vorbehalte gegenüber verschiedenen gesellschaftlichen (Rand-)Gruppen aufweisen (fehlende Toleranz)" (Shell Deutschland Holding 2006: 142). Die Autoren beziehen sich hier positiv auf Heitmeyer et al. (vgl. 1997), die von einer Zunahme von Delinquenz und aggressivem Verhalten von Jugendlichen mit Migrationshintergrund sprechen: Dies sei begründet durch Desintegration und Ausgrenzungserfahrungen aufgrund der nicht-deutschen Nationalität (vgl. Shell Deutschland Holding 2006: 142).

Gerade aber der zuletzt erwähnte Punkt, die starke Ausgrenzungserfahrung, wird durch die eigenen Daten der Shell-Autoren nicht bestätigt, denn der Anteil derjenigen, die aufgrund ihrer Nationalität Ausgrenzung erfahren haben, ist sehr gering (s.o.). Dennoch erscheint es plausibel, dass die Probleme vor allem mit der neu entstandenen Migrantenkultur und nicht mit der Herkunftskultur in Zusammenhang gebracht werden sollten. Diese These steht in Widerspruch zu den Auffassungen von Pfeiffer et al. (vgl. 2006), die die Orientierung an Gewalt legitimierenden Männlichkeitsnormen mit der Konstruktion einer ethnisch verstandenen, religiös geprägten Herkunftskultur erklären, die mit bestimmten Überzeugungen wie „*Familienehre* (Beschützermythos, Durchsetzung von traditionalistischen Moralvorstellungen bzw. 'Paschaverhalten' etc.)" (Pfeiffer et al. 2006: 244) zusammenhänge.[2]

Als Fazit lässt sich festhalten: Bei türkischen Jugendlichen, die in Deutschland geboren wurden und bereits länger in Deutschland leben, ist der Prozentsatz derer, die zu Gewalt neigen, höher als bei anderen Jugendlichen und höher als bei denjenigen türkischen Jugendlichen, die erst vor kurzem eingewandert sind. Demnach scheint es so zu sein, dass in Deutschland Jugendliche in unterschiedlichen Migrantenmilieus leben, deren Merkmale sich erst hier herausbilden. Bei manchen dieser Jugendlichen scheinen Misserfolgserfahrungen zur Konstruktion von (auch religiös verstandenen) Gegenkulturen zu führen.

---

[2] Mittlerweile distanziert sich Pfeiffer (vgl. 2008) aufgrund neuer empirischer Erkenntnisse von diesem Erklärungsmuster.

1.2.5 Frustrations-Aggressions-Hypothese

Die bereits erwähnte Frustrations-Aggressions-Hypothese geht davon aus, dass Frustration zu unterschiedlichen Arten von Reaktionen führen kann – darunter auch zu aggressiven Reaktionen. Begründet wird dies damit, dass durch Frustrationen das generelle Erregungsniveau angehoben wird. Eine weitere Begründung ist, dass Frustrationen als aversive Situationen erlebt werden; dadurch werden negative Gefühle ausgelöst, die dann wiederum zu aggressivem Handeln führen können. Allerdings ist die Frustrations-Aggressions-Hypothese nicht unumstritten (vgl. Bierhoff und Wagner 1998: 8f.).

Die Frustrations-Aggressions-Hypothese könnte mögliche Zusammenhänge zwischen dem Migrationshintergrund und der Einstellung zu Gewalt bzw. zu Gewalthandeln damit erklären, dass Jugendliche mit Migrationshintergrund in der deutschen Gesellschaft auf unterschiedliche Weise benachteiligt sind, dass diese Benachteiligung dann, wenn sie für Jugendliche subjektiv sichtbar wird, zu Frustrationen führt und dass sich diese Frustrationen darin äußern, dass Jugendliche eher Gewalt anwenden bzw. Gewaltanwendung eher bejahen.

Entsprechend sind die sozioökonomischen Voraussetzungen in der Familie und die Bildungsnähe des Elternhauses weitere Faktoren, die als Erklärung für Gewalthandeln und delinquentes Verhalten von Jugendlichen herangezogen werden müssen. Die PISA-Daten bestätigen für Deutschland die sehr enge Verknüpfung der sozialen Herkunft mit dem Bildungserfolg (vgl. PISA-Konsortium 2004). Die soziale Herkunft und die Bildungsaspiration spielen auch für das Gewaltverhalten eine wichtige Rolle. Diesen Zusammenhang erklären Pfeiffer und Wetzels (vgl. 1999) anhand der 'Winner-Loser-Kultur-Theorie'. Nach ihr entwickeln Jugendliche mit Migrationshintergrund 'deutsche Ansprüche', ohne dass ihnen 'deutsche Chancen' gegenüber stehen, wodurch ein gesellschaftliches Ungleichgewicht zwischen den deutschen 'Gewinnern' und den zugewanderten, ausgegrenzten 'Verlierern' entstehe (vgl. Pfeiffer und Wetzels 1999: 11). Im Rahmen der Frustrations-Aggressions-Hypothese könnte dies als eine Art kollektive Frustration interpretiert werden. Die Autoren stellen zudem einen europaweiten Anstieg der Gewalttaten von Jugendlichen fest, der überwiegend auf die Beteiligung von Jugendlichen mit einer niedrigen Schulbildung zurückzuführen ist. Dies wird damit erklärt, dass „deren gesellschaftliche Position von relativer Armut, sozialer Ausgrenzung und schlechten Integrationsprozessen gekennzeichnet ist" (Pfeiffer und Wetzels 1999: 8). Entsprechend der Frustrations-Aggressions-Hypothese können ein Hauptschulbesuch, Arbeitslosigkeit in der Familie, ein fehlender Ausbildungsplatz sowie schlechte Zukunftsperspektiven als Gewalt fördernde Kriterien gelten. Des Weiteren wird festgestellt, dass Gewalt in Familien der unteren Sozial- und Bildungsschichten weitaus häufiger vorkommt: Jugendliche, die im Elternhaus von Arbeitslosigkeit oder Sozialhilfe betroffen sind, werden doppelt so häufig misshandelt wie andere Jugendliche. Der Zusammenhang zwischen erfahrener innerfamiliärer Gewalt und der Wahrscheinlichkeit, sich z.b. einer Gewalt befürwortenden Clique anzuschließen, ist signifikant (vgl. Pfeiffer und Wetzels 1999: 12ff.).

Der Faktor soziale Ungleichheit und Bildungsnähe erweist sich dabei für türkische Jugendliche als besonders gravierend. Zu den 'Privilegierten' (höhere Schulbildung, nicht von Sozialhilfe oder Arbeitslosigkeit betroffen und nicht Opfer extremer elterlicher Gewalt) gehören 14% der Jugendlichen türkischer Abstammung und 48% der deutschen Jugendlichen ohne Migrationshintergrund. Dieser Vergleich verdeutlicht die ungleichen Voraussetzungen und die – gegenüber den Deutschen – deutliche Benachteiligung dieser Gruppe von Jugendlichen (vgl. Pfeiffer und Wetzels 1999: 14ff.). Zusammenfassend lässt sich als wichtiges Ergebnis dieser Untersuchung festhalten, dass sich das Risiko zur Jugendgewalt enorm erhöht, wenn zwei der drei folgenden Faktoren zutreffen (vgl. Pfeiffer und Wetzels 1999: 14):

- Erfahrung innerfamiliärer Gewalt,
- gravierende soziale Benachteiligung und
- schlechte Zukunftschancen aufgrund eines niedrigen Bildungsniveaus.

Wichtig ist, dass „unabhängig von ethnischer Zugehörigkeit Jugendliche aus Familien mit niedrigem sozioökonomischen Status gewaltlegitimierende Männlichkeitsnormen stärker bejahen" (Enzmann et al. 2003: 278); dies gilt also auch für Jugendliche ohne Migrationshintergrund. Gewalt legitimierende Männlichkeitsnormen sind nicht *generell* häufiger bei Jungen mit Migrationshintergrund anzutreffen, sondern nur in bestimmten Subgruppen: Nicht eingebürgerte türkische Jugendliche (und Jungen aus den Ländern des ehemaligen Jugoslawien) vertreten diese Normen z.B. häufiger als eingebürgerte türkische Jugendliche. Dies bedeutet, dass die Gewalt legitimierenden Einstellungen nicht aus dem Heimatland der Eltern quasi 'mitgebracht', sondern während der Sozialisation in Deutschland erworben wurden. Im Übrigen gibt es durchaus auch Jugendliche ohne Migrationshintergrund, die eine Kultur der Ehre befürworten. Wenn neben der Schichtzugehörigkeit auch die Zustimmung zu Werten wie der 'Kultur der Ehre' kontrolliert wird, zeigt sich, dass dann in der Gruppe der Jugendlichen, die eine 'Kultur der Ehre' befürworten, die Quote der Deutschen, die Eigentumsdelikte begehen, höher ist als die der nicht eingebürgerten türkischen Jugendlichen (vgl. Enzmann et al. 2003: 281). Die geografisch verstandene Herkunftsregion der Jugendlichen spielt somit für das Risiko, delinquent zu werden, nur eine untergeordnete Rolle.

1.2.6   Multifaktorielle Ursachen für Gewalt

Einem multifaktoriellen Erklärungsansatz für kulturelle Unterschiede und abweichende Verhaltensweisen liegt die Annahme zugrunde, dass verschiedene Ursachen zusammenwirken. Fuchs et al. (vgl. 2005: 45f.) legen ihrer Untersuchung ein solches Modell zugrunde: Sie nehmen an, dass eine Kombination aus Lage- und Milieufaktoren eine erhöhte Gewaltaktivität der Schüler bedingen könnte. Sie untersuchen in ihrer Längsschnittstudie im Abstand von jeweils fünf Jahren (1994, 1999, 2004) die Gewaltentwicklung an bayerischen Schulen. Ihr Anliegen ist es, den bereits begonnenen Längsschnitt auf Bundesebene weiterzuführen und verschiedene Faktoren isoliert und kombiniert auf ihre Relevanz für unterschiedliche Gewaltaffinität bei Schülern zu überprüfen. Diese Studie ist für die vorliegende Untersuchung besonders durch die Ergebnisse zu Zusammenhängen zwischen Migrationshintergrund und Gewalt aufschlussreich (vgl. Fuchs et al. 2005: 207):

- Die Staatsangehörigkeit (deutsch/nicht-deutsch) ist weniger bedeutend als andere Variablen.
- Die Schüler mit Migrationshintergrund der zweiten Generation, also die in Deutschland geborenen, sind in höherem Maße gewaltbereit als Schüler der ersten Generation.
- Migrationserfahrungen und die daraus resultierenden Konsequenzen stehen mit Gewalt in Zusammenhang; sie haben für die erhöhte Gewaltbelastung – verglichen mit den Schülern ohne Migrationshintergrund – eine höhere Bedeutung als die kulturelle oder ethnische Zugehörigkeit. Dies gilt auch für Spätaussiedlerkinder.
- Für eine erhöhte Rate an Gewaltdelikten von männlichen Jugendlichen ist nicht die Staatsangehörigkeit oder die Migrationserfahrung entscheidend, sondern zentral sind die damit verbundenen sozialen Voraussetzungen.

Das Endergebnis der multifaktoriellen Analyse zeigt, dass vier Variablen als zentrale Einflussfaktoren für schulisches Gewalthandeln angesehen werden müssen: „Eigene Täterschaft, soziale Akzeptanz, Klassenstufe und Gewaltintervention im Pausenhof" (Fuchs et al. 2005: 323). Der ethnisch gemeinte Migrationshintergrund verliert demgegenüber an Erklärungskraft.

1.3 Fazit

Die in den Kapiteln 1.1 und 1.2 referierten Ansätze und Studien beschreiben und erklären vor allem (problematische) Teilaspekte des Alltags und des Verhaltens von Jungen und weisen auf geschlechtsspezifische Unterschiede hin. Zusammenfassend lässt sich jedoch feststellen, dass von einer ausdifferenzierten und systematischen Jungenforschung bislang nicht gesprochen werden kann.

Die Dortmunder Jungenstudie versucht diese Lücke dadurch zu schließen, dass sich die standardisierte Erhebung nicht auf einzelne Teilaspekte beschränkt, sondern vielfältige Aspekte der Jungensozialisation thematisiert wurden. Eine generelle Fragestellung lautet, ob Jungen eine homogene Gruppe bilden oder ob man besser von unterschiedlichen Sozialisationsmilieus bzw. von unterschiedlichen Jungentypen sprechen sollte. Eine zweite Frage betrifft die Annahme, dass man heute möglicherweise auf sehr vielfältige Weise 'Junge' sein kann und dass inzwischen geschlechterdemokratische Einstellungen sowie eine Balanciertheit im Verhältnis zum weiblichen Geschlecht weiter verbreitet sind als 1995, dem Zeitpunkt der ersten Dortmunder Jungenstudie. Wie groß ist die Gruppe derer, die sich (noch) an stereotypen Mustern von Männlichkeit, am klassischen 'Macht- und Erfolgsbild' von Männlichkeit orientiert, das mit hegemonialem Denken und der Vorstellung von 'natürlicher Überlegenheit' verknüpft ist?

Auf drei weitere Aspekte, die ebenfalls in der vorliegenden Studie erfasst wurden, soll abschließend kurz eingegangen werden:

- Insbesondere im Hinblick auf das Auseinanderklaffen von objektiv gemessenen Schulleistungen und der Selbstwahrnehmung von Jungen in Bezug auf ihre Leistungen gibt es Krebs (vgl. 2002: 61) zufolge „erheblichen Erklärungsbedarf", weswegen er darauf hinweist, dass es dringend erforderlich sei, die Perspektiven der Jungen selbst einer eingehenden Analyse zu unterziehen (vgl. Krebs 2002: 68f. und 73). Die vorliegende Studie untersucht daher auch, welche Einstellungen zu Schule, Unterricht, Lehrpersonen, Mitschülern und Mitschülerinnen vorgefunden werden. Ebenso werden Fragen untersucht wie: Welches Leistungs-Selbstkonzept liegt vor? Fühlen sich Jungen in bestimmten schulischen Bereichen benachteiligt oder haben sie ein eher optimistisches Bild bezüglich ihres Erfolgs in Schule und Unterricht? Wie erfolgreich sind die von uns befragten Jungen 'objektiv' im Rahmen des vertikal gegliederten Schulsystems der Sekundarstufe I?
- Aus der Beobachtung von Geschlechterverhältnissen kann nicht darauf zurückgeschlossen werden, was Junge-Sein für Jungen selbst bedeutet und welche Vorstellungen Jungen von Männlichkeit haben. Auch die Frage, ob aus bestimmten Männlichkeitsbildern besondere Bedürfnisse, Defizite oder

Probleme entstehen, ist bislang ungeklärt. Darauf weist auch Michalek (vgl. 2006: 14) in Bezug auf die Kategorie Geschlecht hin: „Im Fokus der Untersuchungen steht die Frage, wann Geschlecht wie in Interaktionen eine Bedeutung erhält. Offen bleibt jedoch, welche Bedeutungen die Kategorie Geschlecht für Jungen selbst hat." Auch welche „Geschlechtervorstellungen Jungen heute entwickeln und wie diese unter Jungen ausgehandelt werden, ist noch weitgehend unbekannt" (Michalek 2006: 14). In der Regel ist dies, wie wir oben aufgezeigt haben, nur 'zwischen den Zeilen' zu finden. Daher finden sich im Fragebogen, der dieser Studie zugrunde liegt, eine Reihe von Items zum Thema 'Männlichkeitsvorstellungen' von Jungen.

- Zum Zusammenhang zwischen dem Migrationshintergrund und der Einstellung von Jugendlichen zu Gewalt ist festzustellen, dass die theoretischen Konstrukte, welche als Erklärungen für das Verhältnis von Gewalt und Migration fungieren könnten, bisher sehr uneinheitlich und nur wenig überzeugend sind. Insbesondere der Kulturdifferenzhypothese und ihrem Stellenwert für das Thema Gewalt von Jungen mit Migrationshintergrund müsste kritisch nachgegangen werden. Empirischen Studien zufolge ist weniger die Herkunftskultur entscheidend als vielmehr die im Einwanderungsland gemeinsam konstruierten, teilweise unterschiedlichen Migrantenkulturen. Zukunftschancen von Jungen mit Migrationshintergrund hängen offenbar ausgesprochen eng mit ihrem Bildungsniveau zusammen – und dies scheint wiederum einen Einfluss auf den Umgang mit Gewalt zu haben. Auch der soziale Status des Elternhauses scheint für die Frage der Gewalt von Jungen relevant zu sein – offenbar aber nur in Kombination mit mehreren anderen Variablen. Dies könnte mit der Frustrations-Aggressions-Hypothese, aber auch mit Theorien, die auf Subkultur Bezug nehmen, erklärt werden. Letztendlich sind Theorien zur Entwicklung der Einstellungen von Jugendlichen mit (und ohne) Migrationshintergrund zu Gewalt bisher aber nur ausgesprochen schwierig zu beurteilen, da verlässliche Daten aus Längsschnittstudien fehlen. In unserer Studie gehen wir daher auch den Fragen nach, ob Jungen mit und ohne Migrationshintergrund (sowie Subgruppen von Jungen mit Migrationshintergrund) andere Einstellungen zum Thema Gewalt haben; dies setzen wir zudem noch in Beziehung zu den unterschiedlichen Schulformen, auf denen sich die Jungen befinden.

2 Anlage und Methode der Dortmunder Jungenstudie

Das Ziel der Dortmunder Jungenstudie 2005 bestand darin, so weit wie möglich die 1995 durchgeführte Befragung zu wiederholen. Aus methodischen und inhaltlichen Gründen wurden jedoch einige Items des Fragebogens aktualisiert und ergänzt (z.b. Fragen zum Migrationshintergrund der Jungen). Ein direkter Vergleich beider Befragungen ist deshalb nur punktuell möglich.

2.1 Datenerhebung

Den Jungen wurde ein zweiundzwanzigseitiger Fragebogen mit 101 Items vorgelegt, den sie in einer Unterrichtsstunde im Beisein von mindestens einem Projektmitarbeiter beantworteten. Hierdurch wurde gewährleistet, dass in die Fragestellung und Thematik der Studie eingeführt wird, dass bei Unklarheiten ein Ansprechpartner vorhanden ist und dass der Fragebogen konzentriert, ernsthaft und sofort ausgefüllt wird. Alle ausgeteilten Fragebögen wurden wieder eingesammelt, der Rücklauf beträgt somit 100%.

Neben den Sozialdaten umfasst der Fragebogen folgende Bereiche:

- Freizeitverhalten, insbesondere Freizeitbeschäftigungen allein und in der Clique, Fernseh- und Lesegewohnheiten und Szenen- und Vereinszugehörigkeit,
- die Selbstwahrnehmung der Jugendlichen, insbesondere ihre Rollenbilder und Überzeugungen (z.b. Männer – und Frauenbilder, Vorbilder, Lebensziele),
- ihre Beziehungsgestaltung sowie ihre Einstellung zu Beziehungen (Freundschaften, Sexualität, Familie, insbesondere die Beziehung zum Vater und Einstellungen zum Thema Gewalt) sowie
- ihre Schulerfahrungen (insbesondere ihre Einstellungen zur Schule und Koedukation).

Es wurden vorwiegend geschlossene Fragen gestellt. An einigen Stellen sollten die Jungen aber auch offene Fragen beantworten. Alle Variablen sind entweder nominal- oder intervallskaliert. Als unabhängige Gruppierungsvariablen sind erhoben worden:

- Schulformzugehörigkeit der Jungen,
- sozialer Hintergrund,
- Bildungshintergrund der Eltern und
- Migrationshintergrund.

Auch die unabhängigen Variablen sind entweder nominal- oder intervallskaliert. Sofern Zusammenhänge überprüft werden, stellen normalerweise die Antworten der Jungen auf die Fragen zu ihrem Verhalten oder ihren Einstellungen die abhängige Variable dar; als unabhängige Variable werden der Migrationshintergrund oder die Schulform herangezogen[3].

Zur Validität des Fragebogens ist anzumerken, dass vor allem bezüglich der Fragen zum Themenkomplex Gewalt, aber auch bezüglich anderer Fragen wie beispielsweise Fragen zum Selbstbild oder zur Wahrnehmung der Geschlechterrolle die Validität der Untersuchung genau geprüft werden muss. Wir haben unsere Daten durch den Fragebogen unmittelbar in Form eines Selbstberichts erhoben. Diese Form der Datenerhebung kann dadurch, dass die Befragten unter dem Aspekt der sozialen Erwünschtheit oder der Gruppendynamik antworten, zu Verzerrungen führen (vgl. Fuchs et al. 2005: 15). Außerdem kann aus den Ergebnissen der Befragung, die auf Selbsteinschätzungen und Selbstberichten der Jungen beruhen (z.B. zum Thema Gewalt), nur sehr eingeschränkt auf tatsächliche Handlungen der Jungen geschlossen werden. Hinzu kommt, dass sich die Selbstberichte nicht immer auf erlebte, sondern teilweise auch auf vorgestellte Ereignisse beziehen ('was wäre wenn'). Weiterhin ist zu berücksichtigen, dass die Jungen unter Umständen mit einigen der im Fragebogen verwendeten Begriffe – wie z.b. 'harmlose Klopperei' – unterschiedliche Bedeutungen verbinden.

Eine weitere Einschränkung der Validität könnte durch die Reihenfolge der Fragen im Fragebogen gegeben sein. Die ersten fünf Fragen behandeln das Thema 'Ethnizität': Erfragt werden 'Staatsangehörigkeit', 'Herkunftsland der Eltern', 'Aufenthaltsdauer in Deutschland', 'gesprochene Sprache'. Diese Fragen legen die Assoziation nahe, dass die Untersuchung im Bereich der Migrations-

---

[3] Zudem wurde überlegt, den sozioökonomischen Hintergrund und die Bildungsnähe des Elternhauses heranzuziehen. Die Angaben der Jugendlichen zu diesen Variablen waren aber ausgesprochen lückenhaft, sodass nicht davon ausgegangen werden kann, dass diese verlässlich sind (vgl. Kapitel 2.3.3). Zur Begründung der in dieser Studie verwendeten Definition für 'Migrationshintergrund' vergleiche die Kapitel 1.2.2 und 2.3.4 ff.

forschung angesiedelt ist. Dies könnte dazu führen, dass subjektive Theorien der
Jungen zum Thema 'Verhalten und Herkunft' aktiviert werden und in der Folge
eine ungewollte Lenkung und damit eine Verzerrung im Antwortverhalten der
Schüler entstanden ist. Demzufolge könnte entweder eine Erwartungshaltung
verstärkt oder aber eine klischeehafte Haltung zu vermeiden versucht werden
(Theorie des dynamischen Selbst, vgl. Hannover 1997). Dies gilt verstärkt für
die Fragen zur Einstellung der Jungen zum Thema Gewalt, zu ihrem Selbstbild,
ihren Schulerfahrungen und ihrer Auffassung von Geschlechterrollen. Zwar ist
dieser Befürchtung dadurch Rechnung getragen worden, dass im inhaltlichen
Teil des Fragebogens zuerst das Freizeitverhalten der Jungen und damit ein relativ unproblematischer bzw. wenig von sozialer Erwünschtheit betroffener Bereich ihrer Identität abgefragt wurde. Generell könnte aber auch die in der Befra-
gungssituation erwähnte Thematik der Studie sowie die Beschränkung der Befragung auf Jungen bei allen Teilnehmern die Aktivierung von Geschlechtsrollenklischees unterstützt haben. Daher sollten diese Validitätseinschränkungen bei
der Interpretation der Daten berücksichtigt werden.

2.2 Datenauswertung

Alle Befragungsdaten wurden mit dem Statistikprogramm SPSS bearbeitet. Die
Ergebnisse werden erstens anhand von univariaten Verteilungen, d.h. anhand des
Wertebereichs jeweils einer Variablen, mit verschiedenen Methoden dargestellt.
Die Verteilungen der nominalskalierten Variablen sind in Form von Häufigkeits-
tabellen abgebildet. Die Ausprägungen der intervallskalierten Variablen werden
in erster Linie in Form von Mittelwerten ausgedrückt. Zur besseren Interpretier-
barkeit wird in den Tabellen dann außerdem die Codierung der Werte angegeben.
    Zweitens werden einige Ergebnisse unter Berücksichtigung bivariater Zu-
sammenhänge diskutiert. Hierbei geht es um die gemeinsame Verteilung der
Untersuchungseinheiten über den Wertebereich zweier Variablen, die ebenfalls
mit verschiedenen Methoden dargestellt werden, beispielsweise mit Kreuztabellen oder Mittelwertvergleichen.
    Zur Überprüfung der Zusammenhänge mit dem Statistikprogramm SPSS
werden überwiegend Kreuztabellen verwendet. Wenn möglich, wird als Maß für
die Stärke des Zusammenhanges Kendall-Tau-b verwendet. Für dieses Korrelati-
onsmaß werden ordinalskalierte Daten benötigt, die Daten müssen nicht normal-
verteilt sein. Wenn eine der beiden Variablen nominalskaliert ist, wird der Kon-
tingenzkoeffizient (C) und das Ergebnis des Chi^2-Tests angegeben. Wegen der
großen Stichprobe und der vielen Signifikanztests, die durchgeführt werden,

wird das Signifikanzniveau auf .01 festgelegt. Bei der Überprüfung von Zusammenhängen in Teilstichproben werden Zusammenhänge bereits ab einer Irrtumswahrscheinlichkeit von .05 als signifikant angegeben, da die Signifikanz auch von der Stichprobengröße abhängt und sonst die Gefahr bestünde, dass Zusammenhänge im Vergleich zur Gesamtstichprobe unterschätzt würden. Grundsätzlich wird aber auch immer der genaue Wert für die Irrtumswahrscheinlichkeit angegeben. Obwohl das Skalenniveau es teilweise zuließe, werden Varianzanalysen nicht durchgeführt, weil die Fehlervarianzen bis auf sehr wenige Ausnahmen inhomogen sind und sich die Teilstichproben in ihrem Umfang deutlich unterscheiden. Damit sind die Voraussetzungen für Varianzanalysen verletzt (vgl. Bortz 1989: 346f.).

Abgesehen von den Berechnungsverfahren zur Darstellung bivariater Zusammenhänge finden zur Erfassung unterschiedlicher Männer- und Frauenbilder der befragten Jungen explorative Faktorenanalysen und damit ein multivariates Statistikverfahren Anwendung. Ausgehend von einer großen Anzahl an Variablen, von denen noch nicht bekannt ist, in welcher Weise sie miteinander zusammenhängen, für die aber vermutet wird, dass sie bestimmte komplexe Sachverhalte repräsentieren, ist die explorative Faktorenanalyse ein brauchbares Verfahren. Mit Faktorenanalysen lässt sich untersuchen, ob jeweils mehrere Variablen zu – voneinander unabhängigen – Faktoren zusammengefasst werden können. Die Variablen eines Faktors sollten mit dem jeweiligen Faktor (d.h. auch untereinander) möglichst hoch korrelieren, mit den Variablen anderer Faktoren sollte die Korrelation möglichst niedrig sein. Ziel einer Faktorenanalyse ist es, den hohen Grad an Komplexität, der durch eine Vielzahl von Variablen abgebildet wird, handhabbarer und oft auch erst interpretierbar zu machen, indem die Variablen auf möglichst wenige Faktoren, die letztlich hinter den beobachteten Variablen stehen, reduziert werden. Die Faktorenanalyse wird dementsprechend auch als Daten reduzierendes Verfahren bezeichnet (vgl. Bortz 2005: 512). Zudem liefert die Faktorenanalyse Werte, die die Stärke des Zusammenhangs von Variablen mit einem möglichen Faktor ausdrücken.

Aus den Variablen, die einem jeweiligen Faktor zugeordnet wurden, haben wir im Anschluss an die Faktorenanalyse unterschiedliche Skalen konstruiert. Insgesamt konnten wir für beide Geschlechter jeweils drei Skalen bilden, die ein gewisses Männer- und Frauenbild erfassen sollten. Um die Skalenkonstruktion bewerten zu können, wurden für alle eingesetzten Skalen dieser Untersuchung die jeweiligen Itemkennwerte über eine Reliabilitätsanalyse berechnet.

2.3 Stichprobe

In diesem Abschnitt wird die von uns befragte Stichprobe vorgestellt. Insbesondere jenen Variablen, die den Migrationshintergrund der Jungen erfassen könnten, wird hohe Aufmerksamkeit gewidmet, um die in Kapitel 1.2.2 getroffene Entscheidung, den Migrationshintergrund anhand des Herkunftslandes der Eltern zu definieren, überprüfen zu können.

2.3.1 Alter der befragten Jungen

Tabelle 1: Alter der Jungen

Alter	Anzahl	Prozent
12	1	0,1
13	20	1,2
14	244	14,9
15	627	38,4
16	566	34,6
17	151	9,2
18	24	1,5
19	2	0,1
Gesamt	1635	100,0

Die befragten Jungen sind im Durchschnitt 15,4 Jahre alt (SD = 0,95); die meisten sind im Alter von 14 bis 16 Jahren (insgesamt 88% der befragten Jungen). Diese Altersgruppe befindet sich aus entwicklungstheoretischer Perspektive in der Pubertät und damit in einer spannungsgeladenen leib-seelischen und sozialen Entwicklungs- und Übergangssituation, die mit vielen Unsicherheiten verbunden ist (vgl. Fend 2001). Zudem gilt die Adoleszenz als eine Lebensphase, in der Jungen nach männlicher Identität suchen (vgl. Benard und Schlaffer 2000) und die von Ängsten geprägt ist – Versagensangst, Angst vor Gefühlen, Angst vor Bewertung durch Mädchen und Frauen, Angst vor Gewalt durch andere Jungen (vgl. Sturzenhecker und Winter 2002). Diese Ängste verbergen sich in Stresskonstellationen, die wiederum ihren Ausdruck in verschiedenen Bewältigungsmustern finden – sei es in Form von Idolisierung, Abwertung, 'cooler' Ausstrahlung, körperlicher Dominanz oder Aggression. Von den Sozialwissenschaftlerinnen Benard und Schlaffer (vgl. 2000) wurden diese starren Benimmregeln männlicher Jugendlicher auch als 'Tyrannei des Cool-Seins' bezeichnet. Sie sind zudem Ausdrücke eines Zwiespalts, nämlich Unabhängigkeit von Erwachsenen wie auch von bestehenden Normen erreichen zu wollen und gleichzeitig mehr oder weniger offen auf (männliche) Vorbilder und gesellschaftliche Vorgaben zurück greifen zu müssen.

Diese Kurzcharakteristik der Problemlagen von Jungen weist auf die Chancen einer empirischen Untersuchung zum Jungenalltag hin. Jungen in der Altersphase von 14 bis 16 Jahren präsentieren besonders deutlich verschiedene Seiten von Entwicklungsmöglichkeiten. Sie präsentieren vor allem die Schwierigkeiten im Umgang mit Erwartungen und Vorgaben, weswegen wir diese Stichprobe für unsere Untersuchung gewählt haben.

2.3.2 Verteilung auf die Schulformen

Die Untersuchung fand im Schuljahr 2005/2006 statt. Es nahmen 33 Sekundarschulen aus der Dortmunder Region teil – Förderschulen, Hauptschulen, Realschulen, Gesamtschulen und Gymnasien. Insgesamt wurden 1635 Jungen befragt.

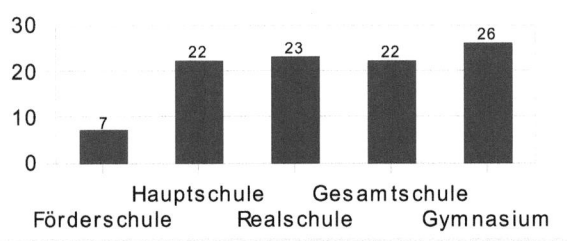

Abbildung 2:   Verteilung der Jungen auf Schulformen
(in Prozent) N=1635

Das Gymnasium dominiert leicht mit 26% der befragten Jungen, gefolgt von Realschülern (23%), Hauptschülern und Gesamtschülern (jeweils 22%). Wir können bei diesen vier Schulformen also von einer relativen Gleichverteilung ausgehen. Jungen aus Förderschulen (Förderschwerpunkt Lernen) sind mit 7% vertreten. Im Vergleich mit den Schülerzahlen der Stadt Dortmund insgesamt (vgl. Tabelle 2) ist festzustellen, dass die Hauptschüler in unserer Untersuchung leicht überrepräsentiert, die Realschüler leicht unterrepräsentiert sind. Die Förderschüler werden in der Statistik des Schulministeriums nicht berücksichtigt, daher fehlen für diese Schüler Vergleichszahlen. Zu berücksichtigen ist weiterhin, dass die Statistik des Schulministeriums Jungen und Mädchen einschließt, während wir ausschließlich Jungen befragt haben. Die Verteilung der Jungen kann sich durchaus von jener der Mädchen unterscheiden.

Die Differenzen bei den Haupt- und Realschulen können durch unsere Beschränkung auf Jungen entstanden sein, denn in NRW sind Mädchen an Haupt- und Gesamtschulen unterrepräsentiert und an Realschulen und Gymnasien überrepräsentiert (vgl. Ministerium für Schule und Weiterbildung NRW 2005: 17). Daher kann die vorliegende Stichprobe hinsichtlich der Verteilung auf die Schulformen als repräsentativ eingestuft werden.

Tabelle 2: Verteilung der Stichprobe auf die vier ausgewählten Schulformen

	'Jungenstudie 2005' vorliegende Stichprobe		'Schuljahr2005/06'[4] kreisfreie Stadt Dortmund (Jungen und Mädchen)	
Schulformen	Anzahl	Prozent	Anzahl	Prozent
Hauptschule	351	23,1	5894	18,3
Realschule	365	23,9	9069	28,1
Gymnasium	453	29,8	9402	29,2
Gesamtschule	352	23,2	7860	24,4
Gesamt	1518	100,0	32225	100,0

2.3.3 Sozialer Hintergrund

Zur Erfassung des sozialen Hintergrundes der Jungen wurde in der Absicht, Zusammenhänge zu überprüfen, sowohl nach den Berufen der Eltern als auch nach den Schulabschlüssen gefragt. Im Folgenden wird zunächst vorgestellt, welchen Berufen die Eltern nachgehen.

Tabelle 3: Berufstätigkeit der Eltern (in Prozent)

	1995		2005	
	Vater	Mutter	Vater	Mutter
Ungelernte Arbeiter	11	9	6	7
Facharbeiter	24	7	18	7
Angestellte	25	33	33	37
Beamte	9	11	11	6
Selbständige	11	5	16	7
Arbeitslos			10	6
Hausmann/Hausfrau	1	37	1	28
Rentner/Frührentner			5	1
Ausbildung/Studium			1	1
N	1710	1680	1554	1604

In diese Tabelle wurden exemplarisch die Werte von 1995 mit aufgenommen. Die Werte sind relativ ähnlich, was für uns ein Hinweis auf die Reliabilität der Befragungsinstrumente ist. Nach wie vor sind die Eltern der Jungen mit mehr als

---

[4] Nach eigenen Berechnungen für die kreisfreie Stadt Dortmund unter Verwendung der Daten des Schulministeriums NRW (siehe dazu www.bildungsportal.nrw.de)

einem Drittel im Angestelltenbereich tätig, gefolgt von Facharbeitern, Selbstständigen und Beamten. Bei den Müttern ist dagegen die Kategorie Hausfrau nach wie vor relevant. Es sind immerhin 28% der Mütter zu Hause tätig; 64% der Mütter sind erwerbstätig (6% arbeitslos). Der Anteil der Hausfrauen unter den Müttern ist im Vergleich zu 1995 aber gesunken.

Die von uns erfragten Angaben zum Bildungshintergrund, die mithilfe der Schulabschlüsse der Eltern erfragt wurden (vgl. Tabelle 4), sind nicht sehr valide, da zu viele Jungen keine Antwort dazu abgeben konnten: Einem Drittel der Jungen war der schulische Abschluss der Mutter oder des Vaters nicht bekannt.

Tabelle 4: Bildungshintergrund der Eltern (in Prozent)

	Vater	Mutter
Fachoberschulreife, Abitur	29	26
Hauptschule, Realschule	38	43
weiß nicht	33	30
N	1578	1579

Insgesamt sind die Daten zum sozialen Hintergrund daher nicht sehr aussagekräftig. Das stimmt mit Überlegungen aus dem Umfeld der PISA-Studie überein, dass zum sozialen Hintergrund besser nicht die Schüler, sondern deren Eltern befragt werden sollten, da die Verlässlichkeit der Schülerangaben geringer ist (vgl. Maaz et al. 2006).

2.3.4 Staatsangehörigkeit

In diesem Abschnitt wird untersucht, wie aussagekräftig das Kriterium der Staatsangehörigkeit ist, wenn Schüler mit Migrationshintergrund erfasst werden sollen. Tabelle 5 zeigt, wie hoch der Anteil der Schüler mit nicht deutscher Staatsangehörigkeit unter den befragten Jungen ist. Schüler, die die deutsche und noch eine weitere Staatsangehörigkeit haben, werden als Schüler mit deutscher Staatsangehörigkeit aufgeführt.

Tabelle 5: Die Anteile der befragten Jungen nach Staatsangehörigkeit

Staatsangehörigkeit	Anzahl	Prozent
deutsch	1278	80,3
türkisch	113	7,1
polnisch	43	2,7
andere	158	9,9
Gesamt	1592	100,0

Von den 1592 Befragten, die Angaben zu ihrer Staatsangehörigkeit machten, geben 80% der Schüler an, die deutsche Staatsangehörigkeit zu besitzen; 20% geben eine andere Staatsangehörigkeit an. Die größten einzelnen Gruppen von Jungen mit anderer Staatsangehörigkeit bilden die Schüler mit türkischer (7%) und polnischer (3%) Staatsangehörigkeit. Alle anderen Gruppen sind so klein, dass sie in der Abbildung unter 'Übrige' (10%) zusammengefasst sind.

Damit liegt der Durchschnitt der Jungen aus der Dortmunder Region, die keine deutsche Staatsangehörigkeit besitzen, deutlich *über* der Quote, die das Statistische Bundesamt für das gleiche Schuljahr an allgemeinbildenden Schulen in Nordrhein-Westfalen angibt (13%; vgl. Statistisches Bundesamt 2005: 104).

Die Abweichung könnte mit dem Einzugsgebiet der Erhebung erklärt werden. Dortmund und die ehemalige Bedeutung der Stahlindustrie lassen auf eine hohe Anwerberate von Arbeitsmigranten schließen. Diese Vermutung wird durch die amtlichen Schuldaten des Schuljahrs 2001/2002 vom Ministerium für Schule, Wissenschaft und Forschung des Landes Nordrhein-Westfalen gestützt. Deren Angaben zufolge haben 18% der männlichen Schüler an allgemeinbildenden Schulen in der kreisfreien Stadt Dortmund keine deutsche Staatsangehörigkeit (vgl. Ministerium für Schule, Wissenschaft und Forschung des Landes Nord-rhein-Westfalen 2002: 17ff.). Verglichen mit den Daten für Dortmund sind die Abweichungen in unserer Untersuchung gering; die Stichprobe kann somit hinsichtlich der Staatsbürgerschaft der befragten Schüler Repräsentativität beanspruchen.

2.3.5 Geburtsland der Eltern

Da wir vermutet haben, dass die Staatsangehörigkeit über den Migrationshintergrund nur wenig aussagt (vgl. Kapitel 1.2.2), haben wir die Jungen außerdem nach dem Herkunftsland ihres Vaters und dem Herkunftsland ihrer Mutter befragt. Ein Migrationshintergrund liegt (entsprechend der Definition in Kapitel 1.2.2) dann vor, wenn mindestens ein Elternteil nicht aus Deutschland kommt. Zu beachten ist, dass die dritte Generation, d.h. Jungen, deren Großeltern nach Deutschland eingewandert sind, deren Eltern aber bereits hier geboren sind, mit unseren Daten nicht erfasst werden können. Sie fallen unter die Kategorie 'Eltern aus Deutschland' – nach unserer Definition haben sie keinen Migrationshintergrund.

Tabelle 6: Herkunftsland der Eltern

Herkunftsland der Eltern	Anzahl	Prozent
Deutschland	990	61,5
Mindestens ein Elternteil aus anderem Land	619	38,5
Gesamt	1609	100,0

Zieht man das Herkunftsland der Eltern als Kriterium heran, haben 619 der 1609 Schüler und somit 39% der Befragten einen Migrationshintergrund (vgl. Tabelle 6). Damit haben fast zwei Fünftel der befragten Schüler einen Migrationshintergrund. 74% der Jungen mit Migrationshintergrund geben an, dass beide Eltern ein anderes Herkunftsland als Deutschland haben. 17% haben eine deutsche Mutter, aber einen Vater aus einem anderem Herkunftsland; einen deutschen Vater und eine nicht aus Deutschland stammende Mutter haben 9% der Jungen. Etwa ein Viertel der Jungen mit Migrationshintergrund stammt somit aus bikulturellen Familien.

Der Anteil von Schülern mit Migrationshintergrund ist in unserer Stichprobe damit auch nach diesem Kriterium relativ hoch: Das Statistische Bundesamt ermittelt mit dem Mikrozensus 2005 mit dem gleichen Kriterium bei den unter 25-jährigen, dass 73% der Kinder und Jugendlichen keinen und 27% einen Migrationshintergrund aufweisen (vgl. Konsortium Bildungsberichterstattung 2006, 142). In Nordrhein-Westfalen haben – berechnet nach dem Mikrozensus 2005 – ca. ein Drittel der unter 25-jährigen einen Migrationshintergrund (34%; vgl. Konsortium Bildungsberichterstattung 2006: 14). Der höhere Anteil der Schüler mit Migrationshintergrund in unserer Untersuchung kann auch hier damit erklärt werden, dass die Daten im Gebiet der Stadt Dortmund erhoben wurden – das Statistische Bundesamt erfasst das gesamte Bundesland NRW.

Für differenziertere Auswertungen werden die Schüler mit Migrationshintergrund noch einmal nach der Herkunftsregion ihrer Eltern unterschieden. Hierzu werden die Jungen, ähnlich wie in anderen Untersuchungen (vgl. Wetzels und Brettfeld 2003, Stanat 2006: 111ff.), in drei Kategorien eingeteilt (vgl. Tabelle 7):

- Jungen, deren Eltern beide in Deutschland geboren wurden (990 Jugendliche, 61%),
- Jungen, deren Eltern beide aus anderen Staaten Europas oder der ehemaligen UdSSR stammen und Jugendliche mit einem Elternteil aus diesen Staaten und einem Elternteil aus Deutschland (338 Jugendliche; 21%) sowie

- Jungen, von denen mindestens ein Elternteil aus islamisch geprägten Staaten stammt. Unter diese Kategorie fallen die Türkei, Staaten des arabischen Sprachraumes, Afghanistan und Pakistan (246 Jugendliche; 15%).

Weitere 4% der befragten Jungen haben ebenfalls einen Migrationshintergrund; ihre Eltern stammen aber aus anderen als den oben genannten Ländern bzw. Regionen (z.b. Afrika oder Ostasien). Diese Gruppe ist zu klein und zu heterogen, um sie in die Auswertungen zum Migrationshintergrund mit einzubeziehen.

Tabelle 7: Jungen mit und ohne Migrationshintergrund (gruppiert nach Herkunftsregion)

Migrationshintergrund	Anzahl	Prozent
Deutsch (ohne Migrationshintergrund)	990	60,6
Europäisch geprägter Migrationshintergrund	338	20,7
Türkisch oder arabisch geprägter Migrationshintergrund	246	15,0
Sonstiger Migrationshintergrund oder keine Angabe	61	3,7
Gesamt	1635	100,0

Um zu untersuchen, wie sich Staatsangehörigkeit und Migrationshintergrund zueinander verhalten, werden beide Variablen miteinander kombiniert. Dafür können 1575 der 1635 Jungen berücksichtigt werden (96%), die übrigen haben mindestens eine der beiden Fragen nicht beantwortet. Von den Jungen, zu denen die Daten vorliegen, haben 63% eine deutsche Staatsangehörigkeit und Eltern, die in Deutschland geboren wurden. 17% der Jungen haben ebenfalls eine deutsche Staatsangehörigkeit, aber es ist mindestens ein Elternteil nicht in Deutschland geboren (Migrationshintergrund), und 20% der Jungen haben eine andere als die deutsche Staatsangehörigkeit und mindestens ein Elternteil, das aus dem Ausland stammt (vgl. Tabelle 8). Der Fall, dass die Eltern in Deutschland geboren sind, der Sohn aber eine ausländische Staatsangehörigkeit hat, kommt unter den 1635 Jungen nur einmal vor. Diese Differenzierung kann man also für die vorliegende Stichprobe vernachlässigen. Der Junge könnte zur dritten Generation gehören, oder es handelt sich um ein fehlerhaftes Ausfüllen des Fragebogens. Der Anteil der Jungen, die zur dritten Generation gehören und eine deutsche Staatsangehörigkeit haben, kann nicht bestimmt werden, da nach dem Geburtsland der Großeltern nicht gefragt wurde.

Tabelle 8: Migrationshintergrund (Herkunftsland der Eltern) und
Staatsangehörigkeit der Jungen

	Anzahl	Prozent
Deutsche Staatsangehörigkeit, kein Migrationshintergrund	988	62,7
Deutsche Staatsangehörigkeit, Migrationshintergrund	274	17,4
Andere Staatsangehörigkeit, kein Migrationshintergrund	1	0,1
Andere Staatsangehörigkeit, Migrationshintergrund	312	19,8
Gesamt	1575	100,0

Erwartungsgemäß haben Schüler, deren Eltern aus dem europäischen Ausland eingewandert sind, zu einem relativ hohen Anteil die deutsche Staatsbürgerschaft (59%; vgl. Tabelle 9). Zu beachten ist aber, dass immerhin fast ein Drittel der Schüler (30%), deren Eltern aus der Türkei oder aus arabischsprachigen Staaten eingewandert sind, ebenfalls die deutsche Staatsangehörigkeit angenommen hat und dass diese Schüler neben der deutschen Staatsbürgerschaft noch eine weitere haben können, da sie sich in der Regel erst bei Vollendung des 18. Lebensjahres für eine Staatsangehörigkeit entscheiden müssen.

Tabelle 9: Zusammenhang zwischen Staatsangehörigkeit und
Migrationshintergrund

		Staatsangehörigkeit		
Migrationshintergrund		deutsch	andere	Gesamt
Beide Eltern aus Deutschland	Anzahl	988	1	989
	Prozent	99,9%	0,1%	100,0%
Mindestens ein Elternteil aus dem europäischen Ausland oder der ehemaligen UdSSR	Anzahl	185	130	315
	Prozent	58,7%	41,3%	100,0%
Mindestens ein Elternteil aus der Türkei oder Staaten des arabischen Sprachraumes	Anzahl	71	169	240
	Prozent	29,6%	70,4%	100,0%
Gesamt	Anzahl	1244	300	1544
	Prozent	80,6%	19,4%	100,0%

Der Zusammenhang ist signifikant: $\chi^2_{(2,\ N=1544)} = 730.55, p = .000, C = .57$

2.3.6 Geburtsland der Jungen

Eine Möglichkeit, die Gruppe der Jungen mit Migrationshintergrund weiter zu differenzieren, besteht darin zu prüfen, ob sie zur 'ersten Generation' gehören, d.h. selbst eingewandert sind, oder ob sie zur 'zweiten Generation' gehören, d.h. ihre Eltern eingewandert sind, sie selbst aber in Deutschland geboren wurden. Zusätzlich zum Geburtsland der Eltern (vgl. Kapitel 2.3.5) haben wir daher eine Frage zur Aufenthaltsdauer der Schüler gestellt. Sofern ein Migrationshintergrund vorliegt, ist die zweite Generation durch die Angabe 'Ich lebe von Geburt an in Deutschland' definiert. Gab der Befragte an, erst nach der Geburt nach Deutschland gekommen zu sein, gehört er entsprechend zur ersten Generation.

Tabelle 10: Geburtsland der Jungen

Migrationshintergrund und Generation	Anzahl	Prozent
Deutsch (kein Migrationshintergrund)	990	61,7
1. Generation (mit Migrationshintergrund)	202	12,6
2. Generation (mit Migrationshintergrund)	412	25,7
Gesamt	1604	100,0

Von allen befragten Jungen haben 38% einen Migrationshintergrund. 13% gehören der ersten Generation an, sie haben also selbst die Migrationserfahrung gemacht. Zur zweiten Generation zählen 25% der befragten Jungen – bei ihnen ist mindestens ein Elternteil zugewandert (vgl. Tabelle 10).

Dies korrespondiert mit den für die gesamte BRD festgestellten Anteilen, die sich auf Jugendliche unter 25 Jahren beziehen: Auch dort gehören – wie in der Dortmunder Jungenstudie – mehr Jugendliche der zweiten (16%) als der ersten Generation (9%) an (vgl. Konsortium Bildungsberichterstattung 2006: 142).

Das Konsortium Bildungsberichterstattung (vgl. 2006: 143) weist die Anteile an den Generationen auch nach Herkunftsländern und Lebensalter aus. In der Altersgruppe der 10- bis 16-jährigen besteht die größte Einzelgruppierung aus Einwandererkindern, die aus der Türkei kommen (mit ca. 7% aller Kinder); dann folgen – anders als in der vorliegenden Studie (vgl. Kapitel 2.3.4) – Spätaussiedlerkinder aus den Ländern der ehemaligen UdSSR (ca. 3% aller Kinder). Aus den neueren Berechnungen zum Mikrozensus wird deutlich, dass 87% der Jugendlichen unter 25 Jahren mit türkischem Migrationshintergrund in Deutschland geboren sind. Die überwiegende Mehrheit der jungen Deutsch-Türken gehört also der zweiten Generation an, während bei den Spätaussiedlern die Mehrheit (ca. 60%) bisher noch zur ersten Generation gehört (vgl. Konsortium Bildungsberichterstattung 2006: 144). In unserer Untersuchung teilen sich die Gruppen etwas anders auf; dennoch ist die Tendenz sehr ähnlich: Von den Schülern, deren Eltern aus der Türkei oder aus Staaten des arabischen Sprachraumes stammen, sind 84% bereits hier geboren, bei den Schülern, deren Eltern aus dem europäischen Ausland stammen, liegt der Anteil der hier geborenen Schüler bei 55% (vgl. Tabelle 11).

Tabelle 11: Zusammenhang zwischen Generation und der Herkunftsregion der
Eltern

		Deutsch	Generation 1. Generation	2. Generation	Gesamt
Beide Eltern aus Deutschland	Anzahl	990	0	0	990
	Prozent	100,0%	0,0%	0,0%	100,0%
Mindestens ein Elternteil aus dem europäischen Ausland	Anzahl	0	152	182	334
oder der ehemaligen UdSSR	Prozent	0,0%	45,5%	54,5%	100,0%
Mindestens ein Elternteil aus der Türkei oder Staaten des	Anzahl	0	39	206	245
arabischen Sprachraumes	Prozent	0,0%	15,9%	84,1%	100,0%
Gesamt	Anzahl	990	191	388	1569
	Prozent	63,1%	12,2%	24,7%	100,0%

Der Zusammenhang ist signifikant und sehr stark: $\chi^2_{(4, N=1559)} = 1720.70$, $p = .000$, $C = .72$

Insgesamt lässt sich folgendes Bild zeichnen (vgl. Tabelle 10 und 11): Jungen,
deren Eltern aus der Türkei eingewandert sind, sind zwar häufiger bereits in
Deutschland geboren, sie haben aber seltener eine deutsche Staatsangehörigkeit
als Jungen, deren Eltern aus dem europäisch geprägten Ausland eingewandert
sind.

2.3.7 Familiensprache
Eine weitere Möglichkeit, den Migrationshintergrund nicht mithilfe der Variable
'Herkunftsland der Eltern' zu erheben, besteht darin, die Variable 'zu Hause
gesprochene Sprache' zu verwenden. Dies kann im schulischen Bereich besonders dann interessant sein, wenn es um sprachliche Förderung – beispielsweise
im Zusammenhang mit einem möglichen muttersprachlichen Unterricht – geht.
Dieses Definitionskriterium schlagen beispielsweise Chlosta und Ostermann
(vgl. 2005: 55ff.) vor dem Hintergrund der SPREEG-Untersuchung ('Spracher-
hebung Essener Grundschulen') vor, die auf den Angaben der Schüler zur Frage
nach der von ihnen 'überwiegend zu Hause gesprochenen Sprache' basiert.

In der Dortmunder Jungenstudie, in der dieses Kriterium ebenfalls erfasst
worden ist, geben 20% aller Jungen an, dass sie zu Hause nicht (bzw. nicht ausschließlich) deutsch sprechen. Das sind etwa so viele Jungen, wie sich durch das
Kriterium Staatsangehörigkeit ergeben würde (20%) – und deutlich weniger
Jungen, als bei Verwendung des Herkunftslands der Eltern als Kriterium (39%).

Diese Unterschiede zeigen einmal mehr, dass es für zukünftige Erhebungen
und Statistiken wichtig ist, eine einheitliche Definition von Migrationshintergrund zu finden, um eine Vergleichbarkeit der Ergebnisse gewährleisten zu
können. Die Ergebnisse zeigen aber auch, dass etwa die Hälfte der 14 bis 16-
jährigen Jungen aus der Dortmunder Region, deren Eltern eingewandert sind, die

deutsche Sprache als Familiensprache ansieht. Dennoch sind die Angaben zur häuslich überwiegend gesprochenen Sprache mit Unsicherheit behaftet, da vermutet werden muss, dass es auch für die Jugendlichen selbst nicht immer eindeutig ist, welche Sprache sie 'überwiegend' zu Hause sprechen – insbesondere dann, wenn sie mit Familienmitgliedern zweisprachig kommunizieren oder für die Kommunikation mit unterschiedlichen Familienmitgliedern unterschiedliche Sprachen verwenden. Daher sollte die 'überwiegend zu Hause gesprochene Sprache' im Rahmen statistischer Erhebungen nicht als Indikator für den Migrationshintergrund herangezogen werden.

3 Empirische Ergebnisse

Im Folgenden werden die Ergebnisse der Jungenstudie zur Freizeitgestaltung, zur Beziehungsgestaltung, zu Geschlechtsrollenbildern, zu Koedukation, zum Schulerfolg und zur Einstellung zu Gewalt vorgestellt. Die Ergebnisse zur Beziehungsgestaltung werden dabei noch einmal unterteilt in Ergebnisse zu Peer-Beziehungen und Ergebnisse zu familiären Beziehungen, insbesondere zur Vater-Sohn-Beziehung. Auch Zusammenhänge zwischen der Schulform bzw. dem Migrationshintergrund (definiert anhand des Herkunftslandes der Eltern, vgl. Kapitel 1.2.2) und den Ergebnissen werden berichtet. Zusammenhänge zwischen dem sozioökonomischen Status bzw. dem Bildungshintergrund der Familien und den Befragungsergebnissen werden dagegen nicht analysiert, weil die Angaben hierzu nicht zuverlässig genug sind (vgl. Kapitel 2.3.3). Am Ende der Unterkapitel werden jeweils die wichtigsten Ergebnisse noch einmal zusammengefasst und teilweise geprüft, inwiefern sie mit den in Kapitel 1 vorgestellten Theorien erklärbar sind.

3.1 Jungen in ihrer Freizeit

Unter Freizeit verstehen wir jenen Bereich im Leben von Jungen, in dem sie relativ autonom ihre Interessen verfolgen und ihre Neigungen ausleben können, d.h. ihr Leben in eigener Regie – insbesondere von unmittelbarer Aufsicht durch Erwachsene befreit – ausgestalten und in vielfältiger Form einen Ausdruck verleihen können. Themen wie Freizeitinteressen, Freizeithäufigkeiten oder Freizeitpräferenzen wurden von der Jugendforschung bereits früh aufgegriffen. Die Frage, „wie Jugendliche die Zeit gestalten, über die sie frei verfügen können, ist möglicherweise sogar der 'Klassiker' der Jugendforschung schlechthin" (Thole 2002: 7). Jungen – wie Jugendliche insgesamt – sehen sich unter den Bedingungen des heutigen Lebensvollzugs, insbesondere im Zuge von Individualisierung- und Pluralisierungsprozessen, einem hohen Erwartungsdruck ausgesetzt: Die Teilnahme an vielfältigen freizeitlichen Erlebniswelten, das überall sichtbare Waren(über)angebot und die Propagierung multipler Lebensoptionen in den Medien kreieren ein unerschöpfliches Panoptikum von Wünschbarkeiten. Hieraus erwächst (mindestens) ein wichtiges Entscheidungsproblem: Es gilt aus der

(Über-)Fülle des Wähl-, Nutz- und Machbaren eine bestimmte Kombination von Konsum- und Erlebnisoptionen für sich als wünschbar zu setzen – wobei diese Präferenzbildung freilich selten 'einsam', sondern vielmehr im Rahmen der Partizipation an Cliquen, Vereinen und Szenen geschieht und von den jeweils zur Verfügung stehenden Freizeitressourcen abhängt (vgl. Hitzler et al. 2005: 15ff.). Zu den zentralen Freizeitressourcen – verstanden als Mittel und Chancen, die sich für die Gestaltung der Freizeit nutzen lassen – zählen neben den hier behandelten sozialen Kontakten vor allem Zeit, Geld und Örtlichkeiten bzw. Räume (vgl. Blinkert und Höfflin 1995: 22ff., Thole 2002: 9ff.). Jugendliche verfügen heute über erhebliche finanzielle Mittel, die sie zur Gestaltung ihrer Freizeit ausgeben können. Das Geld dient dabei in der Regel nicht ausschließlich der Erfüllung von Wünschen, sondern auch der sozialen Anerkennung und der Selbstverwirklichung (vgl. Shell Deutschland Holding 2006: 77, Ferchhoff 2007: 326ff.).

3.1.1 Freizeitbeschäftigungen

Im Themenkomplex 'Freizeit' wurden die Jungen zunächst danach gefragt, was sie in ihrer Freizeit am liebsten machen. Die Ergebnisse bestätigen bekannte Muster hinsichtlich der Freizeitbeschäftigung (vgl. Shell Deutschland Holding 2006: 78): Musik hören, Fernsehen, Computerspiele, 'mit Freunden rumhängen', Internetsurfen und Sport spielen im Alltag von Jungen eine dominante Rolle. Am Wochenende hingegen zeigt sich eine deutliche Verlagerung der Freizeitbeschäftigungen hin zu (eher) außerhäusigen Aktivitäten wie ins Kino gehen, Tanzen gehen oder Konzerte besuchen.

Tabelle 12: Freizeitbeschäftigung von Jungen: Was machst du am liebsten in
deiner Freizeit?

	im Alltag	am Wochenende
Musik hören	62	3
Fernsehen	54	8
Computerspiele	50	13
Mit Freunden rumhängen	50	10
Internetsurfen	43	15
Sport	37	14
Essen gehen	28	22
Fußball spielen	27	15
Videos/DVDs gucken	27	34
Freundin finden/flirten	21	18
Shoppen	20	27
Lesen	18	15
Mit Freundin treffen	18	8
Kino	16	34
Jugendzentrum	15	8
Musik machen	13	7
Alleine rumhängen	12	5
Jobben	9	11
Skateboard/Inliner	7	11
Handeln	7	4
Tanzen gehen	5	15
Konzerte besuchen	5	15

N=1635; Angaben in Prozent; Mehrfachnennungen möglich

Beim Item Sport wurde zusätzlich nach den ausgeübten Sportarten gefragt. Wie
zu erwarten war, ist Fußball mit 33% der Nennungen die beliebteste Sportart bei
Jungen. Mit großem Abstand folgen Basketball, Handball, Kampfsport und Fit-
ness/Bodybuilding mit jeweils vier Prozent. Die Spannweite bei den unter der
Kategorie 'übrige' zusammengefassten Sportarten reicht von American Football
über Sportschießen bis hin zu ausgefallenen Sportarten wie etwa Tauchen (vgl.
Tabelle 13).

Tabelle 13: Sportarten

Fußball	33
Basketball	4
Handball	4
Kampfsport	4
Fitness/Bodybuilding	4
Radfahren	3
Tennis	2
Tischtennis	2
Übrige	44

N=1109; Angaben in Prozent (Mehrfachnennungen)

In Bezug auf die Freizeitaktivitäten 'Lesen' und 'Fernsehen' haben wir im Weiteren detailliert nachgefragt, welche Bücher und Zeitschriften von Jungen regelmäßig gelesen werden bzw. welche Fernsehsendungen und Filme sie am liebsten sehen. Zu berücksichtigen ist, dass lediglich 18% Prozent der befragten Jungen angaben, im Alltag 'am liebsten' zu lesen (vgl. Tabelle 12). Schüler mit Migrationshintergrund (14% europäisch bzw. 13% türkisch oder arabisch) geben ähnlich häufig an, in ihrer Freizeit *nicht* regelmäßig zu lesen, wie Schüler aus deutschen Familien (11%). Erwartungsgemäß gibt es jedoch Unterschiede zwischen den Schulformen: 17% der Förder- und der Hauptschüler geben an, in ihrer Freizeit nicht regelmäßig zu lesen; von den Gymnasiasten geben dies nur 7% an. Sofern Jungen aber lesen, setzt sich eine Tendenz fort, die auch bei der Partizipation an Cliquen und Szenen auffällt (vgl. Kapitel 3.1.2): Bei Jungen ist das Interesse an Computern – seien es Computerspiele oder das Internet – stark ausgeprägt. 40% der Jungen geben an, regelmäßig Computerzeitschriften zu lesen (vgl. Tabelle 14).

Tabelle 14: Regelmäßiges Lesen

Computerzeitschriften	40
Tageszeitungen	34
Sportzeitschriften	32
Musikzeitschriften	17
Fachzeitschriften	16
Comics	14
Fantasyromane	10
Horrorromane	8
Krimis	8
Historische Romane	5
Liebesromane	3
Sexmagazine	2
Ich lese gar nicht	12

N=1635; Angaben in Prozent; bis zu vier Nennungen möglich

Erstaunlich ist, dass bereits an zweiter Stelle (noch vor der Kategorie 'Sportzeitschriften') das regelmäßige Lesen der Tageszeitung von den Jungen genannt wird. Die Ergebnisse zu Zusammenhängen zwischen der bevorzugten Literatur und der Schulform zeigen, dass der mit Abstand stärkste Zusammenhang zwischen dem regelmäßigen Lesen einer Tageszeitung und der Schulform besteht (vgl. Tabelle 15): Etwas mehr als die Hälfte der Gymnasiasten liest regelmäßig eine Tageszeitung (55%), von den Realschülern lesen immerhin 41% eine Tageszeitung. In den übrigen Schulformen ist der Anteil der regelmäßigen Zeitungsleser mit 21% (Hauptschule) bzw. 18% (Gesamtschule) deutlich geringer – am niedrigsten ist er erwartungsgemäß an Förderschulen (12%). Zwischen dem

Lesen von Computerzeitschriften und der Schulform gibt es dagegen keinen signifikanten Zusammenhang ($\chi^2_{(4, N=1635)}$ = 10.03, p = .040, C = .08).

Tabelle 15: Lesen der Tageszeitung nach Schulform

Lesen einer Tages-zeitung		Schulform					Gesamt
		Förderschule	Hauptschule	Gesamtschule	Realschule	Gymnasium	
Nicht ange-kreuzt	Anzahl	103	276	289	212	206	1086
	Prozent	88,0%	78,6%	82,1%	58,6%	45,5%	66,4%
Ja	Anzahl	14	75	63	150	247	549
	Prozent	12,0%	21,4%	17,9%	41,4%	54,5%	33,6%
Gesamt	Anzahl	117	351	352	362	453	1635
	Prozent	100,0%	100,0%	100,0%	100,0%	100,0%	100,0%

$\chi^2_{(4, N=1635)}$ = 185.92, p = .000, C = .32

Bei den beliebtesten Fernsehsendungen und Filmen stehen, mit geringem Abstand zu den fast schon als obligatorisch zu bezeichnenden Sportsendungen (49%), insbesondere jene Formate in der Gunst der Jungen weit oben, die in der Regel 'starke' und 'mutige' Männer zeigen (Abenteuer- und Actionfilme), die 'Nervenkitzel' und 'Grusel' verursachen und den Betrachter als 'though' und 'angstfrei' erscheinen lassen (Horrorfilme) oder die 'allzeit bereite' Männer stilisieren (Sexfilme/Pornos). Mit Abstand folgen Sendungen wie Comedyshows und Musiksendungen. Bestätigt wird durch die Ergebnisse auch, dass 'Soaps' offensichtlich Formate sind, die von Mädchen/Frauen bevorzugt werden (vgl. Hitzler et al. 2005: 125): Nur sechs Prozent der Jungen gaben an, dass sie am liebsten Soaps sehen (vgl. Tabelle 16).

Tabelle 16: Beliebteste Fernsehsendungen und Filme

Sportsendungen	49
Horrorfilme	46
Sexfilme/Pornos	43
Abenteuer-/Actionfilme	41
Comedyshows	36
Musiksendungen	25
Trickfilme	17
Dokumentationen	15
Krimis	12
Gerichtssendungen	9
Talkshows	9
Quizshows	8
Big Brother o. ä.	8
Natur-/Tierfilme	7
Soaps	6
Liebesfilme	4
Kinderfilme	2
Heimatfilme	2

N=1635; Angaben in Prozent; maximal vier Nennungen möglich

Beim Vergleich der Daten zum Themenschwerpunkt Freizeitbeschäftigung mit den Ergebnissen der Dortmunder Jungenbefragung von 1995 (vgl. Zimmermann 1998: 84ff.) wird deutlich, dass vor allem eine Freizeitbeschäftigung in den letzten zehn Jahren an Bedeutung gewonnen hat: am Computer spielen und im Internet surfen. Dies belegt auch der Spitzenplatz bei den Lesevorlieben der Jungen: Computerzeitschriften liegen vorn (vgl. Tabelle 14).

3.1.2 Verein – Szene – Clique

Weitere Fragen im Schwerpunkt Freizeitbeschäftigung zielen darauf zu erfahren, wie Jungen ihre Freizeit gemeinschaftlich 'organisieren'. Fragen zur Vereins-, Szene- und Cliquenzugehörigkeit stehen dabei im Vordergrund.

Das beständig von Vereinen postulierte Nachwuchsproblem scheint auf den ersten Blick unbegründet zu sein; lediglich 35% der Jungen geben an, in keinem Verein organisiert zu sein. Betrachtet man die Angaben im Detail, so zeigt sich, dass nach wie vor Fußball in der Gunst der Jungen an erster Stelle steht (vgl. Tabelle 17): 26% der Jungen gehen diesem Sport vereinsförmig organisiert nach (gefolgt vom Kampfsportverein mit vier Prozent, Handballverein und Schwimmverein mit jeweils drei Prozent der Nennungen).

Wird berücksichtigt, dass die vereinsförmige Ausübung der Sportart Fußball fast überall möglich ist und somit am einfachsten zu realisieren ist und Fußballern zudem als Vorbild von Jungen (vgl. Kapitel 3.4.2) eine große Bedeutung zukommt, ist dieses Ergebnis kaum verwunderlich.

Tabelle 17: Vereinszugehörigkeit

In keinem Verein	35
Fußballverein	26
Kampfsportverein	4
Handballverein	3
Schwimmverein	3
Tennis	2
Tischtennis	2
Fitnessclub	2
Pfadfinder	2
Schützenverein	2
Basketballverein	2
Badmintonverein	1
Boxverein	1
Leichtathletikverein	1
Turnverein	1

N=1635; Angaben in Prozent; Mehrfachnennungen möglich

Es zeichnet sich jedoch bereits bei den befragten 14 bis 16-jährigen Jungen eine Tendenz ab, die – wenn man die Ergebnisse der Frage zur Szene-Zugehörigkeit mit einbezieht – darauf hindeutet, dass Jungen vereinsförmig bzw. 'fremd'-förmig organisierte Freizeitangebote lediglich zur Verfolgung und Umsetzung ihrer sportlichen Ambitionen annehmen. Obwohl der Altersschwerpunkt bei 'Szene-Gängern' in der Regel zwischen 18 und 25 Jahren liegt (vgl. Hitzler et al. 2005), geben bereits 55% der befragten Jungen an, sich einer Szene zugehörig zu fühlen. Die bereits bei der Freizeitbeschäftigung (vgl. Kapitel 3.1.1) von Jungen festgestellte Tendenz, dass Computern, Computerspielen und dem Internet eine große Bedeutung zukommt, wird hier nochmals bestätigt, denn 14% der Jungen geben an, sich der LAN-Szene zugehörig zu fühlen (vgl. Tabelle 18). Die Abkürzung LAN steht für 'Local Area Network'. Dahinter verbirgt sich ein lokal begrenztes Computer-Netzwerk, das – anders als das Internet – nur einem ausgewählten Personenkreis zur Verfügung steht. LAN-Spieler erstellen derartige Netzwerke bei ihren Treffen (den so genannten LAN-Partys), um unterschiedliche Computerspiele mit- bzw. gegeneinander zu spielen. Darin drückt sich das – auch in anderen Szenen beobachtbare – Potenzial von Jugendlichen aus, losgelöst von zeitlichen oder örtlichen (Rahmen-)Vorgaben (beispielsweise von Vereinen) und ohne Kontrolle durch Erwachsene ihre Freizeit in eigener Regie zu gestalten und zu organisieren.

Tabelle 18: Szenenzugehörigkeit

In keiner Szene	45
LAN-Szene	14
Graffittiszene	6
Hip Hop-Szene	6
Skaterszene	5
Technoszene	5
Hardcoreszene	4
Antifaszene	2
Metalszene	1
Punkszene	1
Rechte Szene	1

N=1635; Angaben in Prozent; Mehrfachnennungen möglich

Dominantes Merkmal der gemeinsam mit anderen Jugendlichen verbrachten Freizeit ist die Zugehörigkeit zu einer Clique (67%, vgl. Tabelle 19). Man 'hängt' im Alltag gemeinsam 'rum', spielt am Computer und geht am Wochenende aus. Cliquen ermöglichen Sinnbezüge, mit denen sich Jungen identifizieren und gegenüber der sozialen Umwelt abgrenzen können. Darüber hinaus bieten Cliquen die Möglichkeit, Gefühls- sowie Handlungsstrukturen auszubilden und unterschiedliche Rollen zu übernehmen (vgl. Shell Deutschland Holding 2006: 83).

Tabelle 19: Cliquenzugehörigkeit

ja	nein
67	33

N=1582; Angaben in Prozent

Auffällig ist, dass dem Besuch von Jugendzentren mit der Clique im Vergleich zu älteren Untersuchungen (vgl. Blinkert und Höfflin 1995: 65 u. 75) bei der Freizeitgestaltung nur mehr eine untergeordnete Bedeutung zukommt: 11% der Jungen geben an, im Alltag ein Jugendzentrum zu besuchen, und 5% geben dies für das Wochenende an (vgl. Tabelle 20). Dies weist noch einmal auf den Umstand hin, dass Jungen daran interessiert sind, die Anwesenheit von Erwachsenen in ihrer Freizeit auszuschließen und die 'Planung' ihrer freizeitlichen Aktivitäten selbst in die Hand zu nehmen. Es könnte aber auch als Hinweis darauf verstanden werden, dass personell und materiell gut ausgestattete Jugendzentren, die für die Jugendlichen attraktive Angebote machen können, nicht in ausreichender Anzahl zur Verfügung stehen.

Tabelle 20: Freizeitbeschäftigung in der Clique

	Im Alltag	Am Wochenende
In der Clique rumhängen	32	7
In die Kneipe gehen	4	19
In die Disco gehen	4	22
Fantasy-Spiele machen	3	4
Computerspiele machen	13	8
Ins Jugendzentrum gehen	11	5

N=1582; Angaben in Prozent; Mehrfachnennungen möglich

Cliquen bilden sich in erster Linie aufgrund der räumlichen Nähe ihrer 'Mitglieder', die es ermöglicht, sich spontan zu treffen. Daher ist es nicht weiter verwunderlich, dass sich Cliquen nicht in erster Linie aus den Jungen der jeweiligen Schulklasse konstituieren (vgl. Tabelle 21). Mädchen sind in Cliquen unterrepräsentiert; nur ein Drittel der Jungen berichtet davon, dass in der Clique auch Mädchen sind. Es scheint so zu sein, dass reine Jungencliquen überwiegen. Bemerkenswert ist aber auch, dass sich eine relevante Zahl von Jungen in diesem Alter in geschlechtsheterogenen Cliquen befindet.

Tabelle 21: Zusammensetzung der Clique

Auch Leute aus der Klasse sind in der Clique	33
Auch Mädchen sind Mitglieder der Clique	30
Auch bester Freund ist Mitglied der Clique	38
Auch die feste Freundin ist Mitglied der Clique	11

N=1582; Angaben in Prozent; Mehrfachnennungen möglich

3.1.3 Zusammenfassung und Fazit

Bei der Beschäftigung mit dem Freizeitverhalten von Jungen wird deutlich, dass einerseits altbekannte Muster bestätigt werden: Jungen hören Musik, sehen fern, treiben Sport oder 'hängen' mit Freunden 'rum'. Andererseits spielt der Computer und alles, was mit und durch ihn erlebt werden kann, eine wichtige, nicht mehr wegzudenkende Rolle im Freizeitverhalten von Jungen. Es kommen also neue Erlebnisbereiche hinzu, die Beschäftigungen wie 'Lesen' zurückdrängen bzw. auf ein technikaffines Themenspektrum eingrenzen. Darüber hinaus ist auffällig, dass Aktivitäten wie Essen, Shoppen und auch Tanzen gehen erwähnt werden – und dies immerhin mit Quoten zwischen 15% und 28% (Alltag, Wochenende). Essen gehen bedeutet in der Regel Geselligkeit, Shoppen gehen teilweise auch. Gerade Shoppen gehen galt früher als unmännlich. Ähnliches gilt für das Tanzen gehen. Fraglich ist auch, ob Fußball heute noch zu den stereotyp männlichen Sportarten gehört, denn Fußball trennt die Geschlechter heute weit weniger als früher: Fußball heißt heute auch Frauenfußball, der viele Anhängerinnen gefunden hat. Somit ist auch diese Sportart nicht mehr rein männlich konnotiert.

Freizeit ist im Weiteren auch gemeinschaftlich verbrachte und organisierte Freizeit. Bei der Ausübung von Sport kommt Vereinen nach wie vor eine große Bedeutung zu. Es zeichnet sich aber im Hinblick auf 'fremd'-förmig organisierte Freizeitangebote der Trend hin zu von den Jungen selbst verantworteten und organisierten Freizeitaktivitäten ab. Losgelöst von Vorgaben und Angeboten Erwachsener bzw. den inhaltlichen, örtlichen und zeitlichen Vorgaben beispielsweise von Vereinen oder Jugendzentren ergreifen Jungen zunehmend die Möglichkeit, aus dem Panoptikum der Möglichkeiten das je wünsch- bzw. machbare für sich auszuwählen und in eigener Regie zu gestalten.

3.2 Jungen und ihre Beziehungsgestaltung

Beziehungen zu anderen Menschen sind für die jugendspezifische Identitätsbildung von großer Bedeutung. Die gemeinschaftlich verbrachte und organisierte Freizeit, sei es in Vereinen, in Cliquen oder in Szenen (vgl. Kapitel 3.1.2), bietet den Jungen eine soziale Stützung ihrer emotionalen Ambivalenzen (vgl. Rosenmayr 1976), befähigt sie in erwachsenenbestimmten Sozialgebilden zu agieren (vgl. Machwirth 1994), eröffnet Erfahrungsräume für sexuelle Bedürfnisse und befördert (nicht zuletzt) die Ablösung vom Elternhaus. In diesem Kapitel geht es darum zu zeigen, wie Jungen ihre Beziehungen gestalten und welche 'Nähe' sie dabei zulassen, weswegen wir uns bei der Darstellung der Befragungsergebnisse vor allem auf Freundschaften konzentrieren. Zum Vergleich werden teilweise auch Antworten herangezogen, die sich auf Eltern oder Geschwister beziehen. Die Ergebnisse zur Vater-Sohn-Beziehung werden vergleichend zur Mutter-Sohn-Beziehung in Kapitel 3.3 analysiert.

3.2.1 Freundschaften

In den Arbeiten von Selman (vgl. 1984) und Damon (vgl. 1990) wird Freundschaft als eine bestimmte Form der Interaktion, deren Funktion und Bedeutung im Sozialisationsprozess erheblichen Wandlungen unterliegt, dargestellt. Selman teilt die Entwicklung von Freundschaftsbeziehungen in fünf Stufenfolgen ein, die jeweils einen bestimmten Stand der sozialen Reife charakterisieren. Im Jugendalter (10-15 Jahre) ist vor allem der intime, reziproke Austausch zwischen Freunden bestimmend. Merkmale dieser Intimität sind gegenseitiges Vertrauen, Loyalität und der Austausch persönlicher, intimer Informationen. Wenig erforscht wurde bislang jedoch, wie Jungen freundschaftliche Beziehungen in intimer, reziproker Art ausgestalten und wie sie Freundschaft erleben (vgl.

Jösting 2005, Seiffge-Krenke und Seiffge 2005). Jungen drücken Intimität und Reziprozität mit Freunden am ehesten durch gemeinsame körperliche Aktivitäten aus und verstehen sich darüber quasi sprachlos (vgl. Seiffge-Krenke und Seiffge 2005: 272), was seinen Niederschlag in einer eher zweckorientierten und aktionistischen Kultur findet. Es zeigt sich aber auch, dass dem gemeinsamen Erleben in der Freundschaft eine erhebliche Bedeutung bei der Konstruktion von Männlichkeit zukommt (vgl. Jösting 2005: 11f), weswegen es in unserer Untersuchung auch kaum Jungen gibt, die von sich behaupten, keine Freunde zu haben (vgl. Tabelle 22). Dies weist auf den Anspruch bzw. den Wunsch der Jungen hin, bei anderen beliebt zu sein und anerkannt zu werden: Über die Hälfte der befragten Jungen geben an, sechs bis zehn oder mehr Freunde zu haben.

Tabelle 22: Anzahl der engen Freunde

1-3 Freunde	15
4-6 Freunde	28
6-10 Freunde	17
Mehr als 10 Freunde	40

N=1635; Angaben in Prozent

Auch der Anteil von Mädchen im Freundeskreis ist überaus beachtlich. Bei mehr als zwei Dritteln der Jungen zählen bis zu sechs Mädchen zum Freundeskreis, bei jedem fünften Jungen sind es mehr als sechs Mädchen (vgl. Tabelle 23).

Tabelle 23: Anzahl der Mädchen im engen Freundeskreis

Keine	10
2-6 Mädchen	70
Mehr als 6 Mädchen	20

N=1635; Angaben in Prozent

Eine feste Freundin hat hingegen immerhin schon jeder vierte befragte Junge (vgl. Tabelle 24). Einen so genannten besten Freund hat fast jeder Junge (85%). In einer offenen Frage sollte in diesem Zusammenhang beschrieben werden, was den besten Freund ausmacht: Fast immer sind es Beschreibungen, die auf die Verlässlichkeit und Vertrauenswürdigkeit des besten Freundes verweisen. Der beste Freund ist jemand, „dem man alles erzählen kann und der es für sich behält" und er ist „immer da bei Problemen". Man „muss sich vor ihm nicht schämen" und er „hält zu mir, baut mich auf, ist zuverlässig". Der beste Freund ist dergestalt die zentrale Bezugsfigur der Jungen. Mit ihm können sie Probleme besprechen, ihm können sie Geheimnisse und Wünsche anvertrauen ohne Gefahr zu laufen, bloßgestellt oder ausgelacht zu werden.

Tabelle 24: Freundschaften

Ich habe...	
einen besten Freund	85
eine feste Freundin	26
keinen Freund	3

N=1635; Angaben in Prozent; Mehrfachnennungen möglich

Die Struktur der Freundschaftsbeziehungen hat sich in den letzten 10 Jahren teilweise verändert. In der Befragung aus dem Jahr 2005 geben wesentlich weniger Jungen an, einen sehr großen Freundeskreis zu haben: 40% haben mehr als 10 Freunde (Tabelle 22), 1995 waren dies noch 68% (vgl. Zimmermann 1998: 95). 48% der Jungen besprechen auch Probleme mit ihrem besten Freund. In der Befragung von 1995 gaben 26% der Jungen an, bei ihrem besten Freund Trost zu suchen. Die beiden Aussagen sind zwar nicht direkt vergleichbar, bestätigen aber die Tendenz zu mehr Intimität. Jungen bleiben heute also lieber in 'intimeren' Kreisen – liegt dies an einem Trend zur Überschaubarkeit, Ruhe und Sicherheit? Unter Umständen wird deshalb auch dem besten Freund eine besonders große Bedeutung zugemessen.

3.2.2 Jungen und Körper

Die Annahmen über Jungensozialisation gingen bisher davon aus, dass Jungen schon sehr früh erfahren, was von ihnen erwartet wird: Stark zu sein, sich durchzusetzen und keine Schwäche sowie keinen Schmerz zu zeigen. Dazu haben sie ihrem Körper gegenüber zumeist eine aktive Grundeinstellung. In der Entwicklung von Jungen dominiert die Funktionalisierung des eigenen Körpers und sie erleben oder spüren Körper oder Körperlichkeit in der Regel in der Form von Ritualen und im Dominanzverhalten als Mittel des Männlichkeitsbeweises. Junge-Sein in dieser Art wird sehr stark über den Körper erreicht (vgl. Kolip 1997: 74). Zwar sind die Gestaltungsformen männlicher Körperlichkeit vielfältiger geworden – Jungen treiben Sport; aber auch Körperpflege, Kosmetik und Styling sind 'normal' (vgl. Winter und Neubauer 2005).

Sind die oben beschriebenen traditionellen Lösungen, d.h. den Körper einzusetzen und mit ihm zurechtzukommen, nach wie vor richtungsweisend? Diese traditionellen Rollenbilder, die auf hierarchisch angelegten Normen männlichen Verhaltens beruhen, denen zufolge Stärke und Souveränität – und somit die Abgrenzung vom Andersartigen (Weiblichen) – ganz oben in einer Verhaltensskala angeordnet sind, machen es Jungen schwer, Eigenschaften für sich einzufordern, die als 'defizitär' gelten (z.B. Angst zu haben oder Gefühle zu zeigen). Dies führt beispielsweise in der Phase der Adoleszenz dazu, dass in der Regel zärtliche Körperberührungen mit anderen Jungen vermieden werden. Wahrscheinlich wird dieser Mangel an Körperkontakt dann beim Sport und durch Raufereien kompensiert. Jungen haben nicht gelernt, zwischen Intimität und Sexualität zu unterscheiden und vermeiden deshalb Umarmungen, körperliche Nähe und Vertrautheit. Körperliche Nähe und Zärtlichkeiten unter Männern gelten als Zeichen von homosexuellen Tendenzen.

Wir haben in diesem Zusammenhang in unserer Untersuchung einige Fragen formuliert, um mehr über die körperliche Seite der Beziehung der Jungen zu ihrem Freund und ihrer Freundin zu erfahren. Die Daten zeigen, dass zwischen Jungen – wohlgemerkt: es geht um den besten Freund – auf der körperlichen Ebene ein Distanzverhältnis besteht: Berührungen werden weitgehend vermieden. Die körperliche Nähe wird traditionellerweise bei der Freundin gesucht bzw. zugelassen (vgl. Tabelle 25).

Tabelle 25: Berührungen

	Wir gehen Hand in Hand	Wir nehmen uns in den Arm	Manchmal streicheln wir uns	Keine Berührungen
Freund	5	6	5	70
Freundin	93	83	91	7

N=1635; Angaben in Prozent; Mehrfachnennungen möglich – Rest: Keine Angaben

In einem zweiten Fragenkomplex zur körperlichen Nähe oder Distanz in Beziehungen wurde die Art und Weise der Begrüßung von Personen erfragt, bei denen wir Berührungen wie beispielsweise 'in den Arm nehmen' erwartet hätten (vgl. Tabelle 26). Die Ergebnisse zeigen, dass körperliche Nähe im Sinne von 'umarmen und küssen' in der Regel die Form ist, mit welcher die feste Freundin begrüßt wird. Bei Freunden und Bekannten überwiegt ein einfaches Händeschütteln als Begrüßungsritual, Eltern und Geschwister werden von den meisten Jungen mit Worten begrüßt.

Tabelle 26: Begrüßung

Begrüßung...	Wir begrüßen uns mit Worten	Wir geben uns die Hand	Wir geben uns einen flüchtigen Kuss	Wir nehmen uns in den Arm	Wir umarmen und küssen uns
der Mutter N=1400	45	7	12	19	6
des Vaters N=1350	47	16	6	15	5
des Bruders N=862	45	27	3	9	4
der Schwester N=823	46	13	6	13	6
des besten Freundes N=1400	19	65	1	6	2
der festen Freundin N=1175	7	6	11	6	66
von Bekannten N=1300	17	65	4	6	3

Angaben in Prozent

Das ist aber kulturabhängig: Die Begrüßungen von Jungen mit türkisch oder arabisch geprägtem Migrationshintergrund sind häufiger mit Körperkontakt verbunden ('Umarmen und flüchtiger Kuss' oder 'Umarmen und Küssen'): Beispielsweise umarmen und küssen sie Bekannte häufiger zur Begrüßung (30%) als die anderen Jungen (9% ohne bzw. 15% mit europäisch geprägtem Migrationshintergrund). Jungen ohne (69%) und mit europäisch geprägtem Migrationshintergrund (58%) geben dagegen ihren Bekannten zur Begrüßung häufiger die Hand als Jungen mit türkisch oder arabisch geprägtem Migrationshintergrund (vgl. Tabelle 27). Ähnliches gilt für die Begrüßung von Familienmitgliedern, die ebenfalls von Jungen mit türkisch oder arabisch geprägtem Migrationshintergrund häufiger mit Körperkontakt verbunden wird als von den anderen Jungen. Die generelle Tendenz, Familienmitglieder seltener mit Körperkontakt zu begrüßen als Freunde und Bekannte, gilt aber auch für sie.

Tabelle 27: Zusammenhang zwischen Migrationshintergrund und Begrüßung
von Bekannten

		Beide Eltern aus Deutsch-land	Eltern aus dem europäischen Ausland oder der ehemaligen UdSSR	Eltern aus der Türkei oder Staaten des arabischen Sprachraumes	Gesamt
Begrüßung von Bekannten			Migrationshintergrund		
Nichts Besonderes	Anzahl	45	11	9	65
	Prozent	5,4%	4,3%	4,9%	5,1%
Worte	Anzahl	132	58	26	216
	Prozent	15,9%	22,7%	14,3%	17,0%
Hand geben	Anzahl	577	149	93	819
	Prozent	69,4%	58,2%	51,1%	64,5%
Flüchtiger Kuss, Umarmung	Anzahl	63	31	42	136
	Prozent	7,6%	12,1%	23,1%	10,7%
Umarmen und küssen	Anzahl	15	7	12	34
	Prozent	1,8%	2,7%	6,6%	2,7%
Gesamt	Anzahl	832	256	182	1270
	Prozent	100,0%	100,0%	100,0%	100,0%

$\chi^2_{(8,\,N=1270)} = 63.31, p = .000, C = .22$

Was ihre sexuelle Orientierung angeht, geben sich die Jungen eindeutig als hete-
rosexuell zu erkennen: 98% der befragten Jungen geben an, ausschließlich mit
Mädchen Geschlechtsverkehr haben zu wollen (vgl. Tabelle 28).

Tabelle 28: Sexuelle Orientierung

Ich möchte Sex haben mit...	
Mädchen	98
Jungen	1
Beide Geschlechter	1
Weiß noch nicht	1

N=1579; Angaben in Prozent

Zudem geben die Jungen fast ausnahmslos an, sich in Mädchen zu verlieben
(98%). Nur 1% der befragten Jungen geben an, sich in andere Jungen zu verlieben (vgl. Tabelle 29).

Tabelle 29: Verlieben

Ich verliebe mich am ehesten in...	
Mädchen	98
Jungen	1
Beide Geschlechter	1
Weiß noch nicht	1

N=1367; Angaben in Prozent

Dies bedeutet aber nicht, dass im Umkehrschluss alle Jungen Angst vor homose-xuellen Männern haben: Jeder zweite Junge hätte z.b. nichts dagegen, von einem homosexuellen Lehrer unterrichtet zu werden (vgl. Tabelle 30). Das bedeutet allerdings auch, dass fast jeder zweite Junge den Unterricht mit einem homose-xuellen Lehrer ablehnt. Diese Zahlen entsprechen in etwa denen der letzten Be-fragung: 1995 lehnten es 44% der befragten Jungen ab, von einem homosexuel-len Lehrer unterrichtet zu werden (vgl. Zimmermann 1998: 105).

Tabelle 30: Unterricht von homosexuellen Lehrern

	ja	nein
Hättest Du etwas dagegen, von einem homosexuellen Lehrer unterrichtet zu werden?	46	54

N=1574; Angaben in Prozent

Vor dem Hintergrund dieser Ergebnisse könnte vermutet werden, dass der emo-tional-körperliche Bereich im Leben der Jungen ein ausgesprochen problemati-scher, mit Ängsten besetzter Teil ist, da die Befragungsergebnisse zunächst scheinbar die These bestätigen, dass männliches Kontaktverhalten in der Körper-sozialisation als 'Nicht-Kontakt-Kultur' gedeutet werden kann (vgl. Faulstich-Wieland 1995: 75ff.). Unabhängig vom jeweiligen Grad ihrer Bekanntschaft oder Freundschaft halten bisher vor allem Jungen ohne Migrationshintergrund körperlichen Abstand. Ausnahmen hiervon sind lediglich Prügeleien oder Um-armungen nach einem Torerfolg im Fußballspiel. Dies gilt aber nicht für den Kontakt zur Freundin. Daher könnte die Vermeidung von Berührungen anderer Jungen auch als Ausdruck von Angst vor der Etikettierung als homosexuell ge-deutet werden – Homosexualität scheint unter männlichen Jugendlichen nach wie vor als Stigma zu gelten (vgl. Goffman 1994).

3.2.3 Zusammenfassung und Fazit
Alles in allem verhindert das hier skizzierte und beständig aktualisierte Tabu der körperlichen Nähe unter Männern eine Neudefinition bzw. Neuorientierung im körperlichen Verhalten von Jungen wie auch eine Veränderung in der Bezie-hungsgestaltung, obgleich Gefühle und Körperlichkeit als Teil im breiten Spekt-rum von emotionaler Intelligenz (als Fähigkeit, mit Gefühlen in uns selbst und in unseren Beziehungen umzugehen) gesellschaftlich akzeptiert, wenn nicht sogar erwünscht ist. Die Antworten der Jungen verdeutlichen jedoch, dass nach wie vor so etwas wie ein 'Körperpanzer' besteht, der die Beziehungen zu gleichge-schlechtlichen Personen steuert. Gleichwohl sehen sie sich gern umringt von vielen Freunden und haben auch in der Mehrzahl einen so genannten besten Freund. Der ist zum Teil auch Ansprechpartner, wenn es um Probleme geht. Auch bei ihm (wie bei allen anderen gleichgeschlechtlichen Personen) wird je-

doch ein gewisses Maß an körperlicher Distanz eingehalten. Dies kann als Ausdruck der Angst gedeutet werden, als homosexuell etikettiert zu werden. Das geringe Ausmaß körperlicher Nähe unter Jungen hat also vermutlich immer noch mit Homophobie zu tun. Das Verhalten von Jungen mit Migrationshintergrund ist jedoch ein Beispiel für die Balance zwischen dem Zulassen von Körperkontakten unter Männern und gleichzeitiger Wahrung von Distanz gegenüber homosexuellen Tendenzen. Es ist nicht ausgeschlossen, dass gerade in Regionen mit hohem Migrantenanteil diese Begrüßungsrituale in Zukunft auch von Jungen ohne Migrationshintergrund übernommen werden.

3.3 Die Vater-Sohn-Beziehung

Väter haben einen spezifischen Einfluss auf die Entwicklung von Jungen, sei es beim Erwerb von moralischen Normen und Werten, für die Stärkung sozialer Kompetenzen und des Selbstwertgefühls oder in der Unterstützung der Entwicklung der Geschlechtsrollenidentität (vgl. Markefka und Nauck 1993: 339, Blos 1990: 23). Die von uns befragten Jungen sind in einer Entwicklungsphase, in zum einen Väter als Repräsentanten erwachsener Männlichkeit eine neue Bedeutung erhalten und in der sie zum anderen im Prozess des Mann-Werdens mit Problemen konfrontiert werden, die mit der geschlechtstypischen Arbeitsteilung in der Gesellschaft zusammenhängen, die trotz aller Veränderungsdiskussionen und -forderungen eine erstaunliche Stabilität zeigt. Jungen werden in öffentlichen Erziehungsräumen und auch im privaten Bereich vornehmlich mit weiblichen Erziehungs- und Lehrpersonen konfrontiert. Männer sind in der Regel tagsüber nicht anwesend, und die Statistik belegt, dass die durchschnittliche wöchentliche Arbeitszeit von Männern mit der Geburt des ersten Kindes nicht sinkt, sondern steigt (vgl. Bauer et al. 1996). Offenbar bleibt trotz gewandelter Vorsätze ('moderne' Väter wollen im Baby- und Kleinkindalter ein guter Vater sein und sich an Pflege und Erziehung beteiligen) das eigene Verhalten hinter den Absichten zurück: „Väter engagieren sich [...] erst dann stärker, wenn ihre Kinder größer geworden sind, wenn sie ins Schulalter gekommen sind" (Metzger zitiert nach Franz 2004: 25). Und auch das unterbleibt in der Regel immer dann, wenn aktuelle Karrieregründe dem entgegenstehen. Radebold (vgl. 2000) versucht anhand der Nachkriegsgeneration zu belegen, dass die ohne Vater aufgewachsenen Söhne „noch über 50 Jahre später ein deutlich höheres Risiko für psychische Störungen aufwiesen als die Kriegskinder derselben Jahrgänge, die einen konstanten Kontakt zum Vater hatten" (Radebold 2000: 23). Eine neuere, methodisch aufwändig angelegte Längsschnittuntersuchung zur Wirkung der Väter bei der Kindererziehung (vgl. Kindler 2002) belegt, dass das erzieherische

Engagement von Vätern für Jungen und Mädchen wichtig ist; allerdings ist die Haltung des Vaters gegenüber Bindungen in Bezug auf Jungen entscheidend für die positiven Effekte auf die emotionale und soziale Entwicklung. Die rein zeitliche Ausdehnung von Kontakten der Väter zu Jungen ist für deren Persönlichkeitsentwicklung irrelevant (vgl. Kindler 2002), solange Jungen ihren Vater nicht auch als Wesen mit eigenen Bindungsbedürfnissen und -erfahrungen erleben. Mit einer kumpelhaften, eher körperdistanzierten Vater-Sohn-Beziehung bleiben traditionelle Polaritäten der Geschlechterbilder weithin erhalten. Die Ergebnisse unserer Jungenbefragung zeigen diesbezüglich keine größeren Veränderungen an.

Fast die Hälfte der befragten Jungen begrüßt den Vater in einer körperfernen Art, d.h. mit Worten (vgl. Kapitel 3.2.2). Darin kommt ein in der Tendenz eher distanziertes Vater-Sohn-Verhältnis zum Ausdruck. Gleichwohl, der Vater ist als Vorbild bedeutsam (vgl. Kapitel 3.4.2) und das Verhältnis zu ihm wird in der Gesamtschau als ausgesprochen positiv beschrieben: Mehr als die Hälfte der Jungen fühlt sich von ihrem Vater unterstützt (77%) und gibt an, dass der Vater ihnen vertraue (78%) und zufrieden mit ihnen sei (63%). Immerhin die Hälfte der Jungen meint, mit dem Vater über alles reden zu können (vgl. Tabelle 31). Obwohl ca. ein Fünftel (22%) der Jungen angibt, ihr Vater sei streng, haben nur 6% Angst vor ihrem Vater (vgl. Tabelle 31). Die übrigen Jungen, die ihren Vater als 'streng' wahrnehmen, empfinden dies vermutlich nicht als Angst erzeugend.

Tabelle 31: Verhältnis zum Vater (relativer Anteil der Jungen, die 'trifft voll zu' oder 'trifft eher zu' angeben)

Item	Zustimmung in Prozent
Mein Vater vertraut mir	78
Mein Vater unterstützt mich	77
Mein Vater ist zufrieden mit mir	63
Ich kann mit meinem Vater über alles reden	49
Mein Vater ist streng	22
Ich habe Angst vor meinem Vater	6

N=1635; Angaben in Prozent; Mehrfachnennungen möglich

Ein signifikanter Zusammenhang zwischen der Beziehung zu den Eltern und dem Migrationshintergrund besteht lediglich hinsichtlich der Angst vor dem Vater ($\chi^2_{(4, N=1445)}$ = 55.82, p = .000, C = .19): 3% der Jungen ohne Migrationshintergrund geben an, Angst vor dem Vater zu haben, bei den Jungen mit europäisch geprägtem Migrationshintergrund sind dies 8% und bei den Jungen mit türkisch/arabisch geprägtem Migrationshintergrund 11% – das ist immerhin jeder neunte (vgl. Tabelle 32). Sowohl bei den Jungen mit als auch bei den Jun-

gen ohne Migrationshintergrund hat aber der ganz überwiegende Teil keine
Angst vor dem Vater.

Tabelle 32: Zusammenhang zwischen dem Migrationshintergrund und der Angst
vor dem Vater

Habe Angst vor Vater		Migrationshintergrund			Gesamt
		Beide Eltern aus Deutschland	Eltern aus dem europäischen Ausland oder der ehemaligen UdSSR	Eltern aus der Türkei oder Staaten des arabischen Sprachraumes	
trifft zu	Anzahl	31	25	24	80
	Prozent	3,4%	8,3%	10,6%	5,5%
neutral	Anzahl	45	23	34	102
	Prozent	4,9%	7,6%	15,0%	7,1%
trifft nicht zu	Anzahl	842	253	168	1263
	Prozent	91,7%	84,1%	74,3%	87,4%
Gesamt	Anzahl	918	301	226	1445
	Prozent	100,0%	100,0%	100,0%	100,0%

$\chi^2_{(4, N=1445)} = 55.82, p = .000, C = .19$

Wie sieht es aber aus, wenn Jungen Probleme oder Kummer haben – an wen
wenden sie sich? Fast die Hälfte der Jungen bespricht Probleme mit einem
Freund oder einer Freundin, was sicherlich auch für eine Peer-Orientierung
spricht und zur 'normalen' Identitätsentwicklung Jugendlicher gehört. Etwas
mehr als ein Drittel gibt jedoch an, bei Problemen keine andere Person zu brauchen oder am liebsten alleine sein zu wollen (vgl. Abbildung 3). Dies könnte für
eine mangelnde soziale Einbindung sprechen oder aber einer 'typisch männlichen' Sichtweise (Männer haben keine Probleme, und wenn doch, dann lösen sie
sie selbst) entsprechen. Wenige gehen zur Mutter (14%), und besonders auffällig
ist, dass kaum ein Junge (3%) den Kontakt zum Vater sucht, um mit ihm über
Probleme zu sprechen. Auch dies bestätigt unsere Annahme, dass die Vorstellung vom Vater als Vorbild (siehe 3.4.2) und vertraute Person eher auf einem
idealisierten Vaterbild beruht.

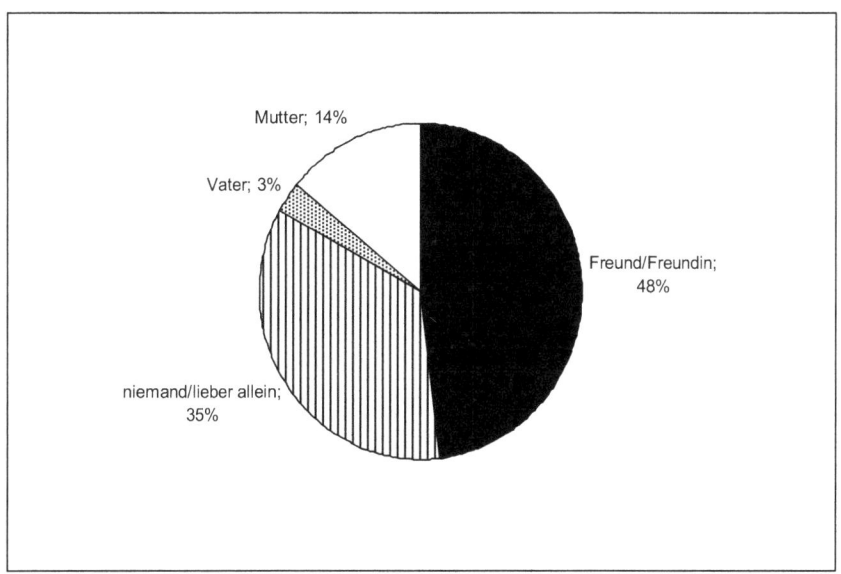

Abbildung 3:   Mit wem besprechen Jungen ihre Probleme? *N*=1635

Mit dem Vater werden anscheinend keine Schwächen verknüpft. Diese Vermutung wollen wir im Folgenden anhand des Themas 'Weinen' weiter überprüfen. Weit über die Hälfte der Jungen hat beim Vater eine Gefühlsäußerung wie die des Weinens noch nicht bemerken können. Gering ist der Anteil jener Jungen, die schon erlebt haben, dass der Vater in ihrer Anwesenheit weint bzw. sich bei ihnen ausweint (vgl. Tabelle 33).

Tabelle 33: Väter und Weinen

Weint in meiner Anwesenheit	3
Weint sich bei mir aus	12
Weint heimlich	21
Meinen Vater habe ich noch nie weinen gesehen	59

N=1635; Angaben in Prozent

Vergleichen wir die Angaben mit denen der Dortmunder Jungenbefragung aus dem Jahr 1995, dann werden Unterschiede offenkundig, die auf eine veränderte Sichtweise schließen lassen. Die Anzahl der Väter, die sich bei ihren Söhnen ausweinen, ist von 3% (vgl. Zimmermann 1998: 99) auf 12% gestiegen. Auch haben Jungen sehr viel häufiger beobachtet, dass ihre Väter heimlich weinen (5% versus 21%). Möglicherweise sind diese Veränderungen ein Indiz für die

Aufweichung der traditionellen Männerrolle in einigen Milieus. Nach wie vor muss jedoch (auch) konstatiert werden, dass die Äußerung von Gefühlen durch/mittels Weinen eher als 'unmännlich' gelten. Jungen erhalten von ihren Vätern offensichtlich (noch) keine klare Wegweisung. Lediglich einer von zehn Jungen wird vom Vater getröstet oder in den Arm genommen. Am weitesten verbreitet ist die 'väterliche' Reaktion des Ignorierens (56%).

Tabelle 34: Weinende Jungen und die Reaktion der Väter

Wenn ich weine,	
tröstet mich mein Vater.	9
nimmt mich mein Vater in den Arm.	9
verurteilt mein Vater mich dafür.	43
lenkt mein Vater mich ab.	48
ignoriert mein Vater dies.	56

N=1635; Zustimmung zu einem Statement; Angaben in Prozent

Dabei haben Jungen selbst keine Vorbehalte gegenüber dem Weinen (vgl. Tabelle 35): Weniger als ein Drittel der Jungen stimmt der Sichtweise zu, dass ein 'richtiger Junge' nicht weinen sollte. Mehr als die Hälfte verneint diese Aussage, und dass ein weinender Junge sich schämen sollte, finden nur noch 20% richtig. Vor dem Hintergrund der Mittelwerte lässt sich sagen: Jungen weinen zwar und finden das auch ganz in Ordnung, aber nicht in der Öffentlichkeit.

Tabelle 35: Jungenmeinungen zum Weinen

	N	M	SD	trifft zu	teils/teils	trifft nicht zu
Weinen ist befreiend	1565	2,73	1,44	47	26	28
Weinen kann ich in der Familie	1548	3,05	1,48	37	27	37
In der Schule kann ich nicht weinen	1544	2,36	1,63	61	12	26
Vor dem besten Freund/der besten Freundin kann ich weinen	1538	3,19	1,55	35	21	43
Ein richtiger Junge weint nicht	1541	3,46	1,55	29	19	53
Ein Junge sollte sich schämen, wenn er weint	1544	3,83	1,46	20	15	65
Vor meiner festen Freundin kann ich weinen	1454	3,01	1,62	42	19	39
Weinen ist ganz normal	1552	2,37	1,45	57	22	20

Mittelwerte; ≤ 3 (Zustimmung); > 3 (Ablehnung); die Skala reicht von 1 (völlige Zustimmung) bis 5 (völlige Ablehnung) – trifftzu/teils, teils/trifft nicht zu (einfache Häufigkeiten in Prozent als Mehrfachnennungen)

Zusammenfassend lässt sich sagen, dass nur die Hälfte der Jungen mit ihrem Vater über alles reden kann – größtenteils geht es dabei aber um Schul- und Geldprobleme. Haben Jungen andere Probleme, ist nur bei 3% der Befragten der Vater Ansprechpartner. Die meisten Jungen wählen Freunde als Ansprechpartner. Immerhin ein Drittel der Jungen gibt an, keinen Kontakt zu suchen bzw. bei Problemen lieber allein sein zu wollen. In der Begrüßungsart zwischen Vater und Sohn zeigt sich eine ausgesprochene Körperdistanz: 'Mann' gibt sich die Hand oder sagt kurz etwas. Ähnliches gilt für die Mütter. Väter weinen in der Regel auch nicht – jedenfalls nicht in der Anwesenheit des Sohnes. Rund 60% der befragten Jungen haben ihren Vater noch nie weinen gesehen. Dieses Verhalten möchten Väter auch am liebsten bei ihren Söhnen sehen. Weinende Söhne werden abgelenkt, dafür verurteilt und am häufigsten wird das Weinen der Söhne ignoriert.

Insgesamt empfindet also die Mehrzahl der befragten Jungen ihre Beziehung zum Vater als eine überaus gute, vertrauensvolle Beziehung. Nicht nur die Daten zur körperlichen Seite der Beziehungsgestaltung sprechen jedoch eher gegen das sich hier abzeichnende Bild, sondern auch die Tatsache, dass sich fast niemand bei eigenen Problemen an den Vater wendet. In diesem Punkt wird der Widerspruch zwischen der gewünschten oder idealisierten und der tatsächlichen Vater-Sohn-Interaktion deutlich. Die Daten zur körperlichen Beziehungsgestaltung könnten aber auch für einen – in der Pubertät entwicklungspsychologisch gesehen normalen – Ablösungsprozess sprechen (vgl. Abbildung 3): Die Jungen vertrauen sich Freunden an, nicht den Eltern. Trotzdem erleben sie anscheinend die Beziehung zum Vater positiv.

3.4 Wie Jungen sich selbst (und andere) sehen

Die eigenen Fähigkeiten, Kenntnisse, Ressourcen oder Gefühle richtig einzuschätzen und sich selbst realistisch wahrzunehmen, ist ein zentraler Aspekt der Identitätsentwicklung und damit auch ein wichtiger Faktor für gelingende oder weniger gelingende Sozialisation (vgl. Zimmermann 2006). Unter Sozialisation verstehen wir einen Aushandlungs- bzw. Interaktionsprozess, der Individuen ständig neu abverlangt wird. Identität stellt in diesem Kontext „die Besonderheit des Individuums dar; denn sie zeigt auf, wie das Individuum in verschiedenartigen Situationen eine Balance zwischen widersprüchlichen Erwartungen, zwischen den Anforderungen der anderen und eigenen Bedürfnissen" (Lammerding 2004: 86) herstellen kann. Damit Jungen die gesellschaftlichen Anforderungen und Erwartungen, welche an sie herangetragen werden, mit ihren eigenen Wünschen und Bedürfnissen ausbalancieren können, ist es wichtig, dass sie 'persona-

le' und 'soziale' Identität zu einer stabilen 'Ich-Identität' verbinden. In diesem
Zusammenhang ist es unabdingbar, dass sich Jungen – und das gilt selbstverständlich für alle Individuen – als 'Selbst' identifizieren, d.h. dass Subjekt und
Objekt der Identifizierung in einer Person vereint sind. Die Selbstwahrnehmung
einer Person wird in diesem Prozess zu einer zentralen Voraussetzung der Identitätsentwicklung. In Theorie und Forschung zur Selbstwahrnehmung wird die
Annahme vertreten, dass sich das Wissen über sich selbst aus verschiedenen
Quellen speist: Individuen reagieren aufgrund des Verhaltens anderer Menschen
ihnen gegenüber, sie vergleichen sich mit ihnen oder sie werden explizit eingeschätzt und bewertet und lernen dadurch, sich selbst und ihr Handeln zu reflektieren und gegebenenfalls zu modifizieren (vgl. Neubauer 1989: 520). Im Rahmen der Selbstwahrnehmung geht es darum, die eigenen Emotionen und ihre
Wirkungen/Auswirkungen zu erkennen (emotionale Selbstwahrnehmung), Ressourcen, Fähigkeiten und Grenzen auszuloten (zutreffende Selbsteinschätzung)
und ein ausgeprägtes Empfinden für den eigenen Wert und die eigenen Fähigkeiten zu besitzen (Selbstvertrauen). In diesem Prozess der Identitätsfindung werden auch die subjektiv wahrgenommenen Rollenerwartungen und die Konstruk-
tionen von 'Männlichkeit' und 'Weiblichkeit' relevant (vgl. Kapitel 1.1.2).

3.4.1 Lebensgefühl und Zufriedenheit

Zunächst ging es uns darum, zu erfahren, wie Jungen ihr Lebensgefühl beschreiben. Tabelle 36 zeigt, dass sich die Mehrheit der Jungen als 'gut gelaunt' (48%)
oder 'zufrieden' (36%) bezeichnet. Nur ein kleiner Teil gibt an, sich eher 'traurig' oder 'schlecht drauf' zu fühlen (9%).

Tabelle 36: Lebensgefühl

Ich bin...	Prozent
gut gelaunt	48
zufrieden	36
habe mir noch keine Gedanken dazu gemacht	8
traurig/schlecht drauf	5
unzufrieden	4

N=1543; Angaben in Prozent

Dennoch zeigt der Vergleich mit den Ergebnissen der ersten Dortmunder Jungenbefragung (vgl. Zimmermann 1998: 87), dass die Quote derer, die gut gelaunt
sind, etwas abgenommen hat (von 54% auf 48%; vgl. Tabelle 36). Demgegenüber ist die Zahl der zufriedenen Jungen von 22% auf 36% gestiegen. Ein leich-
tes Hochgefühl, das mit 'gut gelaunt' umschrieben werden kann, ist also etwas
seltener geworden, aber immerhin hat noch fast jeder zweite Junge dieses positive Grundgefühl. Vielleicht ist dies ein Zeichen von gößerem Realismus oder

auch Ausdruck der gewachsenen Belastung durch äußere Anforderungen. Bemerkenswert ist, dass die Gruppe der Zufriedenen deutlich größer geworden ist. Der Vergleich zeigt weiterhin, dass die Gruppe der Jungen, die traurig oder schlecht drauf und unzufrieden sind, in den letzten zehn Jahren nicht größer oder kleiner geworden ist. Dieses positive Lebensgefühl spiegelt sich auch in der Zufriedenheit der Jungen mit sich selbst und ihrer eigenen Leistung wieder (vgl. Tabelle 37).

Tabelle 37: Zufriedenheit

	N	M	SD
Mit meiner eigener Leistung bin ich zufrieden	1596	2,4	1,06
Wenn ich mich für etwas entscheide, dann mache ich es auch	1587	1,8	0,94
Im Großen und Ganzen bin ich mit mir zufrieden	1576	2,0	0,99
Ich kann mich selbst gut leiden	1571	1,8	0,94

M = Mittelwert; SD = Standardabweichung. Die Antwortskala reicht von 1 (trifft zu) bis 5 (trifft nicht zu).

Im Durchschnitt sind die befragten Jungen nicht nur im Großen und Ganzen mit sich selbst zufrieden (M = 2,0), sondern sie können sich selbst auch sehr gut leiden (1,8). Etwas kritischer beurteilen die Jungen hingegen ihre eigene Leistung. Der zu diesem Item errechnete Mittelwert von 2,4 steht zwar noch für eine positive Ausprägung der Leistungszufriedenheit, doch im Vergleich zu den anderen Mittelwerten ist die positive Zustimmung nicht ganz so stark ausgeprägt.

Dies ändert aber nichts daran, dass Jungen in ihrer Selbstwahrnehmung ein positives Lebensgefühl haben und sich selbst gut leiden können. Allerdings ist dieser Sachverhalt nichts Ungewöhnliches, wie verschiedene Studien zum Selbstvertrauen und Selbstkonzept von Jungen und Mädchen gezeigt haben. Demzufolge äußern sich männliche Jugendliche z.B. wesentlich positiver zu ihrer körperlichen Entwicklung in der Pubertät als Mädchen (vgl. Neubauer 1989: 522); infolgedessen weisen sie oft ein höheres Selbstvertrauen auf und akzeptieren auch eher ihren Körper bzw. sich selbst.

Lässt sich diese positive Lebenseinstellung auch in den Lebensentwürfen der Jungen wieder finden? Um dies zu erfahren, wurden die Jungen nach ihrem wichtigsten Lebensziel befragt. Wie aus Tabelle 38 ersichtlich wird, verfolgen über die Hälfte der Jungen eher konventionelle Ziele: 62% der Befragten wünschen sich für ihre Zukunft eine harmonische Familie bzw. wollen Reichtum und Wohlstand erreichen. Die Selbstverwirklichung der eigenen Talente oder eine interessante Arbeit zu finden spielen als Ziele nur eine untergeordnete Rolle in den Lebensentwürfen von Jungen. Die Lebensziele sind anscheinend eher auf Erfolg im Privatleben ausgerichtet, weniger auf Erfolg im Beruf. Dieses Ergebnis widerspricht vergleichbaren Studien wie z.B. der von Raithel (vgl. 2005: 154) zu jugendlichen Lebensstilen: Dort war den etwa 250 untersuchten Jungen aus Nordbayern 'selbständiges Denken und Handeln' am wichtigsten; eine 'glückliche Partnerschaft' hatte für sie eine geringere Bedeutung. „Familienorientierung korreliert negativ schwach mit Maskulinität" (Raithel 2005: 187); sie ist nach dieser Studie mit femininer Geschlechtsrollenorientierung gekoppelt. Die Mehrheit der von uns befragten Jungen strebt demgegenüber eine Familie an, in der es emotional und materiell keinen Grund zur Sorge gibt. Sie sehen sich nicht mehr als die 'männliche Arbeitsmonade', die nur für den Beruf lebt, oder den Alleinernährer. Arbeit und Selbstverwirklichung erhält wenig Zustimmung. Das kann auch bedeuten, dass sich die Wünsche von Jungen und die Wünsche von Mädchen im Hinblick auf ihre Lebensentwürfe nicht mehr sehr unterscheiden und dass dementsprechend dann auch eine eher partnerschaftliche Arbeitsteilung in der Familie möglich wird.

Tabelle 38: Wichtigstes Ziel im Leben

Harmonische Familie	34
Reichtum, Wohlstand	28
Interessante Arbeit	11
Selbstverwirklichung meiner Talente	11
Ein ehrbares Leben führen	9
Viel Entspannung und Bequemlichkeit	7
Gesamt	100

N=1399; Angaben in Prozent

Bei der Frage, ob diese Ziele auch erreicht werden können, zeigt sich bei den Befragten eine überaus selbstbewusste Einstellung. Fast alle Jungen (91%) geben an, ihr anvisiertes Ziel auch verwirklichen zu können (vgl. Tabelle 39). Das große Selbstvertrauen der Jungen drückt sich also nicht nur in ihrem gegenwärtigen Lebensgefühl aus, sondern auch in ihren zukünftigen Lebensentwürfen.

Tabelle 39: Kann das Ziel verwirklicht werden?

	ja	nein
Kann das Ziel verwirklicht werden?	91	9

N=1588; Angaben in Prozent

Die Mehrzahl der Jungen gibt an, gut gelaunt und zufrieden zu sein. Die meisten Jungen sind zudem ausgesprochen überzeugt von sich selbst und meinen, erreichen zu können, was sie sich für ihre Zukunft vorstellen. Dieses selbstbewusste, ja selbstsichere Auftreten wird dabei stark von Zukunftsvorstellungen flankiert, in der die Familie eine sehr hohe Bedeutung hat; da die Arbeit und Selbstverwirklichung weit weniger wichtig für die Jungen ist, könnten darin positive Voraussetzungen für eine partnerschaftliche Aufteilung der Familienarbeit bestehen.

3.4.2 Vorbilder

Begreift man Sozialisation als Interaktionsprozess, so hat die Genese des Selbstbildes von Individuen nicht nur eine subjektive, sondern auch eine objektive Seite. Vorbilder, an denen sich Jugendliche orientieren, haben dementsprechend durchaus Einfluss auf ihr jeweiliges Verhalten, weswegen wir die Jungen auch nach ihren Vorbildern befragt haben.

Tabelle 40: Hast Du ein Vorbild?

	ja	nein
Vorbild vorhanden	72	28

N=1588; Angaben in Prozent

Tabelle 40 zeigt, dass fast drei Viertel der Befragten angeben, ein Vorbild zu haben. Dies scheint für die Altersgruppe der 14 bis 16-jährigen Jungen eher ungewöhnlich zu sein (vgl. Winter und Neubauer 1998, Jugendwerk der Deutschen Shell 1997: 358). Von Winter und Neubauer wurden insgesamt 181 Jungen in Einzel-, Doppel- und Gruppeninterviews zu verschiedenen Aspekten wie z.B. Männlichkeit, Junge-Sein und Gleichaltrigenbeziehungen befragt. Sie stellten dabei unter anderem fest, dass vor allem ältere Jungen (14-19 Jahre) Vorbilder tendenziell ablehnen (vgl. Winter und Neubauer 1998). Das 'Vorbildliche' sei bei älteren Jungen eher etwas Abstraktes – bei den unter 14-jährigen sei eine Personifizierung hingegen noch greifbarer. Im Vergleich zur Befragung aus dem Jahr 1995 (vgl. Zimmermann 1998: 92) werden inzwischen insgesamt weniger Vorbilder genannt. Zwar orientieren sich die meisten der von uns befragten Jungen an Sportlern, an Musikern und am Vater (vgl. Tabelle 41). Die Zustimmungsquoten sind aber im Vergleich zu früher deutlich geringer. Während 1995 noch 42% der Jungen in Sportlerinnen/Sportlern ein Vorbild sahen (Rangplatz eins), so sind es in der aktuellen Studie nur noch 28%. Die Differenz beim Vater ist ähnlich groß: 1995 hielten 35% der Jungen den eigenen Vater für ihr Vorbild; zehn Jahre später sind es nur noch 16%, obwohl sich auch hier der Rangplatz nicht verändert hat (jeweils Rangplatz zwei). Die Vorbildfunktion von Sportlern und Sportlerinnen sowie dem Vater hat also deutlich abgenommen. Der Vergleich zeigt weiterhin, dass die früher noch auf Rangplatz drei stehenden Filmhelden und -heldinnen (28%) heute weit abgeschlagen sind und nur noch von 5% der Jungen als Vorbild angesehen werden.

Tabelle 41: Vorbilder bei Jungen

Sportler/in	28
Vater	16
Musiker/in	14
Computerexpert/in	7
Filmheld/in	5
Extreme Typen	5
Mutter	4
Freundin	4
Bester Freund	4
Durchblicker/in	4
ManagerI/in	3
Religiöser Mensch	3
Lehrer/in	2
Politiker/in	2
Bruder	1
Ich selbst	1
Wissenschaftler/in	1
Forscher/in	1

N=1274; Angaben in Prozent

Dass Sportler an der Spitze der Vorbilder stehen, ist nicht ungewöhnlich. Die Studie von Krebs (vgl. 2002) zu Sichtweisen und Einstellungen von Jungen zeigt partiell ein ähnliches Ergebnis. So haben auch dort die befragten Jungen ihre Vorbilder meist unter den Sportlern (38%), aber auch den Filmstars (21%) und den Musikern (10%). Ähnlich wenige Jungen wie in der vorliegenden Studie (16%) nennen den Vater als Vorbild (13%; vgl. Krebs 2002: 39). Erstaunlich an den Ergebnissen ist die breite Streuung von möglichen Vorbildern. Daran, dass relativ wenige Jungen angeben, den Vater als Vorbild zu haben, zeigt sich, dass die von Vätern vorgelebten Verhaltensweisen nur für eine kleine Gruppe von Jungen attraktiv sind. Wahrscheinlich wird aber mit der (relativ gesehen) dennoch häufigen Nennung des Vaters als Vorbild eine Art Idealisierung des Vaters verknüpft, d.h. ein Vater, den sie so im Alltag nicht erleben, den sie aber gerne hätten (vgl. Kapitel 3.3).

Darüber, welche Eigenschaften Vorbilder haben müssen, um bei Jungen als solche zu gelten, gibt Tabelle 42 Aufschluss: Jungen finden ihre Vorbilder gut, weil sie kompetenter sind als sie selbst und/oder viel wissen. Beliebtheit spielt eine geringere Rolle, ebenso das coole Aussehen. Dies ist eine begrüßenswerte Einstellung, weil sie andeutet, dass Jungen nicht auf 'Schaumschläger' hereinfallen, sondern selbst nach entsprechenden Kompetenzen streben.

Tabelle 42: Grund für das Vorbild

kann Dinge besser als ich	25
weiß viel	10
ist beliebt	9
sieht cool aus	7
lebt ehrbares Verhalten vor	7
hilft Menschen	7
hat gute Sprüche drauf	7
gibt mir Orientierung	6
hat viele Frauen	5
erlebt Abenteuer	5
ist mächtig	4
wird bewundert	4
ist stark	4
kann spannende Geschichten erzählen	1

N=1096; Angaben in Prozent

Es verwundert also nicht, dass ausgerechnet Sportler und Musiker an der Spitze der genannten Vorbilder stehen: Sie sind in der Regel nicht nur erfolgreich bei dem, was sie tun, sondern sie sind auch in ihrem Metier wirklich kompetent, weswegen sie in der Wahrnehmung der Jungen allein schon deshalb als Vorbild klassifiziert werden. Einige Jungen, die vom 'Überlegenheitsimperativ' geprägt zu sein scheinen, mögen Vorbilder, weil sie mächtig und stark sind bzw. bewundert werden; zusammen sind dies jedoch nur 12%. Hier dokumentiert der Vergleich mit der ersten Dortmunder Jungenbefragung (vgl. Zimmermann 1998: 93) einen deutlichen Wandel in der Einstellung der Jungen. Damals entschied sich die Mehrheit der Jungen für ihr Vorbild, weil es 'beliebt ist' und weil es 'gute Sprüche drauf hat' (Rangplätze eins und zwei). Vorbilder, die Menschen helfen, erzielten Rangplatz drei. Dass jemand zum Vorbild wird, weil er beliebt ist, erklären heute nur noch 9% der Jungen (Rangplatz drei), während es damals 34% waren (Rangplatz eins). Gute Sprüche beeindruckten damals 30% der Jungen (Rangplatz zwei), heute sind es nur noch 7%. Allerdings werden Personen, die anderen Menschen helfen, auch seltener als Vorbild gewählt (Abnahme von 25% auf 7%). Demgegenüber steht ein Wandel, der die Kompetenzorientierung von Jungen erkennen lässt: Vorbilder müssen etwas können und viel wissen.

3.4.3 Männerbilder

In einer Studie, die sich mit den Einstellungen und Selbstbildern von Jungen beschäftigt, ist es nahe liegend nach den jeweiligen Geschlechterbildern zu fragen. Im Folgenden haben wir daher versucht, unterschiedliche Geschlechterbilder bzw. -typen bei den Jungen zu erfassen. Zu diesem Zweck haben wir die Jungen gefragt, wie ihrer Meinung nach ein Mann bzw. eine Frau sein sollte. Die hierfür erstellten Items beschreiben verschiedene Eigenschaften wie z.B. sozial, fleißig oder dominant, die auf einer Skala von 1 (trifft zu) bis 5 (trifft nicht zu) bewertet werden konnten.

Für uns stellte sich in diesem Zusammenhang die Frage, ob sich hinter den verschiedenen Items unterschiedliche Männer- bzw. Frauenbilder verbergen. Um dies zu überprüfen wurden die verschiedenen Eigenschaften, die mit den Items beschrieben werden, übergeordneten Typen zugeordnet und zusammengefasst. Mittels einer Faktorenanalyse wurden die insgesamt 14 Items inhaltlich auf drei Faktoren reduziert, welche unterschiedliche Eigenschaften von Männer- und Frauentypen (vgl. zu den Frauenbildern Kapitel 3.4.4) repräsentieren. In Tabelle 43 sind die Ergebnisse der Faktorenanalyse zu den Männerbildern dargestellt.

Tabelle 43: Ergebnisse der Faktorenanalyse zu den Männerbildern von Jungen

Wie sollte ein Mann sein?	Faktor 1	Faktor 2	Faktor 3
Mann sollte gut aussehen	0,766		
Mann sollte witzig sein	0,582		
Mann sollte stark sein	0,757		
Mann sollte intelligent sein	0,596		
Mann sollte angepasst sein		0,577	
Mann sollte sozial sein		0,712	
Mann sollte zuverlässig sein		0,782	
Mann sollte fleißig sein		0,734	
Mann sollte treu sein		0,697	
Mann sollte aggressiv sein			0,816
Mann sollte dominant sein			0,659
Mann sollte misstrauisch sein			0,698
Mann sollte machomäßig sein			0,746
Mann sollte arrogant sein			0,705

Extraktionsmethode: Hauptkomponentenanalyse; Rotationsmethode: Varimax mit Kaisernormalisierung; Klärung der Gesamtvarianz: 55,8%

- Faktor 1 bündelt Eigenschaften, die nach unserer Interpretation ein 'smarter Gewinnertypus' in sich vereint. Der 'smarte Gewinnertypus' sieht gut aus, ist humorvoll, stark und intelligent. Er besitzt keine Ecken und Kanten und bewältigt sein Leben ohne Schwierigkeiten.
- Faktor 2 bündelt Eigenschaften, welche Harmonie und Sicherheit vermitteln. Dieser Männertypus passt sich seiner Umwelt an, ist fleißig, treu und zuverlässig, ohne dabei groß aufzufallen. Er ist sehr auf Sicherheit und Harmonie in der Beziehung zu anderen bedacht. Wir beschreiben diese Art von Mann als den 'bürgerlichen Typen', der ohne Risiken einzugehen seine Zukunft plant.
- Faktor 3 bündelt Eigenschaften, die wir dem typischen 'Macho' zuschreiben. Dieser Männertypus tritt dominant auf, ist arrogant und aggressiv. Seinen Mitmenschen begegnet er mit Misstrauen und Egoismus. Die befragten

Jungen verbinden, das sei vorweggenommen, Dominanz und Machohaftigkeit nicht mit Stärke und Intelligenz, sondern eher mit Arroganz, Aggressivität und Misstrauen.

Auf Grundlage der Faktorenanalyse wurden (den Typen von Männerbildern entsprechend) drei Skalen gebildet. Diese Skalen ermöglichen eine Aussage darüber, inwiefern die befragten Jungen ein Männlichkeitsideal bevorzugen oder ablehnen. Für alle Skalen wurden die jeweiligen Itemkennwerte berechnet. Die Reliabilitätsanalyse ergab für die eingesetzten Skalen eine relativ hoch ausgeprägte interne Konsistenz (vgl. Tabelle 44). Außerdem weisen alle Items eine korrigierte Trennschärfe auf, die über dem Wert .30 liegt. Die Itemkennwerte sind damit als zufriedenstellend einzustufen.

Tabelle 44: Männerbilder von Jungen

Männertypus	α	N	M	SD
Smarter Gewinnertypus	.76 1340^{**}	1428	2,0	0,93
Bürgerlicher Typus	.81 1291^{**}	1402	2,2	1,04
Machotypus	.80 1282^{**}	1377	3,8	1,02

α = Cronbach's-Alpha; ** Anzahl der Befragten anhand derer die Cronbach's-Alpha-Werte berechnet wurden; M = Mittelwert; SD = Standardabweichung. Die Antwortskala reicht von 1 (trifft zu) bis 5 (trifft nicht zu)

Im Folgenden werden die Ergebnisse der Mittelwertberechnungen für die unterschiedlichen Männertypen dargestellt. Die Mehrheit der befragten Jungen lehnt den aggressiven und dominanten 'Macho-Typus' ab (M= 3,8) und tendiert eindeutig zum 'smarten Gewinnertypus' (M=2,0) sowie zum 'bürgerlichen Typus' (M= 2,2). Der Wunsch, gesellschaftliche Probleme (wie Arbeitslosigkeit, Fremdenfeindlichkeit und soziale Kälte) zu bewältigen bzw. zu negieren, drückt sich in den beiden bevorzugten Männerbilder aus. Der 'Macho' stellt in der Wahrnehmung der Jungen hingegen keinen Typus mehr dar, der für sie von Bedeutung ist um ihre Ziele zu erreichen.

Die Bevorzugung des 'smarten Gewinnertypus' ist dabei unabhängig vom Migrationshintergrund. Insgesamt 82% der Jungen sind der Auffassung, dass ein Mann die Eigenschaften, die diesen Typus kennzeichnen, aufweisen sollte (Ablehnung insgesamt 6%). Die Zustimmung zum Ideal des 'bürgerlichen Typus' steht dagegen in signifikantem Zusammenhang mit dem Migrationshintergrund der Jungen ($\chi^2_{(4,\ N=1353)}$ = 16.92, p = .002, C = .11). Die Zustimmung zu diesem Typus ist in der Gruppe der Jungen ohne Migrationshintergrund am höchsten (74%), am niedrigsten ist sie in der Gruppe der Jungen mit europäisch geprägtem

Migrationshintergrund (62%). Von den Jungen mit türkisch oder arabisch geprägtem Migrationshintergrund sind 67% der Meinung, dass Männer dem bürgerlichen Typus entsprechen sollten.

Der 'Macho-Typus' wird in allen Gruppen am stärksten abgelehnt. Auch hier besteht ein signifikanter Zusammenhang zwischen dem Migrationshintergrund und der Ansicht, ein Mann sollte die Eigenschaften eines Machos aufweisen ($\chi^2_{(4,\ N=1330)}$ = 18.71, p = .001, C = .12): 9% der Jungen ohne Migrationshintergrund, 12% der Jungen mit europäisch geprägtem Migrationshintergrund und 18% der Jungen mit türkisch oder arabisch geprägtem Migrationshintergrund sind der Meinung, ein Mann sollte wie ein Macho sein. Gleichwohl in der Gruppe der Jungen mit türkisch oder arabisch geprägtem Migrationshintergrund die Zustimmung zu diesem Typus relativ am höchsten ist, ist zu berücksichtigen, dass auch in dieser Gruppe nicht einmal jeder fünfte Junge der Auffassung ist, ein Mann solle machohaft sein – zwei Drittel dieser Jungen bezeichnen den bürgerlichen Typus und vier von fünf Jungen den smarten Gewinnertypus als 'idealen' Mann. Aus Sicht der meisten – auch türkisch- oder arabischstämmigen – Jungen sind also Machohaftigkeit und Dominanz *keine* erstrebenswerten Rollenmerkmale für Männer.

3.4.4 Frauenbilder

Neben dem Männerbild haben wir auch das Frauenbild der Jungen erhoben. Wie für die Männerbilder wurde auch für die Frauenbilder eine Faktorenanalyse durchgeführt (vgl. Tabelle 45).

Tabelle 45: Ergebnisse der Faktorenanalyse zu den Frauenbildern von Jungen

Wie sollte eine Frau sein?	Faktor 1	Faktor 2	Faktor 3
Frau sollte witzig sein	0,543		
Frau sollte sanft sein	0,539		
Frau sollte intelligent sein	0,525		
Frau sollte angepasst sein	0,631		
Frau sollte sozial sein		0,681	
Frau sollte zuverlässig sein		0,764	
Frau sollte fleißig sein		0,482	
Frau sollte treu sein		0,749	
Frau sollte aggressiv sein			0,794
Frau sollte dominant sein			0,645
Frau sollte misstrauisch sein			0,705
Frau sollte stark sein			0,541
Frau sollte arrogant sein			0,726
Frau sollte nicht angepasst sein			0,535

Extraktionsmethode: Hauptkomponentenanalyse; Rotationsmethode: Varimax mit Kaisernormalisierung; Klärung der Gesamtvarianz: 48,2%

Die extrahierten Faktoren wurden wie folgt interpretiert:

- Faktor 1 bündelt Eigenschaften, die eine Frau repräsentieren, mit der die Jungen lachen können, die intelligent sowie einfühlsam ist und nicht widerspricht. Diesen Typus Frau nennen wir den 'intelligenten und angepassten Frauentypus'. Hier können sich die Jungen fallen lassen, fühlen sie sich geborgen und müssen bei Unstimmigkeiten keinen großen Widerstand befürchten.
- Faktor 2 bündelt Merkmale, die sich auf Sicherheit und Zuverlässigkeit beziehen. Eine Frau mit diesen Eigenschaften soll treu, zuverlässig, fleißig und sozial orientiert sein. Mit ihr kann man das gemeinsame Leben planen. Auf den 'bürgerlichen Frauentypus' können sich die Jungen in jeder Lebenslage verlassen.
- Hinter dem Faktor 3 verbirgt sich ein Frauentypus, der aggressiv, stark und dominant auftritt, d.h. sich nicht unterdrücken lässt und sich durchzusetzen weiß. Wir interpretieren diesen Faktor als 'dominant-aggressiven Frauentypus'.

Neben diesen Eigenschaften wurde unter anderem auch nach der Zustimmung zum Item 'eine Frau sollte gut aussehen' gefragt. Da aber fast alle befragten Jungen diesem Item zustimmen (95%), gehört diese Eigenschaft zu keiner der gebildeten Skalen. Nach positiv konnotierten Merkmalen, die selbstbewusste Frauen kennzeichnen könnten, z.B. Unabhängigkeit, Gelassenheit oder Zielstrebigkeit, wurde – abgesehen von 'Stärke' – nicht gefragt.

Die genannten Frauentypen haben wir im Anschluss an die Faktorenanalyse zu drei Skalen zusammengefasst. Die danach durchgeführte Reliabilitätsanalyse ergab für alle Skalen zum Frauenbild eine mittelmäßig bis gut ausgeprägte interne Konsistenz. Alle eingesetzten Items weisen einen hinreichenden Trennschärfekoeffizienten von über .30 auf.

In Bezug auf die errechneten Mittelwerte in Tabelle 46 ist zu erkennen, dass die befragten Jungen in ähnlich hohem Maße, in dem sie ein bürgerlich geprägtes Männerbild vertreten, auch einem bürgerlich geprägten Frauenbild zustimmen, demzufolge die Frau zuverlässig, treu und fleißig ist ($M = 1,9$). In genauso hohem Maße stimmen sie aber auch dem Bild des intelligenten und angepassten Frauentypus zu, d.h. sie finden Frauen gut, die intelligent sind und sie mit denen sie lachen können, die aber auch sanft mit ihnen umgehen und möglichst nicht widersprechen ($M = 1,9$). Der aggressive, starke und dominante Frauentypus wird dagegen abgelehnt ($M = 4,0$).

Tabelle 46: : Frauenbilder von Jungen

Frauentypus	α	N	M	SD
Intelligent-angepassterTypus	.71 1430**	1563	1,9	0,80
Bürgerlicher Typus	.72 1445**	1546	1,9	0,93
Dominant-aggressiver Typus	.73 1354**	1501	4,0	0,83

α = Cronbach`s-Alpha-Wert; ** Anzahl der Befragten anhand derer die Cronbach`s-Alpha-Werte berechnet wurden; M = Mittelwert; SD = Standardabweichung. Die Antwortskala reicht von 1 (trifft zu) bis 5 (trifft nicht zu)

Die Zustimmung zum 'intelligenten und angepassten Frauentypus' sowie zum 'bürgerlichen Frauentypus' hängt signifikant mit dem Migrationshintergrund der Jungen zusammen: Die Zustimmung zum Idealbild des 'intelligenten und angepassten Frauentypus' ist in der Gruppe der Jungen ohne Migrationshintergrund (85%) höher als in den beiden anderen Gruppen (je 76%; $\chi^2_{(4,\ N=1507)} = 29.63$, $p = .000$, $C = .14$). Das Gleiche gilt für die Eigenschaften des 'bürgerlichen Frauentypus' (ohne Migrationshintergrund: 88% Zustimmung; europäisch geprägter Migrationshintergrund: 80% Zustimmung; türkisch oder arabisch geprägter Migrationshintergrund: 73% Zustimmung; $\chi^2_{(4,\ N=1490)} = 40.12$, $p = .000$, $C = .16$). Beide Typen werden von den Jungen in allen Gruppen somit in relativ hohem Maße als positive Rollenbilder gekennzeichnet, wenn auch in unterschiedlichem Ausmaß. Der 'dominant-aggressive Frauentypus' wird dagegen in allen drei Gruppen deutlich abgelehnt (Zustimmung 5%; Ablehnung 78%). Jungen mit türkisch oder arabisch geprägtem Migrationshintergrund können aber offensichtlich weniger mit den Rollenmustern des 'bürgerlichen Frauentypus' anfangen als Jungen ohne oder mit europäisch geprägtem Migrationshintergrund. Die Auswertung der Einzelitems zeigt, dass dies insbesondere für die Items 'sozial', 'zuverlässig' und 'treu' gilt, während Jungen mit türkisch oder arabisch geprägtem Migrationshintergrund der Aussage, Frauen sollen fleißig sein, sogar in etwas höherem Maße (76%) zustimmen als Jungen der beiden anderen Gruppen (je 71%; $\chi^2_{(4,\ N=1444)} = 23.11$, $p = .000$, $C = .13$). Eigenschaften, die einem medial vermittelten islamisch-konservativen Frauenbild entsprechen würden, waren nur in geringem Maße in die Befragung einbezogen.

Markant ist, dass aus Sicht der befragten Jungen intelligente, witzige Männer nicht angepasst zu sein brauchen und eher mit Stärke assoziiert werden; Dominanz und Machohaftigkeit werden dagegen eher mit Arroganz, Aggressivität und Misstrauen verbunden. Intelligente und witzige Frauen sollen hingegen gleichzeitig sanft und angepasst sein. Stärke wird bei Frauen dagegen eher abgelehnt – gemeinsam mit anderen, allgemein eher negativ konnotierten Merkmalen wie Aggression, Arroganz und Misstrauen, die bei beiden Geschlechtern abgelehnt werden. Dieses Ergebnis spricht für einen ambivalenten Umgang mit gängigen Rollenmustern von Jungen – zumindest die Männlichkeitsideale erscheinen jedoch relativ reflektiert. Die Jungen stecken vermutlich in einem Dilemma zwischen den Erwartungen von außen und den individuellen Ansichten und Einstellungen. Auffallend ist weiterhin, dass auch Jungen mit Migrationshintergrund Machohaftigkeit und Dominanz nicht als erstrebenswerte Rollenmerkmale ansehen.

Auf die zuvor dargestellten Männertypen rekurrierend kann festgehalten werden, dass sich die befragten Jungen in der Tendenz von einem auf männlich-patriarchale Aspekte reduzierten Männerbild gelöst haben. Ein Teil von ihnen kombiniert diese Vorstellungen gleichwohl mit einem ausgesprochen traditionellen Frauenbild. Daraus lässt sich schließen, dass hinsichtlich der Wahl eines Frauentypus das Sicherheitsstreben und Harmoniebedürfnis bei den Jungen im Vordergrund stehen. Die Frau soll in keinem Fall eine Konkurrenz darstellen oder überlegen sein, selbst wenn sie klug ist, was ein Teil der Jungen durchaus befürwortet.

In einem Punkt sind sich die Befragten jedenfalls einig: Egal ob eher der bürgerliche oder der intelligente und angepasste Frauentypus bevorzugt wird, gut aussehen sollten beide. Wie Tabelle 47 zeigt, besteht zwischen dem Wunsch der Jungen nach einer gut aussehenden Frau und den präferierten Frauentypen ein hochsignifikanter positiver Zusammenhang. Der dominant-selbstbewusste Frauentypus wird dagegen weniger mit einer gut aussehenden Frau in Verbindung gebracht. Hier wurde ein schwacher negativer Zusammenhang festgestellt.

Tabelle 47: Zusammenhang zwischen gutem Aussehen und Frauenbild

Frauentypus	r		N
Bürgerlicher Typus	.140	**	1539
Charmant-angepasster Typus	.244	**	1556
Dominant-aggressiver Typus	-.039		1491

r = Korrelationskoeffizient nach Pearson; ** die Korrelation ist auf dem 0.01 Niveau signifikant

Auch beim Vergleich der beiden Dortmunder Jungenbefragungen zeigt sich, dass damals und heute Mädchen und Frauen vor allem hübsch sein müssen (vgl. Zimmermann 1998: 89). Mehr als drei Viertel der Jungen stimmte 1995 dieser Aussage zu, egal ob es sich um Mädchen handelte, mit denen sie befreundet waren oder um solche, die sie nicht so gut kannten. Auch damals zeigte sich, dass 'witzig' für Jungen die zweitwichtigste Eigenschaft von Mädchen war, ebenso wie fast zwei Fünftel von ihnen angab, dass Mädchen, mit denen sie befreundet sind, sanft (39%) und intelligent (37%) sind. Nur 26% der Jungen bezeichnete Mädchen, mit denen sie befreundet sind, als angepasst – eine Eigenschaft, die jedoch im heute präferierten Profil des oben erwähnten 'intelligenten und angepassten Frauentypus' wieder vorkommt. Die damals beobachteten Trends haben sich also fortgesetzt, wobei die aktuelle Studie zeigt, dass sich Jungengruppen durch unterschiedliche Muster der Bevorzugung bestimmter Typen von Frauen und Mädchen unterscheiden.

In Bezug auf die referierten Ergebnisse zu Lebensentwürfen und bevorzugten Männer- und Frauenbildern ist ein weiterer Aspekt bemerkenswert: Das starke Bedürfnis der Jungen nach Sicherheit und Harmonie lässt sich ebenfalls in ihrer Einstellung zur Treue in der Liebesbeziehung ablesen. So halten 95% der Befragten Treue für einen sehr wichtigen Aspekt in einer festen Beziehung (vgl. Tabelle 48).

Tabelle 48: Treue in einer festen Beziehung

	ja	nein	N
Treue ist wichtig	95	5	1544
Es ist o.k., wenn der Junge fremd geht	9	91	1374
Es ist o.k., wenn das Mädchen fremd geht	5	95	1383
Das eigene Fremdgehen sollte verheimlicht werden	22	78	1376
Der Partner sollte das Fremdgehen verheimlichen	12	88	1352

Angaben in Prozent

Die Befragten finden es weder akzeptabel, wenn der Junge fremdgeht (91%), noch ist ein Fremdgehen des Mädchens in Ordnung (95%). Kommt es doch zu einem Seitensprung, so ist der überwiegende Teil der Jungen der Meinung, die Partnerin sollte das Fremdgehen nicht verheimlichen (88%) – bezogen auf das eigene Fremdgehen sind sich die Jungen dagegen etwas weniger einig (78%).

In ihren Antworten zu ihrer Einstellung zu sexuellen Erfahrungen von Ehepartnern zeigen die befragten Jungen (entsprechend ihrem präferierten Männerbild), dass sie sich von traditionellen Einstellungen im Geschlechterverhältnis teilweise gelöst haben (vgl. Tabelle 49).

Tabelle 49: Sexuelle Erfahrungen vor der Ehe

	ja	nein	N
Das Paar sollte vor der Ehe keinen Geschlechtsverkehr haben	11	89	1366
Die Frau sollte vor der Ehe keinen Geschlechtsverkehr haben	13	87	1362
Der Mann sollte vor der Ehe keinen Geschlechtsverkehr haben	9	91	1196

Angaben in Prozent

Tabelle 49 verdeutlicht, dass die überwiegende Mehrheit der Jungen in der Ehe sexuell erfahrene Partner zu bevorzugen scheint oder es den Jungen zumindest egal ist, ob die Partnerin bereits sexuelle Erfahrungen gesammelt hat oder nicht.

Weder Frau noch Mann müssen nach Meinung der meisten Jungen jungfräulich in die Ehe gehen.

Da das Vorurteil besteht, dass Jungen mit türkisch oder arabisch geprägtem Migrationshintergrund eher als Jungen ohne Migrationshintergrund fundamentalistische religiöse Einstellungen vertreten, und da die Einstellung zu außerehelichem Geschlechtsverkehr als ein Indikator für solche fundamentalistischen Einstellungen (sowohl für christlich-fundamentalistische als auch für islamisch-fundamentalistische Einstellungen) angesehen werden könnten, wird im Folgenden untersucht, inwiefern es Zusammenhänge zwischen der Einstellung zu außerehelichem Geschlechtsverkehr und dem Migrationshintergrund gibt.

Jungen mit Migrationshintergrund, insbesondere solche, deren Eltern aus der Türkei oder arabischsprachigen Staaten stammen, lehnen deutlich häufiger als Jungen ohne Migrationshintergrund vorehelichen Geschlechtsverkehr ab (vgl. Tabelle 50). Das gilt nicht nur für bestehende partnerschaftliche Beziehungen, sondern auch ganz grundsätzlich – sowohl für Frauen (vgl. Tabelle 51) als auch – in etwas geringerem Maße – für Männer (vgl. Tabelle 52). Zu berücksichtigen ist aber, dass es zwar signifikante Unterschiede zwischen den drei Gruppen von Jungen gibt, dass aber auch in der Gruppe der Jungen mit türkisch oder arabisch geprägtem Migrationshintergrund (die vorehelichen Geschlechtsverkehr von allen Jungen am stärksten ablehnen) die Mehrheit der Jungen eine ausgesprochen liberale Einstellung hat: Auch in dieser Gruppe ist entgegen anderslautenden Vorurteilen nur etwa ein Drittel der Jungen (38%) der Meinung, dass eine Frau jungfräulich in die Ehe gehen sollte. Nur ca. ein Viertel der Jungen ist der Meinung, dass Paare vor der Ehe keinen Geschlechtsverkehr haben sollten (27%) oder dass der Mann 'jungfräulich' in die Ehe gehen sollte (25%).

Tabelle 50: Zusammenhang zwischen der Einstellung zu sexuellen Erfahrungen vor der Ehe für Paare und dem Migrationshintergrund

| | | Migrationshintergrund | | |
Ein Paar sollte vor der Ehe keinen Sex haben	Beide Eltern aus Deutschland	Eltern aus dem europäischen Ausland oder der ehemaligen UdSSR	Eltern aus der Türkei oder Staaten des arabischen Sprachraumes	Gesamt
Ja Anzahl	58	28	53	139
Prozent	6,8%	10,2%	27,3%	10,6%
Nein Anzahl	791	246	141	1178
Prozent	93,2%	89,8%	72,7%	89,4%
Gesamt Anzahl	849	274	194	1317
Prozent	100,0%	100,0%	100,0%	100,0%

$\chi^2_{(2, N=1317)} = 70.26, p = .000, C = .23$

Tabelle 51: Zusammenhang zwischen der Einstellung zu sexuellen Erfahrungen
vor der Ehe für Frauen und dem Migrationshintergrund

Die Frau sollte vor der Ehe keine Sex haben		Migrationshintergrund			
		Beide Eltern aus Deutschland	Eltern aus dem europäischen Ausland oder der ehemaligen UdSSR	Eltern aus der Türkei oder Staaten des arabischen Sprachraumes	Gesamt
Ja	Anzahl	49	39	74	162
	Prozent	5,8%	14,2%	37,8%	12,3%
Nein	Anzahl	794	235	122	1151
	Prozent	94,2%	85,8%	62,2%	87,7%
Gesamt	Anzahl	843	274	196	1313
	Prozent	100,0%	100,0%	100,0%	100,0%

$\chi^2_{(2, N=1313)} = 151.17, p = .000, C = .32$

Tabelle 52: Zusammenhang zwischen der Einstellung zu sexuellen Erfahrungen
vor der Ehe für Männer und dem Migrationshintergrund

Der Mann sollte vor der Ehe keine Sex haben		Migrationshintergrund			
		Beide Eltern aus Deutschland	Eltern aus dem europäischen Ausland oder der ehemaligen UdSSR	Eltern aus der Türkei oder Staaten des arabischen Sprachraumes	Gesamt
Ja	Anzahl	40	19	38	97
	Prozent	5,2%	8,6%	24,5%	8,4%
Nein	Anzahl	736	203	117	1056
	Prozent	94,8%	91,4%	75,5%	91,6%
Gesamt	Anzahl	776	222	155	1153
	Prozent	100,0%	100,0%	100,0%	100,0%

$\chi^2_{(2, N=1153)} = 62.86, p = .000, C = .23$

3.4.5 Zusammenfassung und Fazit

Zusammenfassend kann gesagt werden, dass Jungen bezüglich ihrer Selbstwahrnehmung, ihrer Lebensentwürfe, ihres Lebensgefühls und ihres Geschlechterbildes sowohl traditionelle als auch moderne Einstellungen aufweisen. Einerseits geben sie sich zufrieden und gut gelaunt, lehnen ein machobehaftetes Männerbild ab und haben eine relativ fortschrittliche Vorstellung vom Geschlechterverhältnis – zumindest hinsichtlich der sexuellen Erfahrungen von Mann und Frau vor der Ehe. Andererseits zeigen die Lebensentwürfe ein starkes Sicherheits- und Harmoniebedürfnis. In der Partnerschaft setzen die befragten Jungen daher eher auf traditionelle Werte wie Ehrlichkeit und Treue, die allerdings auch für eine partnerschaftliche, nicht von Konkurrenz geprägte Beziehung eine wichtige Voraussetzung sein können. Viele der Antworten zu Sexualität sind prinzipiell ein Zeichen für eine Entwicklung hin zu einem demokratisch-egalitären Geschlechterverhältnis: Was man für Männer einfordert, soll auch für die Frauen gelten. Dennoch ist bisher kein vollständig egalitäres Geschlechterverhältnis erreicht: Die Traumfrau sollte auf jeden Fall gut aussehen, darüber hinaus sollte sie aber auch intelligent und witzig sowie angepasst oder aber fleißig, zuverlässig, treu und 'sozial' sein.

3.5 Jungen in der Schule

Der für die vorliegende Untersuchung erstellte Fragebogen enthält auch Fragen zur Einstellung der Jungen in Bezug auf die Anwesenheit und die Bevorzugung von Mädchen im Unterricht. Im Folgenden werden die Ergebnisse dargestellt und mit Forschungsergebnissen zu Fragen der Koedukation in der Schule (vgl. Kapitel 1.1.4) verglichen. Darüber hinaus wird untersucht, ob Unterschiede zwischen Jungen mit und ohne Migrationshintergrund bzw. zwischen Jungen unterschiedlicher Schulformen bestehen.

3.5.1 Einstellung der Jungen zu Koedukation

Zum Thema Koedukation geben die befragten Jungen eindeutige Antworten: Ähnlich wie in der Stichprobe von 1995 (vgl. Zimmermann 1998: 101) wären nur 5% der Jungen grundsätzlich 'lieber nur mit Jungen in der Klasse'. Bezogen auf einzelne Fächer, insbesondere den Sexualkunde- und Sportunterricht, liegt die Zustimmung zu einer äußeren Differenzierung nach Geschlecht mit insgesamt 25% (Sportunterricht) bzw. 21% (Sexualkunde) dagegen deutlich höher (vgl. Tabelle 53).

Tabelle 53: Zusammenhang zwischen dem Wunsch nach Geschlechtertrennung in einzelnen Fächern und der Schulform (Angaben in Prozent)

Antwort: Trennung würde ich begrüßen	FS	HS	GesS	RS	GY	Gesamt	N	Kendall-Tau-b	p
insgesamt	15,9	4,2	6,2	3,7	3,6	5,2	1590	.07	.003
im Sportunterricht	36,4	24,6	22,6	22,5	24,9	24,6	1534	.02	.319
im Sexualkundeunterricht	44,4	28,7	28,4	12,9	10,9	21,0	1528	.21	.000
in den Naturwissenschaften	27,7	20,1	18,5	7,1	6,7	13,4	1518	.17	.000
im Sprachunterricht	23,2	20,4	17,8	7,9	5,4	12,8	1520	.18	.000

FS: Förderschule; GesS: Gesamtschule; HS: Hauptschule; RS: Realschule; GY: Gymnasium. Antwortmöglichkeiten: würde ich begrüßen; würde ich ablehnen

Es gibt einen sehr schwachen Zusammenhang zwischen dem generellen Wunsch nach Monoedukation und der Schulform (*Kendall-Tau-b* = .07; p = .003[5]), der vor allem darin besteht, dass die Zustimmung zu diesem Item vor allem bei den Förderschülern relativ hoch ist (16%), während sie bei allen anderen Schulformen sehr niedrig ist (Haupt-, Real- und Gymnasialschüler 4%; Gesamtschüler 6%). Darüber hinaus ist die Zustimmung zu einem geschlechtergetrennten Sportunterricht in allen untersuchten Schulformen ähnlich (zwischen 36% in den Förderschulen und 23% in den Real- und Gesamtschulen), während die Zustimmung zu einer Trennung der Geschlechter für die übrigen Lernbereiche umso höher ist, desto niedriger das Leistungsniveau der Schulform ist (vgl. Tabelle 53). Auffällig ist dabei, dass ein geschlechtergetrennter Sexualkundeunterricht insbesondere bei den Förderschülern eine hohe Zustimmung erfährt (44% versus 11% bis 29% in den übrigen Schulformen). Zwischen der Einstellung zu Koedukation in bestimmten Fächern und einem Migrationshintergrund bestehen ebenfalls signifikante Zusammenhänge – und auch hier sind sie hinsichtlich der Zustimmung zum geschlechtergetrennten Sportunterricht am geringsten ausgeprägt (vgl. Tabelle 54). Eine Trennung der Geschlechter im Sexualkundeunterricht, in den Naturwissenschaften und im Sprachunterricht findet jeweils in der Gruppe der Jungen mit türkisch oder arabisch geprägtem Migrationshintergrund die höchste und in der Gruppe der Jungen ohne Migrationshintergrund die geringste Zustimmung. Ein Zusammenhang zwischen dem Migrationshintergrund und dem generellen Wunsch nach Monoedukation besteht dagegen nicht ($\chi^2_{(2,\ N=1534)}$ = 1.31, p = .519, C = .03).

Tabelle 54: Zusammenhang zwischen dem Wunsch nach Geschlechtertrennung in einzelnen Fächern und dem Migrationshintergrund (Angaben in Prozent)

Antwort: Trennung würde ich begrüßen	Deu	Eur	Türk/ Arab	Gesamt	N	df	C	χ^2	p
insgesamt	4,9	5,2	6,7	5,2	1534	2	.03	1.31	.519
im Sportunterricht	21,2	30,3	29,6	24,4	1479	2	.10	14.47	.001
im Sexualkundeunterricht	17,5	21,4	33,8	20,8	1474	2	.14	29.15	.000
in den Naturwissenschaften	9,1	18,6	24,7	13,5	1464	2	.18	46.38	.000
im Sprachunterricht	8,0	17,3	26,5	12,8	1466	2	.20	62.15	.000

Deu: beide Eltern aus Deutschland; Eur: mindestens ein Elternteil aus anderen Staaten Europas oder der ehemaligen UdSSR; Türk/Arab: mindestens ein Elternteil aus der Türkei oder aus Staaten des arabischen Sprachraumes. Antwortmöglichkeiten: würde ich begrüßen; würde ich ablehnen

---

[5] Das Niveau der Gesamtschulen wird für diese Auswertung zwischen dem der Hauptschulen und dem der Realschulen geschätzt.

Die Zusammenhänge bleiben überwiegend bestehen, wenn sie getrennt für Jungen mit bzw. ohne Migrationshintergrund bzw. getrennt nach Schülern unterschiedlicher Schulformen überprüft werden; allerdings sind die Zusammenhänge zwischen dem Migrationshintergrund und der Befürwortung von Geschlechtertrennung bei Gymnasiasten deutlich schwächer als bei den Schülern der anderen Schulformen. Für die Einstellung zur Koedukation scheint also beides eine Rolle zu spielen: sowohl der Migrationshintergrund bzw. die Herkunftskultur als auch das Bildungsniveau der Jungen.

Diese Ergebnisse decken sich mit den Ergebnissen der in Kapitel 1.1.4 referierten Untersuchungen, nach denen in den Jahrgängen der Sekundarstufe I insbesondere im Sportunterricht Geschlechtertrennung relativ häufig auch von Jungen gewünscht wird. Der Zusammenhang zwischen dem Leistungsniveau der Schule und der Zustimmung zur Geschlechtertrennung ist jedoch in unserer Untersuchung eindeutiger als bei Faulstich-Wieland und Horstkemper (vgl. 1995). Dennoch ist zu berücksichtigen, dass sich die große Mehrheit der von uns befragten Jungen gegen eine Geschlechtertrennung ausspricht – auch in der Förderschule.

Hinzu kommt, dass die Zusammenhänge insgesamt schwach sind. Dies weist darauf hin, dass die Schulform bzw. der Migrationshintergrund nicht die wichtigsten Faktoren für die Einstellung zu geschlechtergetrenntem Unterricht sind. Vermutlich ist es deutlich relevanter, inwiefern und in welchen Unterrichtsfächern die Jungen in ihrer bisherigen Schullaufbahn bereits Erfahrungen mit geschlechtergetrenntem Unterricht gemacht haben; dies wurde in der vorliegenden Studie nicht erhoben. Ein weiterer Faktor sind sicherlich die konkreten Sympathie- und Antipathiestrukturen in den jeweiligen Klassen. Außerdem ist vermutlich von Bedeutung, wie die Geschlechtersozialisation in der Herkunftsfamilie erfolgt und welche Werte dabei vermittelt werden.

3.5.2 *Gründe gegen oder für Koedukation*
Zentraler Beweggrund, warum sich Jungen für Koedukation aussprechen, ist unzweifelhaft der Spaß, den sie im gemeinsamen Unterricht mit Mädchen erwarten: Zwei Drittel der Jungen (66%) sind der Meinung, dass der Unterricht mit Mädchen 'interessanter' ist – anzunehmen ist, dass sich 'interessant' nicht zwangsläufig auf fachliche Beiträge bezieht (vgl. Kapitel 1.1.4) – und gut die Hälfte der Jungen (55%) meint, dass ohne Mädchen das Flirten fehlen würde. Daneben ist ein Teil der Jungen aber auch der Meinung, dass sie besser mit Mädchen lernen (43%), zumal aus Sicht eines Teils der Jungen die Lernatmosphäre ruhiger ist, wenn auch Mädchen am Unterricht teilnehmen (39%). Hinsichtlich der ruhigeren Lernatmosphäre ist allerdings zu beachten, dass die Jungen heterogen urteilen – die Anteile der Jungen, die diesem Item (eher) zustim-

men (39%), die keine Stellung beziehen (32%) und die es (eher) ablehnen (29%), sind relativ ähnlich. Der Anteil der Jungen, die Schulprobleme mit Mädchen besprechen, ist dagegen mit 20% eindeutig relativ gering, die Hälfte der Jungen (51%) gibt an, dass dies nicht der Fall sei (vgl. Tabelle 55).

Insgesamt weisen die Daten darauf hin, dass die Jungen den Eindruck haben, dass sie vom koedukativen Unterricht profitieren. Dies passt sowohl zu den in Kapitel 1.1.4 berichteten Forschungsergebnissen als auch zu den in Kapitel 3.5.1 berichteten Ergebnissen, denen zufolge nur ein Teil der Jungen (in wenigen Fächern) geschlechtergetrennten Unterricht wünscht.

Der Vergleich zur ersten Dortmunder Jungenbefragung (vgl. Zimmermann 1998: 102) zeigt, dass damals wie heute der Unterricht durch die Anwesenheit von Mädchen interessanter wird (63% versus 66%). Dass ihnen das Flirten im getrenntgeschlechtlichen Unterricht fehlen würde, befürchteten 1995 45% der Jungen; in der aktuellen Studie sind es 55%. Jungen erweisen sich hier einerseits in der Schule als offen für im weitesten Sinne erotische Beziehungen zu Mädchen. Dies kann als Begleittrend einer insgesamt liberaleren Einstellung zu Erotik interpretiert werden; man könnte auch fragen, ob der Unterricht uninteressant(er) geworden ist und Erotik die Langeweile kompensieren soll, die bei Jungen gelegentlich auftritt. Auf diese Vermutung kommen wir in Zusammenhang mit der Wahrnehmung des Lehrerurteils (vgl. Tabelle 59) zurück. Dass Mädchen für mehr Ruhe in der Klasse sorgen, finden inzwischen 39% der Jungen, während es 1995 noch 24% waren. Die Jungen lassen erkennen, dass sie die den Mädchen oftmals zugeschriebene Rolle als 'soziales Schmiermittel' des Unterrichts deutlich wahrnehmen. Die Zunahme könnte darauf hindeuten, dass diesbezüglich die den Mädchen zugeschriebenen Aufgaben etwas zugenommen haben, sie könnte aber auch bedeuten, dass die Jungen 'Ruhe im Unterricht' in höherem Maße schätzen – wofür auch die Kompetenzorientierung bei der Auswahl der Vorbilder sprechen würde (vgl. Kapitel 3.4.2). Die Gruppe derer, die Schulprobleme lieber mit Mädchen besprechen, ist im Vergleich zu 1995 jedoch nicht größer oder kleiner geworden (jeweils 20%).

Tabelle 55: Zustimmung zu Gründen für Koedukation (Angaben in Prozent)

Item	trifft (eher) zu	Neutral	trifft (eher) nicht zu
Der Unterricht ist interessanter mit Mädchen (*N*=1512)	66,4	20,0	13,6
Das Flirten würde fehlen (*N*=1514)	55,3	18,8	25,9
Ich lerne besser mit Mädchen (*N*=1509)	43,0	29,9	27,1
Mädchen sorgen für mehr Ruhe in der Klasse (*N*=1506)	38,8	31,9	29,3
Ich bespreche Schulprobleme mit Mädchen (*N*=1495)	19,7	29,0	51,2

Anmerkung: Aus Gründen der Übersicht sind die Antwortmöglichkeiten 'trifft zu' und 'trifft eher zu' bzw. 'trifft nicht zu' und 'trifft eher nicht zu' zusammengefasst.

Ein Zusammenhang zwischen dem Migrationshintergrund und den Gründen, die aus Sicht der Jungen für Koedukation sprechen, besteht nicht. Es bestehen aber zum Teil – wenn auch schwache – Zusammenhänge zwischen den angeführten Gründen und der Schulform (vgl. Tabelle 56): Insbesondere die Zustimmung zum Item 'Mädchen sorgen für mehr Ruhe in der Klasse' ist bei den Haupt- und Gesamtschülern (48% bzw. 45%) deutlich höher als bei den Realschülern (37%) oder den Gymnasiasten (29%; *Kendall-Tau-b* = .11; *p* = .000). Die übrigen Zusammenhänge zwischen der Schulform und den möglichen Gründen für Koedukation, denen die Jungen zustimmen, sind dagegen eher schwach und nicht linear.

Tabelle 56: Zusammenhang zwischen der Zustimmung zu verschiedenen Gründen für Koedukation und der Schulform (Angaben in Prozent)

Antwort: Trifft (eher) zu	FS	HS	GesS	RS	GY	Ge-samt	*N*	Kendall-Tau-b	*p*
Der Unterricht ist interessanter mit Mädchen	47,1	69,9	62,8	69,9	68,5	66,4	1.512	.03	.211
Das Flirten würde fehlen	51,5	59,9	57,5	61,3	46,4	55,3	1.515	.07	.002
Ich lerne besser mit Mädchen	30,4	45,3	39,6	49,1	42,2	43,0	1.509	-.04	.035
Mädchen sorgen für mehr Ruhe in der Klasse	40,2	47,9	44,6	36,7	29,2	38,8	1.506	.11	.000
Ich bespreche Schulprobleme mit Mädchen	19,8	18,2	21,5	26,7	14,2	19,7	1.495	-.08	.000

FS: Förderschule; GesS: Gesamtschule; HS: Hauptschule; RS: Realschule; GY: Gymnasium

Dass Jungen den Unterricht 'interessanter' finden, wenn auch Mädchen in der Klasse sind, stimmt mit den Ergebnissen von Gluszczynski und Krettmann (vgl. 2006: 46ff.) überein, nach denen die von ihnen befragten Schüler ebenfalls am häufigsten angeben, der Unterricht sei 'unterhaltsamer', wenn Lernende des anderen Geschlechts in der Klasse sind. Auch die Ergebnisse von Faulstich-Wieland und Horstkemper (vgl. 1995: 100ff.) passen zu diesem Befund: Die in ihrer Untersuchung befragten Jungen sehen die Vorteile der Koedukation vor allem darin, dass sie 'Beziehungen' zu Mädchen anbahnen können. Sie müssen aber – ähnlich wie die von uns befragten Jungen, von denen nur ein kleiner Teil tatsächlich auch mit Mädchen Schulprobleme bespricht – feststellen, dass die Realität insofern anders aussieht, als dass in vielen Klassen nur wenige Kontakte zwischen Jungen und Mädchen bestehen.

3.5.3   Werden Mädchen bevorzugt?

In den Antworten zu der Frage, ob Mädchen in der Schule bevorzugt werden, zeigt sich, dass 50% der befragten Jungen dies mit ja beantworten; 47% der Jungen sind der Meinung, beide Geschlechter würden gleich behandelt. Nur 3% der Jungen sind der Meinung, dass eher Jungen bevorzugt werden. Damit unterscheiden sich die im Jahr 2005 befragten Jungen von denen, die 1995 befragt wurden: 1995 gaben nur 38% der Jungen an, dass Mädchen in der Schule bevorzugt würden, 51% der Jungen meinten, dass Jungen und Mädchen gleich behandelt werden und 4% meinten, dass Mädchen benachteiligt werden; der Rest der Jungen (7%) hat keine Angabe gemacht (vgl. Zimmermann 1998: 102). Dieser Unterschied ist vermutlich ein Effekt des öffentlichen Diskurses, der seit der PISA- und der IGLU-Studie in der Presse zu beobachten ist und neben der allgemeinen Kritik am Bildungssystem in Deutschland und an dem starken Zusammenhang zwischen sozialem Hintergrund und Bildungserfolg auch darauf hinausläuft, dass Jungen als Verlierer des Bildungssystems dargestellt werden (vgl. Kapitel 1.1.5). Es ist jedoch auch möglich, dass sich einige Jungen in der Schule mit ihren Interessen nicht mehr so gut aufgehoben fühlen wie früher. Darauf gehen wir an späterer Stelle ein.

Signifikante Zusammenhänge zwischen dem Migrationshintergrund und diesem Item bestehen nicht, wohl aber zwischen der Schulform und der Wahrnehmung, dass Mädchen bevorzugt werden: Je höher der angestrebte Schulabschluss ist, desto eher haben die Jungen den Eindruck, dass Mädchen bevorzugt werden (vgl. Tabelle 57).

Tabelle 57: Zusammenhang zwischen der Einschätzung, ob Mädchen bevorzugt werden, und der Schulform

Mädchen werden...		Förder-schule	Haupt-schule	Schulform Gesamt-schule	Real-schule	Gym-nasium	Gesamt
bevorzugt	Anzahl	30	127	180	192	254	783
	Prozent	28,0%	37,7%	53,9%	55,7%	57,5%	50,0%
gleich behandelt	Anzahl	68	197	143	145	182	735
	Prozent	63,6%	58,5%	42,8%	42,0%	41,2%	47,0%
benachteiligt	Anzahl	9	13	11	8	6	47
	Prozent	8,4%	3,9%	3,3%	2,3%	1,4%	3,0%
Gesamt	Anzahl	107	337	334	345	442	1565
	Prozent	100,0%	100,0%	100,0%	100,0%	100,0%	100,0%

Kendall-Tau-b = -.16; $p = .000$

Mehr als die Hälfte der Gymnasiasten (58%), der Realschüler (56%) und der Gesamtschüler (54%) sind der Ansicht, dass Mädchen bevorzugt werden; der Anteil der Haupt- (38%) bzw. Förderschüler (28%), die eine Bevorzugung der Mädchen wahrnehmen, ist dagegen wesentlich geringer. Förderschüler geben zudem am häufigsten an, dass Mädchen benachteiligt werden (8% versus 4% bei Hauptschülern). Dies könnte daran liegen, dass die Jungen den öffentlichen Diskurs vermutlich umso intensiver mitbekommen bzw. -verfolgen, desto höher ihr Bildungsniveau ist. Eine weitere Erklärung könnte aber auch sein, dass durch den Leistungsdruck im Gymnasium Angepasstheit und Fleiß bei Schülerinnen und Schülern wichtiger werden und die Jungen davon ausgehen, dass Lehrkräfte diese Eigenschaften Mädchen eher zuschreiben als Jungen (vgl. Tabelle 59). Zumindest die Jungen selbst nehmen anscheinend diese Zuschreibung tatsächlich vor: Sie assoziieren 'Intelligenz' bei Frauen eher mit 'Angepasstheit' und bei Männern eher mit 'Stärke' – wozu vermutlich auch Durchsetzungsfähigkeit gehört (vgl. Kapitel 3.4.3 und 3.4.4). Diese Zuschreibungen könnten im Sinne des Etikettierungsansatzes wirksam werden und dazu führen, dass Mädchen sich tatsächlich – aufgrund dieser Rollenerwartungen – angepasster verhalten und dann tatsächlich bevorzugt werden.

Außerdem sind die befragten Jungen tendenziell der Meinung, dass sie es beim Lernen zumindest nicht leichter haben als Mädchen: Insgesamt ist ca. ein Drittel der Jungen (31%) der Ansicht, Mädchen hätten es beim Lernen leichter, während nur 6% der Jungen der Meinung sind, dass dies auf Jungen zutrifft. Dies passt gut zur Einschätzung der Jungen, dass im Unterricht eher auf die Mädchen eingegangen wird (s.u.). Im Vergleich zur ersten Dortmunder Jungenbefragung (vgl. Zimmermann 1998: 103) ist die Quote derer, die den Mädchen einen eindeutigen Vorteil beim Lernen zuschreibt, deutlich gestiegen. Sie betrug 1995 nur 17% – allerdings waren bereits 1995 außerdem 43% der Jungen der Meinung, dass Mädchen es 'zum Teil' beim Lernen leichter als Jungen haben. Ein Zusammenhang mit dem Migrationshintergrund besteht nicht, wohl aber mit der Schulform: Ähnlich wie bei der Einschätzung, ob Mädchen bevorzugt werden oder nicht, sind auch bei dieser Frage die Jungen umso häufiger der Meinung, dass es Mädchen leichter beim Lernen haben als Jungen, desto höher der angestrebte Schulabschluss ist (vgl. Tabelle 58).

Tabelle 58: Zusammenhang zwischen der Einschätzung, ob Mädchen es beim Lernen leichter oder schwerer als Jungen haben, und der Schulform

Mädchen haben es beim Lernen...		Schulform					
		Förder-schule	Haupt-schule	Gesamt-schule	Real-schule	Gymna-sium	Gesamt
schwerer	Anzahl	22	16	14	15	21	88
	Prozent	19,8%	4,8%	4,1%	4,3%	4,7%	5,6%
gleich	Anzahl	77	237	225	215	250	1004
	Prozent	69,4%	71,0%	66,4%	62,3%	56,2%	63,8%
leichter als Jungen	Anzahl	12	81	100	115	174	482
	Prozent	10,8%	24,3%	29,5%	33,3%	39,1%	30,6%
Gesamt	Anzahl	111	334	339	345	445	1574
	Prozent	100,0%	100,0%	100,0%	100,0%	100,0%	100,0%

Kendall-Tau-b = .15; p = .000

Erfragt wurde weiterhin, welche positiven Vorurteile die Lehrkräfte nach Einschätzung der Jungen gegenüber Mädchen haben. Insgesamt zwei Drittel glauben, dass die Lehrkräfte Mädchen für fleißiger (66%) und lieber (65%) halten; immerhin knapp die Hälfte aller befragten Jungen meint, dass ihre Lehrkräfte Mädchen auch für intelligenter halten (45%). Neben dem oben bereits erwähnten gesellschaftlichen Diskurs zur Bevorzugung von Mädchen in der Schule entspricht dies klassischen Vorstellungen von Weiblichkeit: Mädchen wird eher Fleiß und Angepasstheit, Jungen eher Genialität und Selbstständigkeit zugesprochen.

Da die Zustimmung zum Item 'Mädchen haben es beim Lernen leichter' deutlich geringer ist als die Zustimmung zum Item 'Mädchen werden in der Schule bevorzugt', ist offensichtlich ein Teil der Jungen der Meinung, dass die Lehrkräfte von den Mädchen zwar ein besseres Bild haben, dass Mädchen es aber trotzdem nicht leichter haben als sie selbst. Eventuell kann dieses Ergebnis mit den in Kapitel 3.4.3 beschriebenen Rollenmustern erklärt werden, denen zufolge es häufig zum Konzept von Männlichkeit gehört, erfolgreich zu sein und Anerkennung dafür zu bekommen. Es könnte sein, dass die Jungen zwar merken, dass sie von ihren Lehrkräften weniger Anerkennung (auch durch Schulnoten) bekommen als die Mädchen, dass sie sich aber dennoch nicht als weniger erfolgreich bezeichnen möchten, sondern, passend zu den in Kapitel 1.1.5 berichteten Forschungs- und Theoriearbeiten, sich dann lieber darauf zurückziehen, dass ihre 'wirklichen' Fähigkeiten, Leistungen und Stärken nicht ausreichend bemerkt werden. Eine aktuelle empirische Studie gibt Hinweise darauf, dass männliche Schüler – im Verhältnis zu Testleistungen – eher objektiv beurteilt werden, während Mädchen in der Tat einen Bonus erhalten, der mit höherer Anstrengungsbereitschaft, Motivation, Sozialverträglichkeit des Verhaltens etc. in Zusammenhang gebracht wird (Budde et al. 2008: 124). Insofern kann man die Aussagen der Jungen über sich, über Mädchen und über die Frage der Bevorzugung als sehr realistisch und differenziert einschätzen.

Im Verständnis des symbolischen Interaktionismus werden hier die Prozesse des 'role-taking' und 'role-making' (vgl. Krappmann 1988: 117ff.) sehr deutlich: Die befragten Jungen nehmen einerseits wahr, dass Angepasstheit und Fleiß Bestandteile der Schülerrolle sind und somit auch von ihnen erwartet werden; andererseits wissen sie, dass diese Eigenschaften der 'klassischen' Jungenrolle widersprechen und vermuten, dass sie von den Lehrkräften eher den Mädchen als den Jungen zugeschrieben werden. Den Jungen obliegt es nun, die unterschiedlichen Erwartungen – gleichzeitig Schüler und Junge zu sein – auszubalancieren und ihr Rollenverständnis des 'männlichen Schülers' zu konstruieren.

Dieses Item zeigt im Zehn-Jahres-Vergleich beachtliche Sprünge. In der Untersuchung von 1995 gaben nur 31% der Jungen an, dass Lehrer und Lehrerinnen denken, Mädchen seien fleißiger. Inzwischen ist die Quote auf 66% gestiegen. Auch dass Mädchen für 'lieber' gehalten werden, glaubten damals nur 30% der Jungen, während es heute 65% sind. Dass Lehrer und Lehrerinnen auf Mädchen 'abfahren', beobachteten damals 28% der Jungen, heute sind es in Bezug auf Lehrerinnen 46% und 56% in Bezug auf Lehrer. Dass Lehrerinnen und Lehrer glauben, Mädchen seien intelligenter, nahmen 1995 19% der Jungen an; in der aktuellen Studie sind es 45% der Jungen. Da die Datenerhebung in eine Zeit fällt, in der das 'Jungenthema' bereits medienwirksam diskutiert worden ist, mag diese beachtliche Veränderung der Wahrnehmung diesen Schlagzeilen geschuldet sein. Dennoch ist nicht auszuschließen, dass diese Wahrnehmung einen realistischen Kern hat.

Dazu passt, dass heute 38% der Jungen sagen, es gäbe zu wenig interessante Fächer für sie, während es 1995 nur 13% waren. Dieses Ergebnis deutet auf eine große Gruppe von Jungen hin, die mit der Schule, den vorhandenen Curricula und den angebotenen Unterrichtsinhalten unzufrieden sind. Unklar ist allerdings, welche Themen oder Fächer Jungen bzw. Gruppen von Jungen präferieren würden oder ob sich hinter der Ablehnung von Fächern nicht doch eher eine unter Jungen ausgesprochen verbreitete Schulunlust verbirgt. Ist Lernen für eine Reihe von Jungen eher 'uncool'? Selbst wenn dies so wäre, resultiert als Aufgabe für Lehrerinnen und Lehrer, dass sie die spezifischen Lernvoraussetzungen von einzelnen Jungen (und Mädchen) im Rahmen einer individualisierten Förderung genauer eruieren müssen. Im Hinblick auf das exemplarische Prinzip der Didaktik heißt dies, dass die Auswahl von paradigmatischen Beispielen prägnanter mit den für einzelne Schüler (und Schülerinnen) bedeutungsvollen Themen in Übereinstimmung gebracht werden muss.

Auch hier ist der Zusammenhang zwischen der Wahrnehmung der Lehrereinstellung und dem angestrebten Bildungsabschluss durchweg deutlich stärker als der zwischen der Wahrnehmung der Lehrereinstellung und dem Migrationshintergrund: Die Jungen nehmen umso häufiger positive (Vor-)Urteile ihrer Lehrkräfte gegenüber Mädchen wahr, desto höher der angestrebte Bildungsabschluss ist. Eine Ausnahme findet sich bei den Gymnasiasten: Ihre Zustimmung zu den Items, denen zufolge Mädchen positiver beurteilt werden, ist geringer als die der Realschüler, aber durchweg höher als bei Schülern aller übrigen Schulformen. Einzig zwischen dem Item 'Es gibt zu wenige interessante Fächer für Jungen' und der Schulform lassen sich keine linearen Zusammenhänge finden (vgl. Tabelle 59).

Tabelle 59: Zusammenhang zwischen der Wahrnehmung des Lehrerurteils gegenüber Mädchen und der Schulform (Angaben: Zustimmung zum Item in Prozent)

Antworthäufigkeiten für „trifft (eher) zu"	FS	HS	GesS	RS	GY	Gesamt	N	Kendall-Tau-b	p
LehrerInnen denken, Mädchen sind fleißiger	39,8	64,1	65,9	74,5	69,7	66,4	1.335	− .13	.000
LehrerInnen denken, Mädchen sind lieber	42,4	59,4	62,8	76,0	69,7	65,3	1.319	− .15	.000
Lehrer fahren auf Mädchen ab	27,3	43,0	49,7	75,6	62,6	55,7	1.315	− .21	.000
LehrerInnen gehen eher auf Mädchen ein	25,0	39,4	40,7	61,2	50,0	46,2	1.313	− .17	.000
LehrerInnen denken, Mädchen sind intelligenter	30,9	42,1	44,6	54,5	45,3	45,4	1.312	− .09	.000
Es gibt zu wenig interessante Fächer für Jungen	41,2	39,8	35,9	44,5	34,0	38,4	1.306	.01	.697

FS: Förderschule; GesS: Gesamtschule; HS: Hauptschule; RS: Realschule; GY: Gymnasium

Interessant ist auch die – insbesondere im Gymnasium (63%) und in der Realschule (76%) – hohe Zustimmung zum Item 'Lehrer fahren auf Mädchen ab', da dieses Item eine sexuelle oder emotionale Konnotation enthalten kann. Inwiefern (männliche) Lehrer tatsächlich eine größere Nähe zu Mädchen suchen, kann nicht beurteilt werden. Zu dieser Thematik besteht weiterer Untersuchungsbedarf.

3.5.4 Selbsteinschätzung des Leistungsvermögens

Abgesehen davon, dass zumindest ein nicht unerheblicher Teil der Jungen sich gegenüber den Mädchen im Unterricht benachteiligt fühlt (vgl. Kapitel 3.5.3), haben die befragten Jungen überwiegend ein sehr positives Selbstbild (vgl. Tabelle 60).

Tabelle 60: Relative Häufigkeiten zum Selbstbild

Item	trifft (eher) zu	neutral	trifft (eher) nicht zu
Wenn ich mich anstrenge, kann ich fast alles lernen (N=1563)	87,7	9,9	2,4
Ich strenge mich in der Schule nicht an (N=1531)	23,3	33,6	43,1
Ich muss mehr arbeiten als andere um mitzukommen (N=1523)	21,9	26,0	52,1
Aus Angst, etwas Falsches zu sagen, beteilige ich mich selten (N=1524)	17,3	23,4	59,3
Bei einer schlechten Note nützt mir alle Anstrengung nichts (N=1517)	14,9	23,4	61,7

Anmerkung: Aus Gründen der Übersicht sind die Antwortmöglichkeiten 'trifft zu' und 'trifft eher zu' bzw. 'trifft nicht zu' und 'trifft eher nicht zu' zusammengefasst.

Die meisten Jungen (88%) sind der Meinung, dass sie fast alles lernen können, wenn sie sich nur genügend anstrengen. Entsprechend gibt auch weniger als ein Fünftel der Jungen an, sich aus Angst, etwas Falsches zu sagen, selten zu beteiligen (17%) oder schlechte Noten nicht durch Anstrengung verbessern zu können (15%) – allerdings geben nur 43% der Jungen an, sich tatsächlich in der Schule anzustrengen. Diese Items wurden für die Befragung im Jahr 2005 neu in den Fragebogen aufgenommen, daher gibt es keine Vergleichsdaten.

Ein Zusammenhang besteht zwischen dem Item 'ich strenge mich in der Schule nicht an' und der Schulform: Je höher der angestrebte Schulabschluss ist, umso häufiger geben die Jungen an, sich nicht anzustrengen (vgl. Tabelle 61) – mit Ausnahme der Gesamtschule. Zu berücksichtigen ist aber, dass dieser Zusammenhang äußerst schwach ist (Kendall-Tau-b = -.07, p = .001).

Tabelle 61: Zusammenhang zwischen dem Item 'Ich strenge mich in der Schule nicht an', und der Schulform

Ich strenge mich in der Schule nicht an		Schulform					
		Förder-schule	Haupt-schule	Gesamt-schule	Real-schule	Gymna-sium	Gesamt
trifft zu	Anzahl	19	70	62	87	118	356
	Prozent	19,6%	22,0%	18,8%	25,5%	26,5%	23,3%
neutral	Anzahl	31	95	128	109	152	515
	Prozent	32,0%	29,9%	38,9%	32,0%	34,1%	33,6%
trifft nicht zu	Anzahl	47	153	139	145	176	660
	Prozent	48,5%	48,1%	42,2%	42,5%	39,5%	43,1%
Gesamt	Anzahl	97	318	329	341	446	1531
	Prozent	100,0%	100,0%	100,0%	100,0%	100,0%	100,0%

Kendall-Tau-b = -.07, *p* = .001. Anmerkung: Aus Gründen der Übersicht sind in der Tabelle die Antwortmöglichkeiten 'trifft zu' und 'trifft eher zu' bzw. 'trifft nicht zu' und 'trifft eher nicht zu' zusammengefasst. Der Wert für Kendall-Tau-b wurde mit der fünfstufigen Skala errechnet.

Interessant ist, dass es (abgesehen von diesem Item) keine signifikanten Zusammenhänge zwischen dem (berichteten) Selbstbild der Jungen und der Schulform gibt. So sind beispielsweise Förderschüler (21%) nur kaum häufiger als Gymnasiasten (17%) der Meinung, dass sie mehr arbeiten müssen als andere, um mitzukommen; die höchste Zustimmung zu diesem Item wird bei Haupt- und Realschülern (je 25%) erreicht. Dieser Zusammenhang ist sehr schwach und nicht signifikant (Kendall-Tau-b = .04; p = .047). Für die übrigen Items des Selbstbildes gilt das gleiche.

Insgesamt deuten diese Daten darauf hin, dass die Jungen im Misserfolgsfall internal variable (Anstrengung) oder externale (Lehrkraft hat Vorurteile) Attributionsmuster bevorzugen (vgl. Rheinberg 2006: 81ff.). Dieses Muster kann im Sinne des symbolischen Interaktionismus als Versuch interpretiert werden, Schülerrolle und Jungenrolle auszubalancieren: Bestandteil der Erwartungen an Schüler ist, dass jeder Schüler und jede Schülerin im Unterricht erfolgreich sein kann, wenn er oder sie sich genügend anstrengt. Entsprechend interpretieren die befragten Jungen ihre Schülerrolle so, dass sie, wenn sie sich anstrengen würden, auch erfolgreich wären – zumal Erfolg auch ein Bestandteil der Erwartungen ist, die an Jungen gestellt werden und so beide Rollen gut in Einklang gebracht werden können. Mangelnder Erfolg wird dann von den Schülern logischerweise darauf zurückgeführt, dass sie sich entweder nicht ausreichend angestrengt haben oder dass externale Ursachen – die Mädchen werden bevorzugt – verhindern, dass Erfolge als solche wahrgenommen werden. Der Befund, dass insbesondere Gymnasiasten und Realschüler relativ häufig angeben, sich im Unterricht nicht anzustrengen, kann vor diesem Hintergrund mithilfe des Bezugsgruppeneffektes (vgl. Rheinberg und Enstrup 1977, Schümer 2004) erklärt werden: Da die Leistungsanforderungen im Gymnasium höher sind, machen die Schüler, sind sie erst einmal dort, häufiger als an den anderen Schulen die Erfahrung, dass ihre Schulleistungen im Vergleich zu denen während der Grundschulzeit abnehmen. Entsprechend der Erwartungen, die an sie gerichtet werden – wenn sie sich anstrengen würden, wären sie ja erfolgreich – erklären sie dann häufiger als andere Schüler den mangelnden Erfolg mit zu geringer Anstrengung. Diese Erklärung ist aber insofern spekulativ, als dass weder die tatsächlichen Schulleistungen noch die subjektiv wahrgenommenen Leistungserwartungen, die an die Jungen gestellt werden und die sie an sich selbst stellen, erhoben wurden und daher unklar ist, inwiefern Gymnasiasten tatsächlich häufiger die Erfahrung machen, subjektiv nicht ausreichend erfolgreich zu sein.

Eine Alternativerklärung wäre, dass der Anteil der Schüler, die sich im Unterricht nicht anstrengen müssen, tatsächlich an Realschulen und Gymnasien höher ist als an anderen Schulen, denn das Gymnasium ist die Schulform mit dem höchsten Bildungsanspruch, die aber – zumindest in Dortmund – gleichzeitig von 30% aller Schüler besucht wird und damit die beliebteste Schulform ist (vgl. Kapitel 2.3.2). Inwieweit es an Gymnasien üblich ist, im Unterricht geeignete Maßnahmen zur inneren Differenzierung einzusetzen, ist fraglich. Eine Studie aus Österreich weist zwar darauf hin, dass auch im Gymnasium zumindest in ca. der Hälfte der von den befragten Lehrkräften beschriebenen Stunden solche Maßnahmen eingesetzt werden (vgl. Mayr 2002), allerdings wird relativ häufig angegeben, dass die Binnendifferenzierung darin besteht, dass beispielsweise eine Lehrkraft einem Schüler eine Aufgabe noch einmal erklärt, während die übrigen Schüler bereits mit der Arbeit beginnen (in 40% der Unterrichtsstunden). Die übrigen Differenzierungsformen lassen sich im Gymnasium deutlich seltener finden. Ein weiteres Ergebnis ist, dass in sichtbar heterogenen Lerngruppen deutlich häufiger differenziert wird. Auch wenn fraglich ist, ob die Ergebnisse aus Österreich auf die von uns befragten Schüler übertragbar sind, ist doch zu vermuten, dass auch in Deutschland ein Zusammenhang zwischen der Heterogenität der Lerngruppe und dem Ausmaß innerer Differenzierung besteht und dass auch in Deutschland komplexere Formen der inneren Differenzierung, die eine Öffnung des Unterrichts erfordern würden, im Gymnasium nicht die Regel sind. Daher könnte es durchaus realistisch sein, dass ungefähr ein Viertel der Gymnasiasten im Unterricht unterfordert ist und es somit für diese Schüler nicht notwendig ist, sich anzustrengen. Ähnliches könnte für leistungsstarke Realschüler gelten, wenn ihre beruflichen Wünsche eher einen guten Realschulabschluss denn ein schlechtes Abitur als sinnvoll erscheinen lassen und sie daher auf der Realschule verbleiben, obwohl sie dort nicht ausreichend gefordert werden.

Die überwiegend fehlenden signifikanten Zusammenhänge zwischen dem Selbstbild und der Schulform sprechen gegen keine dieser Erklärungsmöglichkeiten, denn diese wären gut mit Bezugsgruppeneffekten erklärbar, die dazu führen, dass sich das Selbstbild nicht nur an den eigenen Fähigkeiten, sondern auch an einem Vergleich mit Personen aus der unmittelbaren Umwelt orientiert (vgl. Rheinberg und Enstrup 1977, Schümer 2004). Vermutlich ist das auf das Fremdbild und somit auf die Erwartungen übertragbar, die an die Schüler gerichtet werden.

Der Zusammenhang zwischen dem Migrationshintergrund und der Zustimmung zum Item 'Ich muss mehr arbeiten als andere, um in der Schule mitzukommen' (vgl. Tabelle 62) beruht hauptsächlich darauf, dass Jungen mit türkisch oder arabisch geprägtem Migrationshintergrund hier deutlich häufiger zustimmen (31%) als Jungen der beiden anderen Gruppen (20% ohne und 21% mit europäisch geprägtem Migrationshintergrund). Dies kann insofern als eine realistische Einschätzung interpretiert werden, als dass zumindest Kinder aus türkischstämmigen Familien in Deutschland im Schulsystem größere Schwierigkeiten haben als Kinder aus Aussiedlerfamilien oder aus Familien ohne Migrationshintergrund (vgl. Kapitel 3.6).

Tabelle 62: Zusammenhang zwischen den Antworten zum Item 'Ich muss mehr arbeiten als andere, um mitzukommen', und dem Migrationshintergrund

			Migrationshintergrund		
Ich muss mehr arbeiten als andere, um mitzukommen		Beide Eltern aus Deutschland	Eltern aus dem europäischen Ausland oder der ehemaligen UdSSR	Eltern aus der Türkei oder Staaten des arabischen Sprachraumes	Gesamt
trifft zu	Anzahl	186	66	70	322
	Prozent	19,9%	21,2%	31,0%	21,9%
neutral	Anzahl	236	77	66	379
	Prozent	25,3%	24,7%	29,2%	25,8%
trifft nicht zu	Anzahl	511	169	90	770
	Prozent	54,8%	54,2%	39,8%	52,3%
Gesamt	Anzahl	933	312	226	1471
	Prozent	100,0%	100,0%	100,0%	100,0%

$\chi^2_{(4,\ N=1471)} = 19.50, p = .001, C = .11$. Anmerkung: Aus Gründen der Übersicht sind die Antwortmöglichkeiten 'trifft zu' und 'trifft eher zu' bzw. 'trifft nicht zu' und 'trifft eher nicht zu' zusammengefasst.

3.5.5 Bevorzugtes Geschlecht der Lehrkräfte

Auf die Frage, ob sie lieber von einem Mann als von einer Frau unterrichtet werden wollen, antworten nur wenige Jungen eindeutig: 59% geben an, dass ihnen das egal sei, 18% der Jungen würden das vom Unterrichtsfach abhängig machen. Von den übrigen Schülern möchte die Mehrheit lieber von einer Frau unterrichtet werden (17%); ausschließlich von einem Mann möchten nur 6% unterrichtet werden. Diese Antworten entsprechen relativ exakt den in der Befragung von 1995 erhobenen Daten (vgl. Zimmermann 1998: 104). Vermutlich haben die Jungen genügend Erfahrung mit Lehrkräften und wissen demzufolge, dass es sowohl 'gute' Lehrer wie auch 'gute' Lehrerinnen gibt bzw. dass man mit Lehrkräften beiden Geschlechts Probleme haben kann.

Fast die Hälfte der Jungen hätte etwas dagegen, von einem homosexuellen Lehrer unterrichtet zu werden (46% – Antwortmöglichkeiten: ja/nein). Dies entspricht in etwa den Häufigkeiten von 1995 (vgl. Zimmermann 1998: 105): Damals hatten 49% nichts gegen einen schwulen Lehrer einzuwenden. In der vorliegenden Studie besteht ein Zusammenhang zwischen diesem Item und der Schulform (Kendall-Tau-b = .14, p = .000): Während gut die Hälfte der Förder-, Haupt- und Gesamtschüler (jeweils 52% bzw. 53%) und knapp die Hälfte der Realschüler (48%) es ablehnen würde, von einem homosexuellen Lehrer unterrichtet zu werden, ist dies bei den Gymnasiasten nur noch ein knappes Drittel (31%, vgl. Tabelle 63). Je höher das Bildungsniveau, desto liberaler wird die Einstellung zu homosexuellen Lehrern.

Tabelle 63: Zusammenhang zwischen den Antworten zum Item 'Ich hätte etwas dagegen, von einem homosexuellen Lehrer unterrichtet zu werden', und der Schulform

Ich hätte etwas dagegen, von einem homosexuellen Lehrer unterrichtet zu werden		Schulform					
		Förder-schule	Haupt-schule	Gesamt-schule	Real-schule	Gym-nasium	Gesamt
Ja	Anzahl	58	176	177	169	136	716
	Prozent	52,3%	52,2%	52,5%	48,8%	31,0%	45,6%
Nein	Anzahl	53	161	160	177	303	854
	Prozent	47,7%	47,8%	47,5%	51,2%	69,0%	54,4%
Gesamt	Anzahl	111	337	337	346	439	1570
	Prozent	100,0%	100,0%	100,0%	100,0%	100,0%	100,0%

Kendall-Tau-b = .14, p = .000

Auch zwischen dem Migrationshintergrund und der Ablehnung eines homosexuellen Lehrers besteht ein Zusammenhang ($\chi^2_{(2, N=1516)}$ = 45.86, p = .000, C = .17): Jungen mit Migrationshintergrund, insbesondere mit türkisch oder arabisch geprägtem Migrationshintergrund (62%), aber auch mit europäisch geprägtem Migrationshintergrund (52%) geben häufiger als Jungen ohne Migrationshintergrund (39%) an, dass sie etwas dagegen hätten, von einem homosexuellen Lehrer unterrichtet zu werden (vgl. Tabelle 64).

Tabelle 64: Zusammenhang zwischen den Antworten zum Item 'Ich hätte etwas
dagegen, von einem homosexuellen Lehrer unterrichtet zu werden',
und dem Migrationshintergrund

			Migrationshintergrund		
		Beide Eltern aus Deutschland	Eltern aus dem europäischen Ausland oder der ehemaligen UdSSR	Eltern aus der Türkei oder Staaten des arabischen Sprachraumes	Gesamt
Ja	Anzahl	375	167	147	689
	Prozent	39,2%	52,2%	61,5%	45,4%
Nein	Anzahl	582	153	92	827
	Prozent	60,8%	47,8%	38,5%	54,6%
Gesamt	Anzahl	957	320	239	1516
	Prozent	100,0%	100,0%	100,0%	100,0%

$\chi^2_{(2, N=1516)} = 45.86, p = .000, C = .17$

Allerdings sollte man sehr vorsichtig sein, aus diesem Item eine grundsätzliche
Homophobie vieler Jungen abzuleiten, zumal gut die Hälfte der befragten Jungen
keine Probleme mit einem homosexuellen Lehrer hätte. Vielmehr scheint sich
das zu bestätigen, was auch Faulstich-Wieland und Horstkemper (vgl. 1995) in
ihrer Studie feststellen: Ein Teil der jungen Männer, die sich entwicklungspsychologisch in einer Phase befinden, in der sich auch die sexuelle Identität entwickelt, hat einerseits Angst, als 'schwul' stigmatisiert zu werden, andererseits
suchen die Jugendlichen die Solidarität unter gleichgeschlechtlichen Schülern.
Die explizite Abwehr der Möglichkeit, homosexuell zu sein, die auch in anderen
Untersuchungen beobachtet wird, scheint insofern eine Schutzfunktion auszu-
üben (vgl. Faulstich-Wieland und Horstkemper 1995: 88f.).

Die Abneigung dagegen, von einem homosexuellen Lehrer unterrichtet zu
werden, kann überdies mit dem Bild zusammenhängen, das in den Medien von
'Schwulen' gezeichnet wird. Diese Erklärung ist insofern befriedigender, als
dass der Zusammenhang zwischen der Schulform und der Ablehnung eines homosexuellen Lehrers dann mit einem höheren Ausmaß an Reflexion der Jungen
aus bildungsnahen Elternhäusern erklärt werden könnte.

3.5.6 Zusammenfassung und Fazit

Insgesamt lässt sich festhalten, dass die von uns befragten Jungen eine Geschlechtertrennung allenfalls im Sport- oder im Sexualkundeunterricht befürworten, da der Unterricht interessanter ist, wenn Mädchen dabei sind und sie die
Möglichkeit sehen, zu flirten. Außerdem wurde sehr deutlich sichtbar, dass die
von uns befragten Jungen (unabhängig von der Schulform) ein sehr positives
Selbstbild haben, obwohl sie vermuten, dass Mädchen eher den Erwartungen der
Lehrkräfte entsprechen, da sie fleißiger und angepasster seien. Die Jungen sind

insbesondere der Auffassung, dass sie erfolgreich wären, wenn sie sich anstrengen würden; je höher der angestrebte Bildungsabschluss ist, desto häufiger geben
sie allerdings an, sich nicht anzustrengen. Diese Beobachtungen korrespondieren
mit aktuellen Befunden zur Beurteilungspraxis von Lehrerinnen und Lehrern.
Jungen mit türkisch oder arabisch geprägtem Migrationshintergrund geben außerdem häufiger als die anderen Jungen an, mehr arbeiten zu müssen als andere,
um erfolgreich zu sein. Zu den Erwartungen, die häufig an Jungen gestellt werden, gehört einerseits, erfolgreich zu sein, andererseits aber auch, nicht zu angepasst zu sein und eine gewisse Selbstständigkeit und Stärke zu demonstrieren. Es
könnte sein, dass dies für Jungen mit türkisch oder arabisch geprägtem Migrationshintergrund kulturell bedingt in höherem Maße gilt. Zu den Erwartungen, die
Bestandteil der Schülerrolle sind, gehört dagegen, angepasst und fleißig zu sein
sowie die Erwartung, mit genügend Anstrengung könne jeder Schüler erfolgreich
sein. Möglicherweise wird Schülern mit türkisch oder arabisch geprägtem
Migrationshintergrund verstärkt von Seiten der Lehrkräfte zugeschrieben, dass
sie sich nicht genügend anstrengen, wenn sie weniger erfolgreich sind, da diesen
Schülern aufgrund kultureller Unterschiede ein weniger leistungsorientiertes,
aber stärker erfolgsorientiertes Männlichkeitsbild zugeschrieben wird. Subjektiv
könnten die Schüler dadurch den Eindruck haben, dass es nicht genügt, wenn sie
sich genauso anstrengen wie andere Schüler, sondern dass sie mehr arbeiten
müssen als diese.

Die in dieser Studie erhobenen Ergebnisse deuten aber darauf hin, dass es
vielen Jungen gelingt, die Erwartungen, die mit beiden Rollen zusammenhängen,
zu balancieren, indem sie sich einerseits als (zumindest potenziell) erfolgreich
bezeichnen, andererseits mangelnden Erfolg mit Umweltbedingungen oder aber
(ganz in Übereinstimmung mit den Erwartungen ihrer Lehrkräfte) mit mangelnder Anstrengung erklären.

Erhoben wurde nicht, inwiefern diese Erwartungen tatsächlich kommuniziert werden oder inwieweit die Angaben der Jungen vor allem auf subjektiver
Wahrnehmung beruhen; anzunehmen ist, dass beides ein Stück weit der Fall ist.
Daher ist es schwierig, Möglichkeiten zu einer besseren Förderung der Jungen
oder einer jungengerechteren Schule abzuleiten. Interessant wäre daher die Er-
gänzung dieser Ergebnisse durch eine multiperspektivische Studie zur Schülerrolle, in der erforscht werden könnte,

• welcher Art die Erwartungen sind, die Lehrkräfte bewusst an Schülerinnen
und Schüler richten,

• welcher Art die Erwartungen sind, die Eltern bewusst an Schülerinnen und
Schüler richten,

- welcher Art die Erwartungen sind, die Schülerinnen und Schüler bei ihren Lehrkräften und ihren Eltern wahrnehmen und
- welches Verhalten Lehrkräfte, Schülerinnen und Schüler tatsächlich im Unterricht zeigen, um so auch zumindest unbewusst vermittelte Erwartungen aufspüren zu können.

Ausgehend von der oben zitierten Fallstudie von Budde et al. (vgl. 2008) sollte darüber hinaus an einer größeren Stichprobe untersucht werden, ob und inwiefern beispielsweise Lehrkräfte Mädchen tatsächlich bevorzugen, worauf sich die subjektive Wahrnehmung der Jungen bezieht und wie sie zwischen den verschiedenen Erwartungen, die an sie gestellt werden, balancieren.

3.6 Der Schulerfolg von Jungen mit Migrationshintergrund in der Dortmunder Region

In diesem Abschnitt wird untersucht, wie erfolgreich die von uns befragten Jungen mit Migrationshintergrund im Vergleich zu ihren Mitschülern ohne Migrationshintergrund im Schulsystem sind. Zu diesem Zweck wird zunächst der Schulerfolg der von uns befragten Schüler mit den Daten der PISA-Studie verglichen. In weiteren Abschnitten wird in der Gruppe der Schüler mit Migrationshintergrund zusätzlich nach ihrer Staatsangehörigkeit und ihrem Geburtsland unterschieden.

3.6.1 Schulform und Migrationshintergrund

In Kapitel 2.3.2 wurden bereits die Angaben des Schulamtes der Stadt Dortmund für die Schulbesuchsquoten der unterschiedlichen Schulformen aus dem Schuljahr 2005/2006 mit den Daten der vorliegenden Stichprobe verglichen. Die Unterschiede sind gering; dass die Prozentangaben für Hauptschulen höher und für Realschulen niedriger sind als in der offiziellen Statistik, kann durch die unterschiedlichen Grundgesamtheiten erklärt werden: Die städtischen Zahlen beziehen sich auf Mädchen *und* Jungen, in der vorliegende Studie wurden ausschließlich Jungen befragt.

Nach den repräsentativen Daten der PISA-Studie (bei der allerdings im Hinblick auf Schüler mit Migrationshintergrund nicht nach Geschlecht unterschieden wird) wäre zu erwarten, dass sich die Mehrheit der Jungen mit Migrationshintergrund auf Hauptschulen befindet (vgl. Baumert et al. 2006: 232) – zumindest im Bundesdurchschnitt besuchen 50% der Jungen und Mädchen, deren Eltern aus Staaten der ehemaligen UdSSR eingewandert sind, und 58% der Schülerinnen und Schüler mit türkischen Eltern eine Hauptschule; von den Schülerinnen und Schülern, deren Eltern bereits in Deutschland geboren wurden, besuchen dagegen nur 24% diese Schulform. Der Anteil der Schülerinnen und Schüler, die eine Gesamtschule besuchen, ist in allen drei Gruppen relativ gering; unter den Schülerinnen und Schülern mit türkisch geprägtem Migrationshintergrund ist er mit 12% relativ am höchsten (Schülerinnen und Schüler ohne Migrationshintergrund: 8%). Umgekehrt sind Schülerinnen und Schüler mit Migrationshintergrund aus beiden Herkunftsregionen auf den Gymnasien unterrepräsentiert, für Schülerinnen und Schüler mit türkisch geprägtem Migrationshintergrund gilt dies verstärkt (vgl. Tabelle 65). Auch anderen Studien zufolge sind Schülerinnen und Schüler mit Migrationshintergrund im deutschen Bildungssystem benachteiligt. Diese Studien weisen aber verstärkt darauf hin, dass auch Unterschiede zwischen Schülerinnen und Schülern aus unterschiedlichen Herkunftsländern bestehen: Insbesondere Schülerinnen und Schüler mit türkischem Migrationshintergrund gelten in der Regel als am stärksten benachteiligt; für 'Aussiedlerkinder' gilt dies in deutlich geringerem Maße (vgl. Stanat 2006: 110; Konsortium Bildungsberichterstattung 2006: 151).

Tabelle 65: Verteilung der Schüler und Schülerinnen auf die unterschiedlichen Schulformen in der BRD, unterschieden nach Herkunftsland der Eltern (in Prozent)

| | | Herkunftsland der Eltern | |
Schulform	Deutschland	ehemalige UdSSR	Türkei
Hauptschule	23,6	50,4	57,9
Gesamtschule	7,6	6,1	12,3
Realschule	33,6	30,0	20,1
Gymnasium	35,3	13,6	9,8
Gesamt	100,0	100,0	100.0

Quelle: Baumert et al. 2006: 232

Bei allen folgenden Vergleichen mit den Daten der PISA-Studie ist – wie bereits erwähnt – zu beachten, dass sich die Dortmunder Daten nur auf Jungen beziehen, während die Daten der PISA-Studie Jungen und Mädchen berücksichtigen; dadurch wird der Vergleich erschwert. Aus der PISA-Studie ist aber bekannt, dass Jungen generell häufiger auf niedrigeren Schulformen anzutreffen sind als Mädchen. Die Unterschiede zu den Ergebnissen der PISA-Studie, die wir in der Jungenstudie gefunden haben, bestehen jedoch darin, dass die Bildungsbeteiligung von Jungen mit Migrationshintergrund an den weiterführenden Schulen, die einen höheren Bildungsabschluss ermöglichen, in der Dortmunder Region *höher* ist als die von Jungen und Mädchen im Bundesdurchschnitt (vgl. Tabelle 66). Diese Unterschiede sind umso bemerkenswerter, weil sie ohne Berücksichtigung der – im Schulsystem durchschnittlich etwas erfolgreicheren – Mädchen zustan-

de gekommen sind. Somit kann davon ausgegangen werden, dass die Bildungschancen für Jungen mit Migrationshintergrund in der Dortmunder Region besser
sind als im Bundesdurchschnitt.

Tabelle 66: Verteilung der Jungen der Dortmunder Jungenstudie auf
Schulformen, unterschieden nach der Herkunftsregion der Eltern[6]

Schulform		Beide Eltern aus Deutschland	Eltern aus dem europäischen Ausland oder der ehemaligen UdSSR	Eltern aus der Türkei oder Staaten des arabischen Sprachraumes	Gesamt
			Migrationshintergrund		
Hauptschule	Anzahl	181	84	72	337
	Prozent	19,7%	26,0%	32,6%	23,0%
Gesamtschule	Anzahl	181	89	72	342
	Prozent	19,7%	27,6%	32,6%	23,3%
Realschule	Anzahl	243	66	38	347
	Prozent	26,4%	20,4%	17,2%	23,7%
Gymnasium	Anzahl	316	84	39	439
	Prozent	34,3%	26,0%	17,6%	30,0%
Gesamt	Anzahl	921	323	221	1465
	Prozent	100,0%	100,0%	100,0%	100,0%

Der Zusammenhang ist signifikant: $\chi^2_{(6, N=1465)} = 57.36$; $p = .000$, $C = .19$

Besonders auffällig ist, dass in der Dortmunder Region die Hauptschule seltener
besucht wird als im Bundesdurchschnitt; dies gilt auch für Jungen mit Migrationshintergrund: An Hauptschulen befinden sich den Ergebnissen der Dortmunder Jungenstudie zufolge nur 20% der Schüler ohne Migrationshintergrund, im
Bundesdurchschnitt sind es knapp 24% dieser Schülerinnen und Schüler. Von
den Jungen mit europäisch geprägtem Migrationshintergrund – dazu zählen unter
anderem Jungen, deren Eltern aus Ländern der ehemaligen UdSSR stammen,
aber auch relativ viele Jungen, deren Eltern aus Polen zugewandert sind – lernen
in der Dortmunder Region nur 26% auf Hauptschulen; im Bundesdurchschnitt
sind es 50% der Schülerinnen und Schüler, deren Eltern aus der UdSSR stammen. Von den Jungen mit türkisch oder arabisch geprägtem Migrationshin-

---

[6] In den bundesweiten Zahlen ist der Anteil der Schüler, die eine Förderschule besuchen, nicht aus-
gewiesen, daher werden aus Gründen der Vergleichbarkeit mit Tabelle 65 die Förderschulen auch in
Tabelle 66 nicht berücksichtigt. Bezieht man die Förderschulen in die Berechnungen ein, ist festzu-
stellen, dass etwa 7% der befragten Jungen eine Förderschule für den Förderschwerpunkt Lernen
besuchen. Bemerkenswert dabei ist, dass Schüler aus Aussiedlerfamilien bzw. mit europäischem
Migrationshintergrund (4%) auch gegenüber Schülern aus deutschen Familien (7%) auf diesen
Schulen unterrepräsentiert sind, während Schüler aus Familien mit türkischem oder arabischem
Migrationshintergrund eher überrepräsentiert sind (10%).

tergrund besuchen in Dortmund 33% eine Hauptschule; bundesweit befinden sich 58% aller Schülerinnen und Schüler mit türkisch geprägtem Migrationshintergrund auf Hauptschulen. Der Anteil der Jungen, die diese Schulform besuchen, liegt in der Dortmunder Region in allen drei Gruppen unter einem Drittel, während er bundesweit für die Schüler mit Migrationshintergrund bei ungefähr der Hälfte dieser Schüler liegt.

Auch die Realschule ist in der Dortmunder Region weniger attraktiv als im Bundesdurchschnitt: Nur etwa 26% der Jungen ohne Migrationshintergrund haben die Realschule als Schulform gewählt, während es im Bundesdurchschnitt 34% sind. Auch Jungen mit Migrationshintergrund besuchen in der Dortmunder Region diese Schulform seltener als im Bundesdurchschnitt: Nur 20% der Jungen mit europäisch geprägten Migrationshintergrund entscheiden sich für die Realschule; im Bundesdurchschnitt sind es 30%. Bei den Schülern mit türkisch oder arabisch geprägtem Migrationshintergrund sind die Unterschiede geringer; in dieser Gruppe besuchen in der Dortmunder Region 17% der Jungen eine Realschule; im Bundesdurchschnitt sind es 20% der Jungen und Mädchen.

Die Quoten der Jungen, die auf Gesamtschulen lernen, sind mit 22% dagegen deutlich höher als im Bundesdurchschnitt (8%). Vor allem bei Jungen mit Migrationshintergrund zeigen sich Unterschiede: 33% der Jungen mit türkisch oder arabisch geprägtem Migrationshintergrund sind auf Gesamtschulen, während es im Bundesdurchschnitt nur 12% der Jungen und Mädchen aus dieser Gruppe sind. Von den Jungen mit europäisch geprägtem Migrationshintergrund – dazu zählen auch Jungen, deren Eltern aus Ländern der ehemaligen UdSSR eingewandert sind – besuchen 28% eine Gesamtschule, im Bundesdurchschnitt hingegen nur 8%. Auch wenn man die Haupt- und Gesamtschulquote zusammenfassen würde, zeigt sich, dass der Prozentsatz der Schüler mit Migrationshintergrund, die eine dieser beiden Schulformen besuchen, niedriger ist als im Bundesdurchschnitt.

Die Gymnasialquote ist unter den Schülern ohne Migrationshintergrund in Dortmund (34%) ähnlich hoch wie im Bundesdurchschnitt (35%), während sie unter den Schülern mit Migrationshintergrund in Dortmund höher ist: 26% der in der Dortmunder Jungenstudie befragten Jungen mit europäisch geprägtem Migrationshintergrund besuchen ein Gymnasium, im Bundesdurchschnitt nur knapp 14%. Von den Jungen mit türkisch oder arabisch geprägtem Migrationshintergrund haben 18% den Wechsel auf ein Gymnasium geschafft; im Bundesdurchschnitt sind es hingegen nur 10%.

Im Vergleich mit den Daten der PISA-Studie ist somit festzustellen, dass erstens die Gesamtschule in der Dortmunder Region eine deutlich höhere Bedeutung hat als im Bundesdurchschnitt, während der Anteil der Jungen, die eine Hauptschule besuchen, deutlich *unter* dem Bundesdurchschnitt liegt. Vermutlich ermöglicht das reichhaltige Angebot an Gesamtschulen im Ruhrgebiet die höheren Besuchsquoten und damit auch – zumindest potenziell – einen höheren Schulabschluss. Zweitens sind aber auch die Gymnasialquoten für Jungen mit Migrationshintergrund deutlich höher als im Bundesdurchschnitt. Dies geht drittens nicht zu Lasten von Schülern ohne Migrationshintergrund; deren Gymnasialbesuchsquote ist in der Dortmunder Region ähnlich hoch wie im Bundesdurchschnitt. Diese drei Ergebnisse zeigen, dass die Dortmunder Region unter dem Gesichtspunkt der Herstellung von Chancengleichheit sehr erfreuliche Tendenzen aufweist, denn Schulerfolge sind auch Integrationserfolge.

Das Ergebnis, dass Schüler mit Migrationshintergrund in der Dortmunder Region bessere Chancen auf einen höheren Schulabschluss haben als im Bundesdurchschnitt, könnte möglicherweise damit erklärt werden, dass Jugendliche mit Migrationshintergrund in der Dortmunder Region besser Deutsch sprechen als dies bundesweit der Fall ist. So stellen die Autoren der PISA-Studie fest, dass die Chance, auf eine weiterführende Schule zu kommen, für Kinder mit Migrationshintergrund dann steigt, wenn sie gut deutsch lesen, verstehen und sprechen können (vgl. Baumert et al. 2006: 232). Fraglich ist aber, ob diese Erklärung für die von uns untersuchte Region zutrifft. Ein Indikator könnte die Tatsache sein, dass etwa die Hälfte der von uns befragten Jungen mit Migrationshintergrund auch zu Hause deutsch spricht (vgl. Kapitel 2.3.7).

Einerseits zeigt sich also, dass – im Vergleich zum Bundesdurchschnitt – die Dortmunder Schullandschaft den männlichen Schülern mit Migrationshintergrund besonders gute Bildungschancen bietet, und zwar sowohl den Jungen, die einen europäisch geprägten Migrationshintergrund haben (unter anderem Spätaussiedlerkinder), als auch denen mit türkisch oder arabisch geprägtem Migrationshintergrund. Dennoch besteht andererseits ein signifikanter Zusammenhang zwischen dem Migrationshintergrund und der Schulform ($\chi^2_{(8,\ N=1574)}$ = 63.67, p = .000, C = .20) [7]; dies ist bei allen Auswertungen, die den Migrationshintergrund betreffen, zu berücksichtigen. Das heißt, dass auch in der Dortmunder Region bislang keine Chancengleichheit für Jungen mit Migrationshintergrund erreicht wurde.

3.6.2 *Schulform, Staatsangehörigkeit und Migrationshintergrund*

Betrachtet man in der Dortmunder Stichprobe zusätzlich zum Migrationshintergrund die Staatsangehörigkeit der Jungen und untersucht dann die Verteilung auf die unterschiedlichen Schulformen, so zeigt sich, dass unter den Jungen mit deutscher Staatsangehörigkeit der Anteil der Gymnasiasten relativ hoch ist – unabhängig davon, ob die Jungen aus eingewanderten Familien stammen oder

---

[7] Dieser Wert unterscheidet sich deshalb etwas von dem in Tabelle 66, weil hier die Förderschulen mit berücksichtigt wurden.

nicht (32% bzw. 30%; vgl. Tabelle 67). Von den Jungen mit einer anderen Staatsangehörigkeit besuchen dagegen nur 18% das Gymnasium. Ähnliches gilt für die Realschulen: Unabhängig vom Migrationshintergrund besuchen 25% der Jungen mit deutscher Staatsangehörigkeit eine Realschule; der Anteil der Jungen mit einer anderen Staatsangehörigkeit, die eine Realschule besuchen, ist mit 13% nur etwa halb so groß. Entsprechend besucht ein hoher Anteil der Jungen mit anderer Staatsangehörigkeit eine Haupt- (29%) oder Gesamtschule (33%) – unter den Jungen mit deutscher Staatsangehörigkeit sind diese Anteile deutlich niedriger (zwischen 16% und 22%). Überraschend ist, dass der Anteil der Schüler, die eine Förderschule besuchen (Förderschwerpunkt Lernen), in allen drei Gruppen mit jeweils 7% etwa gleich hoch ist.

Tabelle 67: Schüler an Schulformen unterschieden nach Migrationshintergrund (Herkunftsland der Eltern) und Staatsangehörigkeit

Schulform		Staatsangehörigkeit und Migrationshintergrund (MH)			
		Deutsche Staatsang. und kein MH	Deutsche Staatsang. und MH	Andere Staatsang. und MH	Gesamt
Förderschule	Anzahl	68	19	23	110
	Prozent	6,9%	6,9%	7,4%	7,0%
Hauptschule	Anzahl	181	61	91	333
	Prozent	18,3%	22,3%	29,2%	21,2%
Gesamtschule	Anzahl	181	44	102	327
	Prozent	18,3%	16,1%	32,7%	20,8%
Realschule	Anzahl	242	69	41	352
	Prozent	24,5%	25,2%	13,1%	22,4%
Gymnasium	Anzahl	316	81	55	452
	Prozent	32,0%	29,6%	17,6%	28,7%
Gesamt	Anzahl	988	274	312	1574
	Prozent	100,0%	100,0%	100,0%	100,0%

Der Zusammenhang ist signifikant: $\chi^2_{(8,\,N=1574)} = 72.54$, $p = .000$, $C = .21$. Anmerkung: Abweichungen zu vorherigen Tabellen können dadurch bedingt sein, dass hier auch Schüler mit Migrationshintergrund aus dem ostasiatischen, afrikanischen und lateinamerikanischen Raum berücksichtigt werden.

Insgesamt ist bemerkenswert, dass sich in der Dortmunder Region Jungen mit Migrationshintergrund, die eine deutsche Staatsangehörigkeit besitzen, bei der Schulwahl ähnlich verhalten wie Jungen mit deutscher Staatsangehörigkeit und mit in Deutschland geborenen Eltern. Jungen mit anderer Staatsangehörigkeit besuchen dagegen überproportional häufig Haupt- und vor allem Gesamtschulen – in Gymnasien und Realschulen sind sie unterrepräsentiert.

3.6.3 Schulform und Generationszugehörigkeit der Jungen

Den internationalen Schulleistungsvergleichsstudien zufolge wäre zu erwarten, dass Jungen der zweiten Generation bereits integrierter sind und ähnliche Bildungslaufbahnen einschlagen wie Jungen ohne Migrationshintergrund. Dies ist zum Teil auch tatsächlich der Fall: Verglichen mit Jungen ohne Migrationshintergrund besuchen in der Dortmunder Region die Jungen der zweiten Generation häufiger eine Gesamtschule (28%) als Jungen ohne Migrationshintergrund (18%) und seltener ein Gymnasium (23% versus 32%) oder eine Realschule (19% versus 25%). Auf Hauptschulen (21% versus 18%) und auf Förderschulen (9% versus 7%) sind Jungen der zweiten Generation im Vergleich zu Jungen ohne Migrationshintergrund hingegen nur in sehr geringem Maße überrepräsentiert. Zur obigen Hypothese passt nicht ganz, dass nur 3% der Jungen der ersten Generation auf der Förderschule sind, während der Anteil der Jungen aus der zweiten Generation 9% und der Anteil der Jungen ohne Migrationshintergrund 7% beträgt. Der obigen Hypothese entspricht jedoch, dass in der Dortmunder Region Jungen, die im Ausland geboren sind, im deutschen Schulsystem insgesamt deutlich *weniger* erfolgreich sind: Abgesehen vom oben erwähnten Förderschulbesuch werden die Jungen der ersten Generation in der Dortmunder Region insgesamt noch seltener auf höheren Schulformen unterrichtet als die Jungen der zweiten Generation. Nur 19% der im Ausland geborenen Jungen besuchen ein Gymnasium, der Anteil der Jungen mit Migrationshintergrund, die bereits hier geboren sind, beträgt dagegen immerhin 23%. Auf der anderen Seite besuchen 37% der im Ausland geborenen Jungen eine Hauptschule – im Vergleich zu 21% der hier geborenen Jungen mit Migrationshintergrund (vgl. Tabelle 68). Allerdings ist zu berücksichtigen, dass Jungen der zweiten Generation im Vergleich zu Jungen ohne Migrationshintergrund insgesamt weniger erfolgreich sind.

Tabelle 68: Schüler an Schulformen unterschieden nach Generation

Schulform		Deutsch	1. Generation	2. Generation	Gesamt
			Generation		
Förderschule	Anzahl	69	6	36	111
	Prozent	7,0%	3,0%	8,7%	6,9%
Hauptschule	Anzahl	181	75	87	343
	Prozent	18,3%	37,1%	21,1%	21,4%
Gesamtschule	Anzahl	181	49	116	346
	Prozent	18,3%	24,3%	28,2%	21,6%
Realschule	Anzahl	243	33	77	353
	Prozent	24,5%	16,3%	18,7%	22,0%
Gymnasium	Anzahl	316	39	96	451
	Prozent	31,9%	19,3%	23,3%	28,1%
Gesamt	Anzahl	990	202	412	1604
	Prozent	100,0%	100,0%	100,0%	100,0%

Der Zusammenhang ist signifikant: $\chi^2_{(8, N=1604)} = 70.30$, $p = .000$, $C = .21$

Dieser Zusammenhang steht in Widerspruch zu den Ergebnissen des Konsortium Bildungsberichterstattung (vgl. 2006), das sich an dieser Stelle auf die PISA-Daten bezieht – die allerdings nicht nach Geschlecht differenziert sind: Diesen Ergebnissen zufolge befinden sich türkische Jugendliche deutlich häufiger auf Hauptschulen (48%) als Jugendliche aus Spätaussiedlerfamilien (38%; vgl. Konsortium Bildungsberichterstattung 2006: 152). In den einschlägigen Veröffentlichungen wird argumentiert, dass Jugendliche aus türkischen Familien zumeist bereits hier geboren sind (zweite Generation), während Jugendliche aus Aussiedlerfamilien häufig noch selbst Migrationserfahrungen gemacht haben (erste Generation). Auch die Testleistungen, die in der PISA-Studie erhoben wurden, liegen bei Jugendlichen der zweiten Generation in Deutschland deutlich unter denen der ersten Generation (vgl. Konsortium Bildungsberichterstattung 2006: 174ff.). Das bedeutet: Wer einen Teil seiner Schulzeit im Ausland absolviert hat, zeigt im Durchschnitt bessere Leistungen als die hier eingeschulten Kinder mit Migrationshintergrund (Zweite-Generations-Effekt; vgl. Gogolin und Potratz 2006: 158) und hat bessere Bildungschancen. Dieser Effekt wird gelegentlich mit dem Herkunftsland der Familien und ihren sozio-ökonomischen Voraussetzungen bzw. dem Bildungsniveau der Eltern erklärt. Dieser Effekt tritt jedoch im internationalen Vergleich nicht überall auf: In den übrigen Teilnehmerländern der internationalen Schulleistungsvergleichsstudien zeigen die Schüler der ersten Generation deutlich schlechtere Schulleistungen als die der zweiten Generation (vgl. PISA Konsortium 2004).

Wenn man diesen Kontext und unsere den deutschen Trend nicht bestätigenden Befunde betrachtet, kann festgestellt werden, dass Jungen mit Migrationshintergrund, die bereits in Deutschland geboren sind (zweite Generation), in der Dortmunder Region häufiger als Jungen der ersten Generation Schulen besuchen, die ihnen *höherwertigere* Schulabschlüsse ermöglichen. Dies kann als Indikator dafür interpretiert werden, dass im Ruhrgebiet die zweite Generation stärker integriert ist als im Bundesdurchschnitt.

3.6.4 Zusammenfassung und Fazit

Insgesamt können die Jungen mit Migrationshintergrund in der Dortmunder Region – verglichen mit dem Bundesdurchschnitt – als relativ erfolgreich eingestuft werden: Insbesondere besuchen sie häufiger ein Gymnasium als gleichaltrige Schüler im Bundesdurchschnitt. Vor allem Jungen mit Migrationshintergrund, die eine deutsche Staatsangehörigkeit besitzen, sind in der Dortmunder Region auf höheren Schulformen in ähnlicher Weise repräsentiert wie deutsche Jungen ohne Migrationshintergrund und deutscher Staatsangehörigkeit. Hier können durchaus Integrationserfolge unterstellt werden. Aber auch Jungen, die der zweiten Generation angehören bzw. nicht die deutsche Staatsangehörigkeit besitzen, haben in der Dortmunder Region deutlich bessere Bildungschancen.

Ein Phänomen des Ruhrgebiets dürfte die insgesamt hohe Quote von Gesamtschülern sein; dies gilt sowohl für Jungen mit als auch für Jungen ohne Migrationshintergrund. Entsprechend wird die Hauptschule relativ selten besucht, aber auch eine Realschule wird etwas seltener besucht als im Bundesdurchschnitt. Dies lässt darauf schließen, dass vielen Jungen durchaus bewusst ist, dass ihnen die Gesamtschule in der gegenwärtigen Gesellschaft gute Perspektiven eröffnen kann – bis hin zum Abitur und den damit verbundenen Möglichkeiten. Zu fragen wäre, inwieweit das große Angebot an Gesamtschulen den Schulerfolg von Jungen mit Migrationshintergrund unterstützt – möglicherweise insbesondere von Jungen, deren Eltern aus Staaten stammen, in denen die Gesamtschule die Regel ist.

3.7 Jungen und Gewalt

In diesem Kapitel werden die Ergebnisse zu den Einstellungen der befragten Jungen zum Thema Gewalt dargestellt; die Ausführungen konzentrieren sich dabei insbesondere auf die Zusammenhänge zwischen dem Migrationshintergrund und den Einstellungen zu Gewalt bzw. der jeweils besuchten Schulform und den Einstellungen zu Gewalt.

3.7.1 Hypothesen

Die zentrale Hypothese ist, dass sowohl ein Zusammenhang zwischen der Gewalteinstellung und der Schulform als auch ein Zusammenhang zwischen der Gewalteinstellung und dem Migrationshintergrund besteht, dass jedoch der Zusammenhang zwischen der Gewalteinstellung und der Schulform stärker ist. Für diese Vermutung gibt es eine Vielzahl empirischer Hinweise: So kommen beispielsweise Fuchs et al. (vgl. 2005: 196) sowie Söhn und Özcan (vgl. 2005: 119f.) zu dem Ergebnis, dass sich Unterschiede zwischen Schülern mit und Schülern ohne Migrationshintergrund hinsichtlich ihrer Einstellung zu Gewalt reduzieren, je mehr zusätzliche Variablen kontrolliert werden, die den sozialen Hintergrund der Jungen betreffen (vgl. Kapitel 1.2). Da in der vorliegenden Studie die soziale Schichtzugehörigkeit nicht erfasst wurde, prüfen wir neben Zusammenhängen zwischen dem Migrationshintergrund der Schüler und ihrer Einstellung zum Thema Gewalt auch Zusammenhänge zwischen der jeweiligen Schulform und der Einstellung der Jungen zum Thema Gewalt. Dies wird mit der Annahme begründet, dass sich im Regelfall die sozioökonomischen Voraussetzungen und die Bildungsnähe des Elternhauses zwischen Schülern unterschiedlicher Schulformen unterscheiden und dass die besuchte Schulform einen Einfluss auf die Sozialisation der Jungen hat. Das heißt, dass sich für Jugendliche je nach besuchter Schulform potenziell andere Möglichkeiten des ökonomischen und bildungsbezogenen Aufstiegs, des gesellschaftlichen Status und der Teilhabe an der Entfaltung eigener Fähigkeiten eröffnen.

Theoretisch kann diese Vermutung mit einem Rückgriff auf die Frustrations-Aggressions-Hypothese bzw. die Winner-Loser-Kulturtheorie (vgl. Kapitel 1.2.4) begründet werden, denn die Schulform eröffnet stärker als der Migrationshintergrund Möglichkeiten zur gesellschaftlichen Teilhabe.

3.7.2 Ergebnisse zum Item Beteiligung an 'harmlosen Kloppereien'

Kräftemessen und Raufereien mit Geschwistern und Gleichaltrigen gehören zur Entwicklung von Kindern und Jugendlichen und dienen unter anderem der Ausbildung eines Körperkonzepts. Bei harmlosen Raufereien gibt es unausgesprochene Regeln, beispielsweise den oder die Anderen nicht zu verletzen, selbst wenn es Gewinner oder Verlierer gibt. Eigene körperliche Grenzen auszutesten und seine Kräfte unter Beweis zu stellen kann aber auch ein Ventil für aggressives Verhalten aufgrund mangelnder Selbstregulation sein. Diese Gefahr ist bei Jungen im Alter von 11 bis 15 Jahren besonders dann gegeben, wenn sie sich an 'Kloppereien' (besonders gegen Schwächere) beteiligen, um Stärke zu demonstrieren und dabei ihre kräftemäßige Überlegenheit zur Lösung von Interaktionsproblemen nutzen (vgl. Bundesverband der Unfallkassen 2005: 21).

Wir haben die Jungen danach gefragt, ob und wie häufig sie sich an 'harmlosen Kloppereien' beteiligen. Im Durchschnitt gibt etwa jeder vierte Junge an, dass ihm das 'oft' passiere (27%). Diese Quote entspricht etwa der Größenordnung, wie sie nach der Shell-Studie zu erwarten war; dort hatten 29% aller männlichen Jugendlichen zwischen zwölf und 25 Jahren (mit und ohne Migrationshintergrund) bestätigt, dass sie in den letzten zwölf Monaten in Gewalthandeln verwickelt waren (vgl. Shell Deutschland Holding 2006: 141). Allerdings sind die beiden Untersuchungen aufgrund von Unterschieden in der Fragestellung nur bedingt vergleichbar: Zum einen bezieht sich unsere Frage nach 'harmlosen Kloppereien' eher auf körperlich ausgetragene Aggressionen, die *nicht* mit dem Ziel der Schädigung verbunden sind und daher höchstens als Vorstufe von Gewalthandeln eingeschätzt werden können (vgl. Kapitel 1.2.1), zum anderen ist fraglich, in welchem Ausmaß auch Jugendliche, die als Opfer in Gewalthandlungen verwickelt waren, die jeweiligen Fragen bejahen. An 'etwas beteiligt zu sein' könnte in diesem Zusammenhang eher eine aktive Rolle suggerieren als 'in etwas verwickelt zu sein' (im Sinne einer 'passiven' Rolle).

Die Auswertung der Daten nach Schulformen zeigt bezüglich der Selbsteinschätzung in ähnlicher Weise wie die Shell-Studie (vgl. Shell Deutschland Holding 2006), dass deutlich mehr Jungen an Haupt- und Gesamtschulen (mit 31% und 39%) angeben an 'harmlosen Kloppereien' beteiligt zu sein als Realschüler (mit 22%) und Gymnasiasten (15%; vgl. Tabelle 69). Überraschend ist, dass der Anteil der Schüler, die angeben, sich 'oft' zu kloppen, an Förderschulen mit 33% etwas niedriger ist als an Gesamtschulen (39%). Erwartungswidrig ist weiterhin, dass der Anteil der Schüler, die sich 'nie' kloppen, auf Förder-, Haupt- und Gesamtschulen etwa gleich hoch ist (30% bzw. 31%).

Insgesamt sind Gesamt-, Haupt- und Förderschüler nach eigenen Angaben zu einem wesentlich höheren Anteil oft an 'harmlosen Kloppereien' beteiligt als Gleichaltrige auf Realschulen und Gymnasien. Der Zusammenhang zwischen der Schulform und der Beteiligung an 'harmlosen Kloppereien' ist signifikant ($\chi^2_{(6, N=1494)} = 67.96, p = .000, C = .21$).

Tabelle 69: Zusammenhang zwischen der Beteiligung an 'harmlosen Kloppereien' und der Schulform

Beteiligung an harmlo-ser Klopperei		Schulform					Gesamt
		Förder-schule	Haupt-schule	Gesamt-schule	Real-schule	Gymnasi-um	
oft	Anzahl	37	106	137	78	69	427
	Prozent	33,3%	30,8%	39,4%	22,0%	15,4%	26,6%
manch-mal	Anzahl	40	133	106	140	186	605
	Prozent	36,0%	38,7%	30,5%	39,4%	41,6%	37,7%
nie	Anzahl	34	105	105	137	192	573
	Prozent	30,6%	30,5%	30,2%	38,6%	43,0%	35,7%
Gesamt	Anzahl	111	344	348	355	447	1605
	Prozent	100,0%	100,0%	100,0%	100,0%	100,0%	100,0%

Der Zusammenhang ist signifikant: $\chi^2_{(8,\ N=1605)} = 70.19$, $p = .000$, $C = .21$

Darüber hinaus besteht ein signifikanter, aber sehr schwacher Zusammenhang ($\chi^2_{(2,\ N=1583)} = 11.52$, $p = .000$, $C = .09$) zwischen dem Migrationshintergrund und der Beteiligung an 'harmlosen Kloppereien' (vgl. Tabelle 70). Die Richtung dieses Zusammenhanges scheint die gängigen Vorstellungen von den 'gewaltbereiteren Ausländern' zu bestätigen: 31% der Schüler mit Migrationshintergrund, aber 'nur' 24% der Schüler ohne Migrationshintergrund geben an, oft in derartige Interaktionen verwickelt zu sein. Der Unterschied zwischen den beiden Gruppen von Jungen mit Migrationshintergrund ist nur sehr gering und kann daher vernachlässigt werden. Wie bereits erwähnt, ist der statistische Zusammenhang zwischen der Beteiligung an einer 'harmlosen Klopperei' und dem Migrationshintergrund überaus schwach, weswegen wir davon ausgehen, dass andere Merkmale für die jeweilige Beteiligung wesentlich bedeutsamer sind. Der Zusammenhang zwischen der Schulform und der Beteiligung an 'harmlosen Kloppereien' ist beispielsweise deutlich stärker.

Tabelle 70: Zusammenhang zwischen der Beteiligung an 'harmlosen Kloppereien' und dem Migrationshintergrund – alle Schulformen

Beteiligung an harmlo-ser Klopperei		Migrationshintergrund		Gesamt
		Eltern aus Deutschland	Migrationshintergrund	
oft	Anzahl	233	189	422
	Prozent	23,9%	31,0%	26,7%
manchmal	Anzahl	370	229	599
	Prozent	38,0%	37,5%	37,8%
nie	Anzahl	370	192	562
	Prozent	38,0%	31,5%	35,5%
Gesamt	Anzahl	973	610	1583
	Prozent	100,0%	100,0%	100,0%

Der Zusammenhang ist signifikant: $\chi^2_{(2, N=1583)} = 11.52$, $p = .000$, $C = .09$

Untersucht man die Zusammenhänge zwischen der Beteiligung an einer ‹harmlosen Klopperei› und dem Migrationshintergrund jeweils innerhalb der von den Jungen besuchten Schulformen, so zeigt sich, dass der Zusammenhang zwischen der Beteiligung an 'harmlosen Kloppereien' und dem Migrationshintergrund der Schüler nur in der Gruppe der Realschüler signifikant ist und in die erwartete Richtung weist: Nur 18% der Realschüler ohne Migrationshintergrund, aber 32% der Realschüler mit Migrationshintergrund beantworten die Frage nach der Beteiligung an solchen Interaktionen mit der Kategorie 'oft' ($\chi^2_{(2, N=347)} = 11.94$, $p = .003$, $C = 18$; vgl. Tabelle 71). Innerhalb der anderen Schulformen (Hauptschule, Gymnasium, Gesamtschule) besteht kein statistisch signifikanter Zusammenhang zwischen der Beteiligung an 'harmlosen Kloppereien' und dem Migrationshintergrund (Hauptschüler: $\chi^2_{(2, N=341)} = 0.35$, $p = .838$, $C = .03$; Gymnasiasten: $\chi^2_{(2, N=446)} = 4.19$, $p = 0.123$, $C = .10$; Gesamtschüler: $\chi^2_{(2, N=343)} = 3.16$, $p = .206$, $C = .10$). Zusätzliche Analysen ergeben auch hier, dass dies unabhängig davon ist, ob die spezielle Herkunftsregion der Eltern (europäischer Raum, ehemalige UdSSR, Türkei oder Staaten des arabischen Sprachraumes) in die statistischen Analysen einbezogen wird oder nicht.

Tabelle 71: Zusammenhang zwischen der Beteiligung an 'harmlosen Kloppereien' und dem Migrationshintergrund – *nur Realschüler*

Beteiligung an harmloser Klopperei		Migrationshintergrund		
		Eltern aus Deutschland	Migrationshintergrund	Gesamt
oft	Anzahl	42	35	77
	Prozent	17,6%	32,4%	22,2%
manchmal	Anzahl	94	43	137
	Prozent	39,3%	39,8%	39,5%
nie	Anzahl	103	30	133
	Prozent	43,1%	27,8%	38,3%
Gesamt	Anzahl	239	108	347
	Prozent	100,0%	100,0%	100,0%

Der Zusammenhang ist signifikant: $\chi^2_{(2, N=347)} = 11.94$, $p = .003$, $C = .18$

In der Gruppe der Förderschüler (Förderschwerpunkt Lernen) ist der Zusammenhang zwischen dem Migrationshintergrund und der Beteiligung an 'harmlosen Kloppereien' dagegen signifikant ($\chi^2_{(2, N=106)} = 14.04$, $p = .001$, $C = .34$), weist aber *nicht* in die erwartete Richtung: Der Anteil der Schüler mit Migrationshintergrund, die sich auf einer Förderschule befinden und angeben, dass sie sich oft an 'harmlosen Kloppereien' beteiligen, ist überraschenderweise deutlich geringer (16%) als bei den Schülern ohne Migrationshintergrund (46%; vgl. Tabelle 72). Hier gibt es insofern einen Unterschied zwischen den beiden Gruppen von Jungen mit Migrationshintergrund, als dass Jungen mit Eltern aus der Türkei oder aus Staaten des arabischen Sprachraumes noch einmal seltener angeben, 'oft' an 'harmlosen Kloppereien' beteiligt zu sein (12%) als Schüler mit Eltern aus europäischen Staaten bzw. aus Staaten der ehemaligen UdSSR.

Tabelle 72: Zusammenhang zwischen der Beteiligung an 'harmlosen Kloppereien' und dem Migrationshintergrund – *nur Förderschüler*

Beteiligung an harmloser Klopperei		Migrationshintergrund		
		Eltern aus Deutschland	Migrationshintergrund	Gesamt
oft	Anzahl	29	7	36
	Prozent	46,0%	16,3%	34,0%
manchmal	Anzahl	23	16	39
	Prozent	36,5%	37,2%	36,8%
nie	Anzahl	11	20	31
	Prozent	17,5%	46,5%	29,2%
Gesamt	Anzahl	63	43	106
	Prozent	100,0%	100,0%	100,0%

Der Zusammenhang ist signifikant: $\chi^2_{(2, N=106)} = 14.04$, $p = .001$, $C = .34$

Gruppiert man die Jungen nach ihrem Migrationshintergrund und betrachtet den Zusammenhang zwischen der jeweils besuchten Schulform und der Beteiligung an 'harmlosen Kloppereien' für beide Gruppen getrennt, so zeigt sich, dass für Schüler ohne Migrationshintergrund das Antwortverhalten auf die Frage nach der Beteiligung an 'harmlosen Kloppereien' stärker mit der besuchten Schulform zusammenhängt als für Schüler mit Migrationshintergrund: Bei Jungen *ohne Migrationshintergrund* treffen die eingangs formulierten Hypothesen insofern zu, als dass der Prozentsatz der Jungen, die angeben, sich 'oft' an 'harmlosen Kloppereien' zu beteiligen, umso höher ist, desto niedriger das Niveau des angestrebten Schulabschlusses ist – am geringsten ist die Zustimmungsquote mit 13% an Gymnasien und am höchsten mit 46% an Förderschulen (vgl. Tabelle 73). Das Ergebnis zum Zusammenhang zwischen Schulform und Beteiligung an 'harmlosen Kloppereien' in der Gruppe der Schüler *mit Migrationshintergrund* ist dagegen wiederum überraschend (vgl. Tabelle 74): Innerhalb dieser geben die Gesamtschüler mit 43% deutlich häufiger als Hauptschüler (30%) oder Realschüler (32%) mit Migrationshintergrund an, sich 'oft' an 'harmlosen Kloppereien' zu beteiligen (unabhängig von der speziellen Herkunftsregion).

Tabelle 73: Zusammenhang zwischen der Beteiligung an 'harmlosen Kloppereien' und der Schulform – *nur Schüler ohne Migrationshintergrund*

Beteiligung an harmloser Klopperei		Schulform					
		Förderschule	Hauptschule	Gesamtschule	Realschule	Gymnasium	Gesamt
oft	Anzahl	29	56	65	42	41	233
	Prozent	46,0%	30,9%	36,3%	17,6%	13,2%	23,9%
manchmal	Anzahl	23	68	53	94	132	370
	Prozent	36,5%	37,6%	29,6%	39,3%	42,4%	38,0%
nie	Anzahl	11	57	61	103	138	370
	Prozent	17,5%	31,5%	34,1%	43,1%	44,4%	38,0%
Gesamt	Anzahl	63	181	179	239	311	973
	Prozent	100,0%	100,0%	100,0%	100,0%	100,0%	100,0%

Der Zusammenhang ist signifikant: $\chi^2_{(8,\ N=973)} = 66.83$, $p = .000$, $C = .25$

Tabelle 74: Zusammenhang zwischen der Beteiligung an 'harmlosen Kloppereien' und der Schulform – *nur Schüler mit Migrationshintergrund*

Beteiligung an harm-loser Klopperei		Förder-schule	Haupt-schule	Schulform Gesamt-schule	Real-schule	Gymnasium	Gesamt
oft	Anzahl	7	48	71	35	28	189
	Prozent	16,3%	30,0%	43,3%	32,4%	20,7%	31,0%
manchmal	Anzahl	16	65	51	43	54	229
	Prozent	37,2%	40,6%	31,1%	39,8%	40,0%	37,5%
nie	Anzahl	20	47	42	30	53	192
	Prozent	46,5%	29,4%	25,6%	27,8%	39,3%	31,5%
Gesamt	Anzahl	43	160	164	108	135	610
	Prozent	100,0%	100,0%	100,0%	100,0%	100,0%	100,0%

Der Zusammenhang ist signifikant: $\chi^2_{(8,\ N=610)} = 26.47, p = .001, C = .20$

Zusammengefasst kommen wir für die Frage, ob sich Jungen mit Migrationshintergrund öfter als andere Jungen an 'harmlosen Kloppereien' beteiligen, zu folgenden Ergebnissen:

- Generell gibt ein Viertel aller Jungen an, sich 'oft' an 'harmlosen Kloppereien' zu beteiligen. Dies entspricht etwa der Quote, die nach der Shell-Studie zu erwarten wäre.
- Der Zusammenhang zwischen dem Migrationshintergrund und der Beteiligung an einer 'harmlosen Klopperei' ist – wie vermutet – zwar signifikant, aber äußerst schwach; Unterschiede zwischen den speziellen Herkunftsregionen der Schüler fallen nicht ins Gewicht.
- Die Antworten der Jungen unterscheiden sich in erwarteter Weise signifikant nach der Schulform.
- Die Angaben der Gesamtschüler (mit und ohne Migrationshintergrund) fallen besonders auf, weil diese Gruppe deutlich stärker als Jungen anderer Schulformen (mit Ausnahme der Förderschüler *ohne* Migrationshintergrund) angibt, an 'harmlosen Kloppereien' beteiligt zu sein.
- Signifikant ist der Zusammenhang zwischen der Beteiligung an 'harmlosen Kloppereien' und dem Migrationshintergrund der Schüler nur in der Gruppe der Real- und Förderschüler. Nur in der Gruppe der Realschüler weist er in die erwartete Richtung.
- Realschüler mit Migrationshintergrund zeigen in der Tendenz ein ähnliches Antwortmuster wie Hauptschüler mit Migrationshintergrund; Realschüler ohne Migrationshintergrund antworten eher ähnlich wie Gymnasiasten ohne Migrationshintergrund.

Insgesamt scheint für die Beteiligung an 'harmlosen Kloppereien' also nicht der Migrationshintergrund entscheidend zu sein, sondern eher die Schulform. In den Auswertungen, die zusätzlich die spezielle regionale Herkunftsregion der Eltern berücksichtigen, wird außerdem deutlich, dass diese Besonderheiten nicht mit einer speziellen Herkunftsregion (z.b. Türkei oder Staaten des arabischen Sprachraumes) der Eltern der Schüler mit Migrationshintergrund zusammenhängen. An diesen ersten Auswertungen zum Thema Gewalt und Schulform ist darüber hinaus bereits ein Phänomen zu entdecken, das sich bei einigen der in den folgenden Kapiteln berichteten Datenanalysen wiederholt: Der Zusammenhang zwischen der Einstellung zu Gewalt und dem Migrationshintergrund ist an Realschulen stärker ausgeprägt als an anderen Schulformen. Ob Jungen mit Migrationshintergrund, die eine Realschule besuchen, eine spezifische Population darstellen bzw. wieso in dieser Schulform auffällig unterschiedliche Populationen zusammentreffen, kann an dieser Stelle noch nicht geklärt werden (vgl. Kapitel 3.7.7).

Entgegen vieler Vorurteile sind es also nicht generell 'die' Jungen mit Migrationshintergrund, welche sich öfter an 'harmlosen Kloppereien' beteiligen, sondern zentral für die unterschiedlichen Ausmaße ist die jeweilige Schulform (vor allem die Gesamt- und Hauptschüler fallen auf) – und zwar unabhängig von der Herkunft der Schüler. Der Migrationshintergrund spielt für die stärkere Beteiligung an 'harmlosen Kloppereien' bei getrennter Betrachtung der Schulformen nur an den Realschulen und den Förderschulen (bei letzteren aber in eine andere Richtung als erwartet) eine signifikante Rolle.

Die Frage, wieso sich Realschüler mit Migrationshintergrund signifikant öfter an 'harmlosen Kloppereien' beteiligen als Realschüler ohne Migrationshintergrund, bedarf weiterer Untersuchungen. Dass sie darin öfter als ihre deutschen Mitschüler involviert sind, könnte zunächst einmal als singuläres Phänomen oder auch als Ergebnis der Fragestellung gedeutet werden: Schließlich handelt es sich bei den Antworten um eine Selbsteinschätzung der Schüler, und es ist durchaus möglich, dass die Jungen den Begriff 'harmlose Klopperei' unterschiedlich definieren. Das kann hier nicht abschließend beurteilt werden. Allerdings spricht gegen beide Erklärungen, dass die im Folgenden berichtete Auswertung anderer Items zum Themenkomplex Gewalt ähnliche Zusammenhänge zeigt.

3.7.3 Ergebnisse zu den Gründen für eine 'ernsthafte Prügelei'

Eine zweite Frage zur Gewalteinstellung lautet: 'Manchmal wird aus Spaß Ernst und aus einer spaßigen Klopperei wird eine echte Prügelei – was kann ein möglicher Grund dafür sein, dass du dich prügelst?' Den Schülern wurden fünf mögliche Gründe (Verteidigung, Wut, Spaß, Stärke demonstrieren und Stolz) vorgegeben; dies wurde ergänzt durch die Antwortmöglichkeit, sich noch nie geprügelt zu haben. Des Weiteren konnten sie eine eigene Antwort formulieren (offene Antwortmöglichkeit). Mehrfachantworten waren – im Unterschied zur Befragung aus dem Jahr 1995 – nicht zugelassen. Bei der Interpretation der Daten sind empirische Befunde zu berücksichtigen, nach denen Kinder und Jugendliche, die sich häufig aggressiv verhalten, eher als andere dazu tendieren, in zweideutigen sozialen Situationen (z.b. wenn sie versehentlich angerempelt werden) dem Interaktionspartner schädigende Absichten zuzuschreiben und mit Gegenaggressionen zu reagieren (vgl. Bierhoff und Wagner 1998: 13, Salisch 2000: 374; Tittmann und Rudolph 2007: 178f). Diese Kinder stufen ihre eigenen Aggressionen daher relativ häufig als Verteidigung ein. Andere Kinder, die beispielsweise das versehentliche Anrempeln nicht als Aggression interpretieren, reagieren auch eher nicht aggressiv.

Ähnlich wie bei der ersten Befragung von 1995 entfallen von den 1521 gültigen Antworten zur Frage nach Gründen für eine 'ernsthafte Prügelei' mehr als die Hälfte (55%) auf die Aussage, dass der Grund die 'Verteidigung' sei (1995 antworteten dies 57%, vgl. Zimmermann 1998: 110). Diese Jungen sehen sich selbst also nach wie vor vorwiegend nicht als Initiatoren einer 'ernsthaften Prügelei'. Die Antworten bezüglich der anderen vorgegebenen Gründe wie 'Wut', 'Spaß', 'Stärke demonstrieren' und 'Stolz', die zu 'ernsthaften Prügeleien' führen, zeigen, dass etwa ein Drittel der Jungen 'ernste Prügeleien' anfängt, weil sie sich dadurch möglicherweise eine Verbesserung ihrer Gefühlslage oder ihres Ansehens versprechen (1995: insgesamt 64%). Sich 'noch nie' ernsthaft geprügelt zu haben, geben nur 12% der befragten Jungen an (vgl. Tabelle 75); diese Antwortalternative gab es in der Befragung von 1995 nicht. Dass Jungen sich irgendwann einmal ernsthaft geprügelt haben, ist also eher der Regelfall. Beim Vergleich der Daten von 1995 und 2005 ist – wie bereits erwähnt wurde – zu berücksichtigen, dass Mehrfachantworten erlaubt waren. Es kann also *kein* Trend abgeleitet werden, da davon auszugehen ist, dass viele Jungen in der Befragung von 1995 angaben, sich sowohl zur Verteidigung als auch aus Wut oder ähnlichen Gründen zu prügeln. Diese Möglichkeit hatten die Jungen bei der Befragung im Jahr 2005 nicht mehr.

Tabelle 75: Gründe für eine 'ernsthafte Prügelei' – Häufigkeiten

	Anzahl	Prozent
Verteidigung	843	55,4
Wut	235	15,5
Spaß	85	5,6
Demonstration von Stärke	59	3,9
Stolz	66	4,3
noch nie geprügelt	182	12,0
andere Gründe	51	3,4
Gesamt	1521	100,0

Zur Analyse der Zusammenhänge zwischen dem Migrationshintergrund bzw. der Schulform und den Gründen für eine 'ernsthafte Prügelei' werden die Gründe 'Wut', 'Spaß', 'Stärke demonstrieren', 'Stolz' und 'andere Gründe' wegen der jeweils geringen Häufigkeiten zusammengefasst. Für dieses Vorgehen spricht, dass die genannten Formulierungen eher offensiv sind bzw. als gewaltinitiierend verstanden werden können – im Gegensatz zum Grund 'Verteidigung', der eher eine defensive Begründung darstellt, und im Gegensatz zu der Angabe 'habe mich noch nie geprügelt', die auf die Bevorzugung anderer Konfliktlösungsstrategien bzw. auf ein Umfeld, das eine derartige Strategie anerkennt, schließen lässt.

Zwischen der Schulform und den Gründen, die für eine 'ernsthafte Prügelei' angeführt werden, besteht ein signifikanter Zusammenhang ($\chi^2_{(8,\ N=1541)}$ = 41.67, p = .000, C = .16; vgl. Tabelle 76). Wie zu erwarten war, steigt der Anteil der Schüler, die erklären, dass sie sich noch 'nie' geprügelt haben, mit zunehmendem Niveau des angestrebten Schulabschlusses: von 5% an Förderschulen über 10% an Gesamtschulen bis auf 18% an Gymnasien. Auffällig ist, dass der Anteil der Schüler, die angeben, sich bereits aus 'Wut', 'Stolz', 'Spaß' o.Ä. geprügelt zu haben, an Gesamtschulen am höchsten ist (40%), während dieser Anteil an allen übrigen Schultypen, einschließlich des Gymnasiums, mit jeweils um die 30% ähnlich hoch ist. Andere Studien, die sich mit den Folgen der Prügeleien befassen, zeigen, dass 'ernsthafte Prügeleien' insbesondere an den Hauptschulen schwerwiegende Folgen haben: Dort ist eine sechsmal höhere Raufunfallrate mit ärztlicher Inanspruchnahme festzustellen als an Gymnasien. Die Unfallrate an Hauptschulen ist auch doppelt so hoch wie an Realschulen (vgl. Bundesverband der Unfallkassen 2005: 9). Als bedenklich kann überdies gewertet werden, dass selbst an Gymnasien vier von fünf Jungen sich bereits ernsthaft – also nicht aus Spaß – geprügelt haben.

Tabelle 76: Zusammenhang zwischen der Schulform und den Gründen für eine 'ernsthafte Prügelei'

Grund für 'ernsthafte Prügelei' – zusammengefasst		Schulform					
		Förderschule	Hauptschule	Gesamtschule	Realschule	Gymnasium	Gesamt
Noch nie geprügelt	Anzahl	5	20	35	46	78	184
	Prozent	5,0%	6,1%	10,4%	13,9%	17,6%	11,9%
Verteidigung	Anzahl	68	200	169	179	241	857
	Prozent	67,3%	61,2%	50,1%	53,9%	54,3%	55,6%
Wut, Stolz, Spaß, Stärke demonstrieren, andere	Anzahl	28	107	133	107	125	500
	Prozent	27,7%	32,7%	39,5%	32,2%	28,2%	32,4%
Gesamt	Anzahl	101	327	337	332	444	1541
	Prozent	100,0%	100,0%	100,0%	100,0%	100,0%	100,0%

Der Zusammenhang ist signifikant: $\chi^2_{(8, N=1541)} = 41.67$, $p = .000$, $C = .16$

Ein signifikanter, aber schwacher Zusammenhang besteht außerdem zwischen dem Migrationshintergrund und den Gründen für eine 'ernsthafte Prügelei' ($\chi^2_{(4, N=1489)} = 22.01$, $p = .000$, $C = .12$). Jungen ohne Migrationshintergrund geben fast doppelt so häufig (15%) wie die Jungen mit Migrationshintergrund (je 8%) an, sich noch nie geprügelt zu haben (vgl. Tabelle 77). Bei der Frage, warum man in körperliche Auseinandersetzungen verwickelt war (Antwortkategorien 'Wut', 'Stolz', 'Spaß' etc.), zeigen die Angaben der unterschiedlichen Gruppen, dass 30% der Jungen ohne Migrationshintergrund diese Kategorien als Erklärung angeben, während es bei Jungen mit europäischem Migrationshintergrund und den Staaten der ehemaligen UdSSR 36% und bei den Jungen mit türkisch oder arabisch geprägtem Hintergrund 41% sind. Diese Differenzen scheinen das gängige Bild zu stützen, dass Jungen mit Migrationshintergrund, insbesondere aus der Türkei und aus Staaten des arabischen Sprachraumes, eher aus offensiv orientierten Gründen in eine Prügelei geraten und dass sie damit als gewaltbereiter gelten können als die Schüler ohne Migrationshintergrund. Der Grund 'Verteidigung' wird von dieser Gruppe dagegen in etwas geringerem Maße herangezogen (51%) wie von Jugendlichen ohne Migrationshintergrund bzw. mit eher europäisch geprägtem Migrationshintergrund (56% bzw. 57%). Wie oben erwähnt, bedeutet der Grund 'Verteidigung' allerdings nicht zwangsläufig, dass die Jungen in diesen Fällen auf objektiv beobachtbare Aggressionen anderer reagieren. Dass Jungen mit Migrationshintergrund öfter den Eindruck haben, sich mittels körperlicher Aggressionen verteidigen zu müssen als Schüler ohne Migrationshintergrund, kann nach diesen Daten insgesamt nicht bestätigt werden, denn die Unterschiede zwischen den Gruppen der Jungen mit und ohne Migrationshintergrund sind nicht sehr ausgeprägt.

Tabelle 77: Zusammenhang zwischen dem Migrationshintergrund und den
Gründen für eine 'ernsthafte Prügelei'

Grund für 'ernsthafte Prügelei' – zusammengefasst		Beide Eltern aus Deutschland	Migrationshintergrund		Gesamt
			Eltern aus dem europäischen Ausland oder der ehemaligen UdSSR	Eltern aus der Türkei oder Staaten des arabischen Sprachraumes	
Noch nie geprügelt	Anzahl	136	24	19	179
	Prozent	14,5%	7,5%	8,3%	12,0%
Verteidigung	Anzahl	526	183	117	826
	Prozent	56,0%	57,0%	51,1%	55,5%
Wut, Stolz, Spaß, Stärke demonstrieren, andere	Anzahl	277	114	93	484
	Prozent	29,5%	35,5%	40,6%	32,5%
Gesamt	Anzahl	939	321	229	1489
	Prozent	100,0%	100,0%	100,0%	100,0%

Der Zusammenhang ist signifikant: $\chi^2_{(4, N=1489)} = 22.01$, $p = .000$, $C = .12$

Im Folgenden wird geprüft, inwiefern es auch unter Jungen jeweils einer Schulform einen Zusammenhang zwischen dem Migrationshintergrund und den Gründen, sich zu prügeln, gibt. Das ist überwiegend nicht der Fall: Der einzige signifikante Zusammenhang zwischen dem Migrationshintergrund und den Gründen für eine 'ernsthafte Prügelei' findet sich, ähnlich wie in Kapitel 3.7.2, überraschenderweise bei den Realschülern (vgl. Tabelle 78).

Tabelle 78: Zusammenhänge zwischen dem Migrationshintergrund und den
Gründen für eine 'ernsthafte Prügelei', nach Schulformen sortiert

Schulform	*N*	*df*	χ^2	*p*	*C*
Förderschule	97	2	2.15	.342	.15
Hauptschule	323	2	1.45	.485	.07
Gesamtschule	328	4	4.66	.324	.12
Realschule	321	4	10.60	.031	.18*
Gymnasium	430	4	4.46	.347	.10

* Der Zusammenhang ist signifikant. Anmerkung: Für die Förder- und Hauptschulen kann nur zwischen Schülern mit und ohne Migrationshintergrund unterschieden werden, da sonst die Zellbesetzungen zu klein werden.

Dieser Zusammenhang besteht darin, dass Realschüler mit Migrationshintergrund insgesamt seltener angeben, sich noch 'nie' ernsthaft geprügelt zu haben (8% bzw. 7%) als Realschüler ohne Migrationshintergrund (17%). Zusätzlich geben Realschüler mit Migrationshintergrund deutlich häufiger 'Wut', 'Stolz', 'Spaß' und 'Stärke demonstrieren' als Grund für eine 'ernsthafte Prügelei' an (44% bzw. 43%), als Schüler ohne Migrationshintergrund (27%; vgl. Tabelle 79). Die beiden Gruppen von Realschülern mit Migrationshintergrund (europäisch bzw. türkisch oder arabisch geprägt) unterscheiden sich dabei nur in sehr geringem Maße. Ähnlich wie in Kapitel 3.7.2 entspricht das auffällige Antwortverhalten der Realschüler mit Migrationshintergrund nicht den Erwartungen, die mit der Frustrations-Aggressions-Hypothese verbunden sind, weil sie – gegenüber Hauptschülern – als tendenziell erfolgreiche Bildungsaufsteiger verstanden werden müssen. Ob schulische Frustrationserlebnisse eine Erklärung für den höheren Grad an Zustimmung zu diesen Antwortvorgaben sein können, ist daher sehr fraglich.

Tabelle 79: Zusammenhänge zwischen dem Migrationshintergrund und den Gründen für eine 'ernsthafte Prügelei' bei Realschülern

| Grund für 'ernsthafte Prügelei' – zusammengefasst | | Beide Eltern aus Deutschland | Migrationshintergrund | | Gesamt |
			Eltern aus dem europäischen Ausland oder der ehemaligen UdSSR	Eltern aus der Türkei oder Staaten des arabischen Sprachraums	
Noch nie geprügelt	Anzahl	38	5	2	45
	Prozent	16,7%	7,9%	6,7%	14,0%
Verteidigung	Anzahl	128	30	15	173
	Prozent	56,1%	47,6%	50,0%	53,9%
Wut, Stolz, Spaß, Stärke demonstrieren, andere	Anzahl	62	28	13	103
	Prozent	27,2%	44,4%	43,3%	32,1%
Gesamt	Anzahl	228	63	30	321
	Prozent	100,0%	100,0%	100,0%	100,0%

Der Zusammenhang ist signifikant: $\chi^2_{(4,\ N=321)} = 10.60$, $p = .031$, $C = .18$

Wenn man den Zusammenhang zwischen der Schulform und den Gründen für eine 'ernsthafte Prügelei' getrennt für die Gruppen der Schüler mit Migrationshintergrund und der ohne Migrationshintergrund betrachtet, fällt zunächst auf, dass der Zusammenhang in beiden Gruppen gleich stark ist ($C = .16$; vgl. Tabelle 80). Er ist allerdings nur für die Jungen ohne Migrationshintergrund signifikant, was ist auf die deutlich unterschiedlichen Stichprobengrößen zurückzuführen ist. Für beide Gruppen kann also festgehalten werden, dass (zumindest bei den von uns befragten Jungen) zwischen diesen beiden Variablen ein Zusammenhang besteht.

Tabelle 80: Zusammenhänge zwischen der Schulform und den Gründen für eine 'ernsthafte Prügelei', nach Migrationshintergrund sortiert

Migrationshintergrund	N	df	χ^2	p	C	
Deutsch	939	8	25.69	.001	.16	**
Migrationshintergrund	582	8	15.11	.057	.16	

** Der Zusammenhang ist sehr signifikant. Anmerkung: Es kann für diese Tests nicht zwischen Schülern mit Migrationshintergrund aus unterschiedlichen Herkunftsregionen differenziert werden, da sonst die Zellbesetzungen zu klein werden.

Im Hinblick auf Jungen ohne Migrationshintergrund lässt sich feststellen, dass sie umso häufiger angeben, sich noch nie geprügelt zu haben, desto höher der angestrebte Schulabschluss ist: Fast 20% der Gymnasiasten ohne Migrationshintergrund sagen, sie hätten sich noch nie geprügelt, während es bei den Förderschülern nur 3% sind. Haupt- und Gesamtschüler ohne Migrationshintergrund geben dagegen deutlich häufiger als Schüler anderer Schulformen an, dass Gründe wie 'Wut', 'Stolz', 'Spaß' o.Ä. zu einer 'ernsthaften Prügelei' führen können (34% bzw. 36%; Förderschüler: 25%, Realschüler 27% und Gymnasiasten 26%).

Etwas schwieriger zu interpretieren ist dieser Zusammenhang in der Gruppe der Jungen mit Migrationshintergrund; hier geben nur die Gymnasiasten deutlich häufiger an, sich noch nie ernsthaft geprügelt zu haben (14%) als die Jungen der übrigen Schulformen (zwischen 5% bei Hauptschülern und 8% bei Förder- und Gesamtschülern). Unterschiede gibt es aber bei den Gründen, die zu den Prügeleien führen: 63% der Hauptschüler und 58% der Förderschüler mit Migrationshintergrund geben an, sich aus Gründen der 'Verteidigung' zu prügeln, in den anderen Schulformen liegt dieser Anteil bei 50% (in Gesamt- und Realschulen) bzw. 53% (im Gymnasium). Der Anteil der Jungen, die sich aus 'Wut', 'Stolz' oder 'Spaß' ernsthaft prügeln, ist dagegen in den Gesamt- (42%) und Realschulen (44%) besonders hoch (übrige Schulformen: je 33% an den Hauptschulen und in den Gymnasien; 34% an den Förderschulen).

Abschließend kann festgehalten werden:

- Es gibt sowohl Zusammenhänge zwischen den Gründen für eine 'ernsthafte Prügelei' und dem Migrationshintergrund als auch zwischen den Gründen und der Schulform. Die Zusammenhänge zwischen der Schulform und den Gründen für eine 'ernsthafte Prügelei' sind aber stärker.
- Auffällig ist besonders die Gruppe der Realschüler mit Migrationshintergrund: Ähnlich wie in Kapitel 3.7.2 beschrieben, fallen diese Jungen auch hier dadurch auf, dass sie deutlich häufiger angeben, sich bereits ernsthaft geprügelt zu haben als ihre Mitschüler ohne Migrationshin-

tergrund. Die jeweilige Herkunftsregion (europäischer bzw. türkischer oder arabischsprachiger Raum) der Eltern ist dabei nicht relevant.

▪ Auffällig ist weiterhin die Gruppe der Förderschüler mit Migrationshintergrund: Diese bilden – insbesondere verglichen mit ihren Mitschülern ohne Migrationshintergrund – anscheinend eine Gruppe mit relativ wenig aggressivem Verhalten bzw. Einstellungen. Gefragt werden könnte, ob der Anteil der Jungen, die sich noch nie ernsthaft geprügelt haben, in dieser Gruppe tatsächlich geringer ist oder ob diese Schüler ähnliche Prügeleien nur nicht als 'ernst' einordnen. Angemerkt werden muss jedoch, dass es keinen plausiblen Grund gibt, warum diese Erklärung ausschließlich Förderschüler betreffen sollte. Um die oben genannten Fragen klären zu können, wären Verhaltensbeobachtungen notwendig; aufgrund der vorliegenden Daten können sie nicht beantwortet werden.

Insgesamt lassen die Ergebnisse darauf schließen, dass die Schulform etwas stärker mit der Einstellung der Jungen zu Gewalt zusammenhängt als der Umstand, ob sie einen Migrationshintergrund haben oder nicht, und dass die Zusammenhänge zwischen der Schulform und der Einstellung zu Gewalt anders sind, je nachdem, ob die Jungen Migrationshintergrund haben oder nicht. Festzuhalten ist aber auch, dass keiner der Zusammenhänge (Schulform oder Migrationshintergrund) statistisch als stark zu bezeichnen ist. Es ist also zu erwarten, dass es weitere, wichtige Faktoren gibt, die Unterschiede im selbstberichteten Gewaltverhalten von Jugendlichen erklären – und vermutlich besser als die Variablen Schulform und Migrationshintergrund. Dennoch stehen unsere Ergebnisse im Kontrast zu dem von Vorurteilen geprägten Bild des 'gewalttätigen Schülers mit Migrationshintergrund'.

3.7.4 Ergebnisse zum Selbstbild als 'harter und brutaler Typ'

Die Frage „Würdest du dich als harten, brutalen Typen bezeichnen?" beantworten nur wenige der Jungen mit 'Ja' (17%; nein 83%). Der Anteil der Jungen, die sich als 'hart und brutal' einschätzen, ist bei Jungen mit Migrationshintergrund (insgesamt 22%) höher als bei deutschen Jungen (14%). Dies ist aber fast ausschließlich auf jene Jungen zurückzuführen, deren Eltern aus der Türkei oder aus Staaten des arabischen Sprachraumes zugewandert sind: 28% der Jungen dieser Gruppe würden sich als 'harten und brutalen Typen' bezeichnen; unter den Jungen, deren Eltern aus dem europäischen Ausland oder Staaten der ehemaligen UdSSR eingewandert sind, sind dies nur 17%. Dieser Zusammenhang ist signifikant ($\chi^2_{(2, N=1529)} = 27.97$, $p = .000$, $C = .13$; vgl. Tabelle 81). Betont werden muss aber, dass der Anteil der Jungen, die sich als 'harten und brutalen Typen' bezeichnen würden, in allen drei Gruppen niedrig ist.

Tabelle 81: Zusammenhang zwischen dem Selbstbild ('Würdest du dich als harten und brutalen Typen bezeichnen?') und dem Migrationshintergrund

Würdest du dich als harten und brutalen Typen bezeichnen?		Beide Eltern aus Deutschland	Migrationshintergrund		Gesamt
			Eltern aus dem europäischen Ausland oder der ehemaligen UdSSR	Eltern aus der Türkei oder Staaten des arabischen Sprachraumes	
Ja	Anzahl	136	54	66	256
	Prozent	14,0%	16,5%	28,4%	16,7%
Nein	Anzahl	834	273	166	1273
	Prozent	86,0%	83,5%	71,6%	83,3%
Gesamt	Anzahl	970	327	232	1529
	Prozent	100,0%	100,0%	100,0%	100,0%

Der Zusammenhang ist signifikant: $\chi^2_{(2,\,N=1529)} = 27.97, p = .000, C = .13$

Bei dieser Frage hat sich gezeigt, dass innerhalb der Gruppe der Jungen mit Migrationshintergrund eine Differenzierung nach erster und zweiter Generation zu wichtigen Ergebnissen führt (diese Detailberechnung war bei den anderen Items eher unergiebig): Es wird deutlich, dass der Anteil der Jungen, die der Aussage zustimmen, sie seien 'hart und brutal', in der zweiten Generation etwas höher ist (23%) als in der ersten Generation (19%) oder unter den Jungen ohne Migrationshintergrund (14%; vgl. Tabelle 82). Dieses Ergebnis würde dafür sprechen, dass die Jungensozialisation im Herkunftsland anders verläuft als die Sozialisation als Junge mit Migrationshintergrund in der Bundesrepublik. Nicht die Herkunftssozialisation fördert anscheinend traditionell maskuline Einstellungen (dann müsste in der ersten Generation ein höherer Zustimmungsgrad vorliegen), sondern die Sozialisationsprozesse der Jungen mit Migrationshintergrund, die in Deutschland erfahren werden (zweite Generation).[8] Der Zusammenhang zwischen dem Selbstbild und der Einwanderungsgeneration ist allerdings schwach ($\chi^2_{(2,\,N=1559)} = 16.75, p = .000, C = .10$).

---

[8] Auch Röhr-Sendlmeier und Demircioglu (vgl. 2006: 458) berichten, dass Jugendliche der zweiten Generation, die auf Haupt- und Realschulen sind, 'traditionelle' Werte seltener ablehnen als andere Gruppierungen.

Tabelle 82: Zusammenhang zwischen dem Selbstbild ('Würdest du dich als
harten und brutalen Typen bezeichnen?') und der Generation

Würdest du dich als harten und brutalen Typen bezeichnen?		Migration und Generation			Gesamt
		Deutsch	1. Generation	2. Generation	
Ja	Anzahl	136	38	90	264
	Prozent	14,0%	19,3%	23,0%	16,9%
Nein	Anzahl	834	159	302	1295
	Prozent	86,0%	80,7%	77,0%	83,1%
Gesamt	Anzahl	970	197	392	1559
	Prozent	100,0%	100,0%	100,0%	100,0%

Der Zusammenhang ist signifikant: $\chi^2_{(2, N=1559)} = 16.75$, $p = .000$, $C = .10$

Da es außerdem einen starken Zusammenhang zwischen der jeweiligen Herkunftsregion und der Generation gibt (vgl. Kapitel 2.3.6), kann hier nicht entschieden werden, ob dieser etwas höhere Zustimmungsgrad gegebenfalls doch
kulturell bedingt ist oder ob Jungen, die in Deutschland geboren sind, deren
Eltern aber eingewandert sind, derart spezifische Sozialisationsprozesse erleben,
dass sich ihr Selbstbild anders (und zwar verstärkt traditionell-maskulin) entwickelt als das der Jungen mit ähnlichem Migrationshintergrund, die jedoch im
Herkunftsland sozialisiert wurden.

Diese Erkenntnisse stimmen mit den Ergebnissen der Studie von Wetzels et
al. (vgl. 2001) überein, derzufolge männliche Jugendliche mit türkischem Migrationshintergrund auch dann deutlich gewaltorientierter als Jugendliche anderer
Herkunftsländer sind, wenn man Faktoren wie die soziale Lage, Arbeitslosigkeit
und der sozioökonomische Status der Familie kontrolliert (vgl. Wetzels et al.
2001: 215). Allerdings – und dies ist wichtig für die weitere Argumentation –
findet man die höchste Rate an in der Kriminalstatistik erfassten gewalttätigen
männlichen Heranwachsenden unter denjenigen türkischen Jugendlichen, die in
Deutschland geboren und sozialisiert wurden – und nicht unter denjenigen, die
bereits weniger als fünf Jahre in Deutschland leben[9]. Das bedeutet, dass Jungen
türkischer Herkunft, die erst seit kurzer Zeit in Deutschland leben, offenbar nicht
mit einer erhöhten Gewaltbereitbereitschaft nach Deutschland gekommen sind.
Sie sind sogar weniger gewalttätig als deutsche Jungen gleichen Alters (vgl.
Wetzels et al. 2001: 207ff.). Anzunehmen ist somit, dass die Sozialisationsbedingungen, unter denen die Kinder von Migranten in Deutschland aufwachsen,

---

[9] Wie lange die Jugendlichen bereits in Deutschland leben, wurde in der vorliegenden Studie ebenfalls erhoben. Da aber die Gruppe der Jungen, deren Eltern aus der Türkei oder aus Staaten des
arabischen Sprachraumes stammen und die nicht in Deutschland geboren wurden, relativ klein ist,
können wir mit unserer Stichprobe diese Zusammenhänge aufgrund zu geringer Zellbesetzungen
nicht überprüfen.

Auswirkungen auf die Entwicklung spezifischer Männlichkeitsvorstellungen und das Verhältnis zu Gewalt haben.

Zwischen dem Selbstbild des 'harten und brutalen Typen' und der Schulform besteht ein Zusammenhang ($\chi^2_{(4,\ N=1585)}$ = 31.03, p = .000, C = .14; vgl. Tabelle 83). Dieser ist aber hauptsächlich durch die geringe Zustimmung der Jungen an Gymnasien verursacht: Während an den Gymnasien der Anteil der Jungen, die sich als 'harte und brutale Typen' bezeichnen würden, mit 9% relativ klein ist, bezeichnen sich an den anderen Schulformen jeweils um die 20% als 'harten und brutalen Typen'.

Tabelle 83: Zusammenhang zwischen Selbstbild ('Würdest du dich als harten und brutalen Typen bezeichnen?') und der Schulform

Würdest du dich als harten und brutalen Typen bezeichnen?		Schulform					
		Förder-schule	Haupt-schule	Gesamt-schule	Real-schule	Gymnasium	Gesamt
Ja	Anzahl	25	65	67	72	38	267
	Prozent	22,5%	19,1%	19,7%	20,6%	8,6%	16,8%
Nein	Anzahl	86	275	273	278	406	1318
	Prozent	77,5%	80,9%	80,3%	79,4%	91,4%	83,2%
Gesamt	Anzahl	111	340	340	350	444	1585
	Prozent	100,0%	100,0%	100,0%	100,0%	100,0%	100,0%

Der Zusammenhang ist signifikant: $\chi^2_{(4,\ N=1585)}$ = 31.03, p = .000, C = .14

Analysiert man die Zusammenhänge zwischen dem Migrationshintergrund und dem Selbstbild als 'harter und brutaler Typ' für die verschiedenen Schulformen getrennt, ist zu erkennen, dass, anders als bei den in Kapitel 3.7.2 und 3.7.3 analysierten Items, dieser Zusammenhang für die Realschüler relativ schwach und nicht signifikant ist.

Signifikant ist er dagegen für die Hauptschüler und die Gymnasiasten (Tabelle 84), jedoch mit unterschiedlichen Ausprägungen: Für die Gruppe der Gymnasialschüler gilt, dass der Anteil der Jungen, die sich als 'harten und brutalen Typen' bezeichnen würden, in der Gruppe der Jungen mit türkisch oder arabisch geprägtem Migrationshintergrund am höchsten ist (19%); am niedrigsten ist er in der Gruppe der Gymnasiasten, deren Eltern in Deutschland geboren sind (6%). Die Gruppe der Jungen mit europäisch geprägtem Migrationshintergrund und aus Familien, die aus Staaten der ehemaligen UdSSR stammen, liegt in den Gymnasien dazwischen (11%). Bei den Hauptschülern geben ebenfalls die Jungen mit türkisch oder arabisch geprägtem Migrationshintergrund zu einem sehr hohen Anteil (32%) an, sich für einen 'harten und brutalen Typen' zu halten. An zweiter Stelle rangieren hier aber die deutschen Jungen (17%); der niedrigste Jungenanteil mit diesem eher 'martialischen' Selbstbild findet sich in der Gruppe der

Schüler mit Eltern aus dem europäischen Ausland bzw. aus Staaten der ehemaligen UdSSR (12%).

Tabelle 84: Zusammenhang zwischen dem Selbstbild und der Schulform bzw. dem Migrationshintergrund[10]

Schulform	Beide Eltern aus Deutschland (N=970)		Migrationshintergrund Eltern aus dem europäischen Ausland oder der ehemaligen UdSSR (N=327)		Eltern aus der Türkei oder Staaten des arabischen Sprachraumes (N=232)		C	
Förderschule (N=104)	24,2%	(N=16)	13,3%	(N=2)	30,4%	(N=7)	.12	
Hauptschule (N=329)	16,8%	(N=30)	12,3%	(N=10)	31,9%	(N=22)	.18	**
Gesamtschule (N=330)	16,4%	(N=29)	21,2%	(N=18)	26,5%	(N=18)	.10	
Realschule (N=336)	17,7%	(N=42)	23,8%	(N=15)	33,3%	(N=12)	.12	
Gymnasium (N=430)	6,1%	(N=19)	10,8%	(N=9)	19,4%	(N=7)	.14	*
Kontingenzkoeffizient	.16***		.14		.10			

* Der Zusammenhang ist signifikant ($p < .05$); ** der Zusammenhang ist sehr signifikant ($p < .01$); *** der Zusammenhang ist hochsignifikant ($p < .001$).

Analysiert man den Zusammenhang zwischen Schulform und Selbstbild getrennt für Jungen mit und ohne Migrationshintergrund, ist festzustellen, dass es einen signifikanten Zusammenhang nur in der Gruppe der Schüler ohne Migrationshintergrund gibt (vgl. Tabelle 84): Der Anteil der Jungen mit eher 'martialischem' Selbstbild ist in dieser Gruppe unter den Förderschülern (Förderschwerpunkt Lernen) am höchsten (24%), zwischen den Haupt-, Gesamt- und Realschülern finden sich wenig Unterschiede (zwischen 16% und 18%). Die Gymnasialschüler weisen in dieser Gruppe von allen Untergruppen den geringsten Anteil an Schülern mit einem Selbstbild als 'hart und brutal' auf (6%). Zu beachten ist aber, dass in keiner der Gruppen aber mehr als ein Drittel der Jungen ein eher 'martialisches' Selbstbild berichtet.

Wie erwartet, stellt sich heraus, dass ein eher aggressiv gefärbtes Selbstbild auf Gymnasien insgesamt deutlich weniger verbreitet ist. Den oben genannten Hypothesen widerspricht jedoch, dass ein solches Selbstbild unter Jungen mit Migrationshintergrund (insbesondere mit Eltern, die in der Türkei oder in Staaten des arabischen Sprachraumes geboren sind) stärker verbreitet ist als unter den Jungen der deutschen Vergleichsgruppe. Dies gilt insbesondere für Jungen auf Hauptschulen und Gymnasien. Der Zusammenhang zwischen der Schulform und einem aggressiv gefärbten Selbstbild ist – ähnlich wie bei den in Kapitel 3.7.2

---

[10] Die Prozentzahlen und die absoluten Zahlen in der Tabelle zeigen jeweils an, wie hoch der Anteil der Jungen in der jeweiligen Gruppe ist, die sich als einen 'harten und brutalen Typen' bezeichnen würden.

und 3.7.3 berichteten Ergebnissen – nur für die deutschen Jungen signifikant und eindeutig zu interpretieren.

3.7.5 Ergebnisse zu den Reaktionen auf 'Anmache'

Im Folgenden geht es um die Frage, wie die Jungen in vier unterschiedlichen Situationstypen, die man verallgemeinernd als 'Anmache' bezeichnen könnte, reagieren würden. Dazu wurden den Jungen für die vier Situationstypen (Blicke, Beschimpfungen, Beleidigungen und Kritik) jeweils fünf Reaktionsmöglichkeiten (nicht beachten, verbal zurückweisen, beschimpfen, Prügel androhen, schlagen) vorgegeben, von denen sie eine auswählen sollten.

Die *Zusammenhänge zwischen der Schulform* und den Reaktionen auf 'Anmache' sind für alle Situationstypen signifikant; am stärksten ist der Zusammenhang für die Situation 'wenn mich jemand kritisiert' (vgl. Tabelle 85).

Tabelle 85: Zusammenhänge zwischen der Schulform und den Reaktionen, verschiedene Situationstypen

Situationstyp	N	df	χ^2	p	C	
Blöd angeguckt werden	1.574	16	44.14	.000	.17	***
Beschimpft werden	1.569	16	71.53	.000	.21	***
Beleidigt werden	1.566	16	63.38	.000	.20	***
Kritisiert werden	1.485	16	105.77	.000	.26	***

* Der Zusammenhang ist signifikant; ** der Zusammenhang ist sehr signifikant; *** der Zusammenhang ist hochsignifikant.

Die Art der Zusammenhänge zwischen der Schulform und den Reaktionen auf die Situationen ist für alle vier Varianten von 'Anmache' recht ähnlich. Aus diesem Grund wählen wir den Situationstyp mit dem stärksten Zusammenhang (die Reaktionen auf Kritik, vgl. Tabelle 86) exemplarisch aus, um die Art der Zusammenhänge ausführlicher darzustellen. Die Ergebnisse zu den anderen Situationstypen werden im Folgenden kurz zusammengefasst:

- Wenn Jungen den Eindruck haben, sie würden *'blöd angeguckt'*, dann würden viele mit Nicht-Beachtung reagieren. In den Gymnasien sind die Anteile der zustimmenden Jungen – wie erwartet – am höchsten (66%; Realschule 56%; Förder- und Gesamtschule 53%; Hauptschule 48%). Hinsichtlich gewaltorientierter Reaktionen ist festzustellen, dass der Anteil der Jungen, die Prügel *androhen* würden, in allen Schulformen relativ gering ist; er ist mit 7% an den Gesamtschulen am höchsten und mit 2% an den Gymnasien am niedrigsten (Realschule 4%, Förderschule 5%, Hauptschule 6%). Der Anteil der Jungen, die angeben, dass sie direkt *zuschlagen* würden, ist dagegen an den Förder-, Haupt- und Realschulen am höchsten (jeweils 7%) und

ebenfalls an den Gymnasien am niedrigsten (3%). Der Anteil der Gesamtschüler, die sofort zuschlagen würden, liegt mit 5% in der Mitte. Dies sind
insgesamt recht niedrige Quoten.

- Auf *Beschimpfungen* würden in allen Schulformen die meisten Jungen mit
  eigenen Beschimpfungen reagieren (insgesamt 36%). Auch überraschend
  viele Gymnasiasten (39%) behaupten, dass sie den Kontrahenten beschimpfen würden; dieser Anteil ist ähnlich hoch wie unter den Realschülern
  (38%) und nur wenig niedriger als unter den Gesamtschülern (42%; Hauptschüler: 31%; Förderschüler: 20%). Dass sie auf Beschimpfungen mit
  Schlagen reagieren würden, behaupten vor allem die Förderschüler (24%)
  und die Hauptschüler (16%), aber auch jeweils 13% der Gesamt- und Realschüler (Gymnasiasten: 6%).

- Auch bei *Beleidigungen* ist die jeweils am häufigsten berichtete Reaktionsform das 'Beschimpfen', und zwar in fast allen Schulformen (Förderschule:
  18%, alle anderen Schulformen: zwischen 30 und 33%). Bei der Antwortmöglichkeit 'schlage ich ihn' ist der Anteil der Jungen, die zustimmen, umso höher, je niedriger das Niveau des angestrebten Schulabschlusses ist: Am
  häufigsten stimmen die Förderschüler zu (26%), gefolgt von den Hauptschülern (23%), den Gesamtschülern (21%) und den Realschülern (19%).
  Die Gymnasiasten stimmen dieser Reaktionsmöglichkeit mit 9% am sel-
  tensten zu. Hier ähnelt sich das Antwortverhalten der Haupt-, Gesamt- und
  Realschüler, und es unterscheidet sich deutlich von dem der Gymnasiasten.

Für den bereits erwähnten Situationstyp *'wenn mich jemand kritisiert'*, bei dem
die Zusammenhänge zur Schulform insgesamt stärker sind, ist die häufigste
Reaktionsform 'Nichtbeachtung', und zwar in allen Schulformen (durchschnittlich 42%; vgl. Tabelle 86). Erstaunlich ist, dass die verbale Reaktion ('sage ich,
er soll das lassen') nicht nur von den Gymnasiasten (33%), sondern auch von
den Gesamtschülern (29%) häufiger genannt wird als von Haupt- und Realschülern (23% bzw. 24%). Die Hauptschüler geben – relativ zu Schülern anderer
Schulformen gesehen – am häufigsten an, dass sie den Kritisierenden schlagen
würden (18%), während hier die Gesamtschüler (10%) in ähnlich niedriger Weise zustimmen wie die Realschüler (10%). Hauptschüler und Förderschüler sind
also diejenigen, die bei Kritik relativ am empfindlichsten sind und unter denen
der Anteil der Jungen am höchsten ist, die als Ausweg nur körperliche Aggression sehen.

Die Gruppe der Förderschüler scheint bezüglich der Reaktion auf Kritik a-
ber ausgesprochen heterogen zu sein: Während sich unter den Förderschülern
mit 24% einerseits die größte Gruppe findet, die auf Kritik mit Schlägen reagieren würde, gibt andererseits ein relativ großer Anteil der Förderschüler (42%) an,

mit Nichtbeachtung zu reagieren; dies ist ein deutlich höheres Ausmaß als unter Jungen auf Haupt- (33%) und Gesamtschulen (36%).

Tabelle 86: Zusammenhang zwischen der Schulform und der Reaktion auf 'Wenn mich jemand kritisiert'

Wenn mich jemand kritisiert...		Schulform					Gesamt
		Förder-schule	Haupt-schule	Gesamt-schule	Real-schule	Gymna-sium	
beachte ich es nicht	Anzahl	47	106	116	162	195	626
	Prozent	41,6%	33,3%	35,8%	48,8%	49,0%	42,2%
sage ich, er soll das lassen	Anzahl	20	72	93	79	132	396
	Prozent	17,7%	22,6%	28,7%	23,8%	33,2%	26,7%
beschimpfe ich ihn	Anzahl	11	51	43	33	41	179
	Prozent	9,7%	16,0%	13,3%	9,9%	10,3%	12,1%
drohe ich Prügel an	Anzahl	8	33	40	24	16	121
	Prozent	7,1%	10,4%	12,3%	7,2%	4,0%	8,1%
schlage ich ihn	Anzahl	27	56	32	34	14	163
	Prozent	23,9%	17,6%	9,9%	10,2%	3,5%	11,0%
Gesamt	Anzahl	113	318	324	332	398	1485
	Prozent	100,0%	100,0%	100,0%	100,0%	100,0%	100,0%

Der Zusammenhang ist signifikant: $\chi^2_{(16,\,N=1485)} = 105.77, p = .000, C = .26$

Vergleicht man die Reaktionen auf alle vier vorgegebenen Situationen miteinander (blöd angeguckt, beschimpft, beleidigt und kritisiert werden), so zeigt sich: Für Jungen jedweder Schulform ist die Beleidigung diejenige Situation, in der sie am ehesten mit physischer Gewalt reagieren würden (immerhin etwa jeder fünfte Schüler; bei den Gymnasiasten fast jeder zehnte). Für einen nicht unerheblichen Teil der Haupt- und Förderschüler (etwa jeder fünfte) stellen auch Kritik und Beschimpfungen einen Anlass für aggressive körperliche Handlungen dar.

Hinsichtlich der *Zusammenhänge zwischen dem Migrationshintergrund* und der fiktiven Reaktion auf die vier genannten Situationstypen ist festzustellen, dass es für alle Situationstypen signifikante Zusammenhänge zwischen dem Migrationshintergrund und der jeweiligen Reaktion gibt. Diese Zusammenhänge sind ähnlich stark wie die zwischen der Schulform und der Reaktion (vgl. Tabelle 87).

Tabelle 87: Zusammenhänge zwischen dem Migrationshintergrund und der Reaktion, verschiedene Situationstypen

Situationstyp	N	df	χ^2	p	C	
Blöd angeguckt werden	1.518	8	42.43	.000	.17	***
Beschimpft werden	1.512	8	78.16	.000	.22	***
Beleidigt werden	1.509	8	80.76	.000	.23	***
Kritisiert werden	1.430	8	71.42	.000	.22	***

* Der Zusammenhang ist signifikant; ** der Zusammenhang ist sehr signifikant; *** der Zusammenhang ist hochsignifikant.

Ein gängiges Vorurteil ist, dass Jugendliche mit südeuropäischem und türkisch-arabisch geprägtem Migrationshintergrund stärker mit Aggressionen reagieren, wenn sie 'blöd angeguckt' werden, als andere Jugendliche. Unseren Daten zufolge ist dies tatsächlich der Fall – aber in relativ niedrigem Ausmaß. Wenn man die Situationstypen (Blicke, Beschimpfungen, Beleidigungen und Kritik) vergleicht, sind die Zusammenhänge zwischen dem gerade erwähnten Migrationstyp und 'blöden Blicken' am schwächsten: 61% der Jungen ohne Migrationshintergrund würden 'blöde' Blicke nicht beachten. Bei Jungen, deren Eltern aus dem europäischen Ausland bzw. aus Staaten der ehemaligen UdSSR stammen (es wurde nicht zwischen Südeuropa und dem übrigen Europa unterschieden), liegt der Anteil derer, die mit 'Nichtbeachtung' reagieren, bei 52%. Unter denen mit türkisch oder arabisch geprägtem Migrationshintergrund liegt er bei 44%. Damit ist in dieser Situation die 'Nichtbeachtung' in allen drei Gruppen von Jungen die vergleichsweise häufigste Reaktion. Nur jeweils 9% der Jungen mit türkisch oder arabisch geprägtem Migrationshintergrund würden in einer solchen Situation Prügel androhen oder zuschlagen. Dieser Anteil ist bei den anderen Jungen (ohne Migrationshintergrund und Eltern aus europäischem Ausland sowie ehemalige UdSSR) noch etwas geringer: Beim Androhen von Prügeln liegt die Quote zwischen 3% und 6% und beim Zuschlagen zwischen 4% und 5%. Eine unter Jungen mit türkisch oder arabisch geprägten Migrationshintergrund verbreitete Orientierung an einer 'Kultur der Ehre', bei der man auf einen bestimmten Typ von ('blöden') Blicken aggressiv reagieren müsste, kann hier nicht beobachtet werden.

Eine auffällige Untergruppe stellen auch hier die Realschüler dar: 22% der Realschüler mit türkisch oder arabisch geprägtem Migrationshintergrund antworten, dass sie auf 'blöd angucken' mit Schlägen reagieren würden, während dieser Anteil in allen anderen Gruppen, die durch die Kombinationen von Schulformen und Migrationshintergrund gebildet werden können, deutlich unter 10% liegt (zur Signifikanz oder zur Stärke dieses Zusammenhanges kann aber aufgrund zu kleiner Zellbesetzungen keine Aussage getroffen werden). Insgesamt ist somit festzustellen, dass Jungen aller Gruppen in der überwiegenden Mehrzahl friedlich auf 'blöd angucken' reagieren.

Zwischen den Reaktionen auf die Situation *'Wenn mich jemand beschimpft'* und dem Migrationshintergrund gibt es ebenfalls einen signifikanten Zusammenhang ($\chi^2_{(8, N=1512)}$ = 78.16, p = .000, C = .22). Jungen mit Migrationshintergrund reagieren – unabhängig von ihrer Herkunftsregion – zu einem etwas höheren Anteil (90% bzw. 89%) als deutsche Schüler (82%) auf Beschimpfungen mit irgendeiner Form von Beachtung. Bei genauerer Analyse fällt auf, dass in allen Gruppen die am häufigsten gewählte Reaktion auf Beschimpfungen darin besteht, zurückzuschimpfen, auch wenn der Anteil der Jungen, die angeben, diese Alternative zu wählen, unterschiedlich hoch ist (35% bei den deutschen Jungen, 45% bei Jungen, deren Eltern aus dem europäischen Raum bzw. der ehemaligen UdSSR stammen, 29% bei Jungen mit türkisch oder arabisch geprägten Migrationshintergrund). Der Anteil der Jungen, die Prügel androhen würden, ist dagegen in allen drei eben genannten Gruppen ähnlich niedrig (11%; 14% bzw. 12%). Dass sie den Kontrahenten schlagen, wenn sie beschimpft werden, geben Jungen mit deutschem Hintergrund nur selten an (9%); Jungen mit türkisch oder arabisch geprägtem Migrationshintergrund geben dies deutlich häufiger an (26%).

Auch beim Thema *'Beleidigen'* besteht, wie erwartet, ein Zusammenhang zwischen dem Migrationshintergrund und der Reaktion der Jungen ($\chi^2_{(8, N=1509)}$ = 80.76, p = .000, C = .23). Auch hier werden Begriffe wie 'Kultur der Ehre' assoziiert. Erwartungsgemäß ist der Anteil der Schüler, die auf eine Beleidigung mit körperlicher Aggression reagieren würden, in der Gruppe der Schüler mit türkisch oder arabisch geprägtem Migrationshintergrund mit etwa einem Drittel der Jungen (34%) deutlich höher als in den beiden anderen Gruppen (13% bzw. 19%; vgl. Tabelle 88).

Tabelle 88: Zusammenhang zwischen dem Migrationshintergrund und der Reaktion auf 'Wenn mich jemand beleidigt'

Wenn mich jemand beleidigt		Beide Eltern aus Deutschland	Eltern aus dem europäischen Ausland oder der ehemaligen UdSSR	Eltern aus der Türkei oder Staaten des arabischen Sprachraumes	Gesamt
beachte ich es nicht	Anzahl	154	25	17	196
	Prozent	16,1%	7,8%	7,4%	13,0%
sage ich, er soll das lassen	Anzahl	205	42	38	285
	Prozent	21,4%	13,1%	16,5%	18,9%
beschimpfe ich ihn	Anzahl	283	113	60	456
	Prozent	29,5%	35,2%	26,1%	30,2%
drohe ich Prügel an	Anzahl	188	79	38	305
	Prozent	19,6%	24,6%	16,5%	20,2%
schlage ich ihn	Anzahl	128	62	77	267
	Prozent	13,4%	19,3%	33,5%	17,7%
Gesamt	Anzahl	958	321	230	1509
	Prozent	100,0%	100,0%	100,0%	100,0%

Der Zusammenhang ist signifikant: $\chi^2_{(8, N=1509)} = 80.76$, $p = .000$, $C = .23$

Für dieses Item erlauben die Zellbesetzungen auch, die Jungen nach Schulformen zu gruppieren und die Zusammenhänge für die Jungen der einzelnen Schulformen getrennt zu prüfen (vgl. Tabelle 89) – abgesehen von den Förderschülern, weil diese Gruppe kleiner ist als die anderen. Diese Zusammenhänge sind ebenfalls signifikant; am stärksten ist der Zusammenhang zwischen dem Migrationshintergrund und der Reaktion auf Beleidigungen unter Gesamtschülern ($C = .28$). Die Verteilung, die für die gesamte Stichprobe festgestellt werden kann (vgl. Tabelle 88), ähnelt den schulformspezifischen Ergebnissen für die einzelnen Reaktionsmuster der Jungen.

Tabelle 89: Zusammenhänge zwischen dem Migrationshintergrund und der Reaktion auf Beleidigungen bei Schülern unterschiedlicher Schulformen

Schulform	N	df	χ^2	p	C	
Hauptschule	433	8	26.03	.001	.24	***
Gesamtschule	321	8	27.51	.001	.28	***
Realschule	338	8	24.35	.002	.26	***
Gymnasium	433	8	26.03	.001	.24	***

* Der Zusammenhang ist signifikant; ** der Zusammenhang ist sehr signifikant; *** der Zusammenhang ist hochsignifikant.

Hinsichtlich der Reaktionen in der Situation 'Wenn mich jemand kritisiert' fällt auf, dass jene Jungen, deren Eltern aus der Türkei oder aus Staaten des arabischen Sprachraumes zugewandert sind, tendenziell aggressiver reagieren: Auffallend hoch ist der Anteil unter diesen Jungen, der auf Kritik mit dem Androhen von Prügeln oder mit Schlägen (jeweils 18%) reagieren würde (vgl. Tabelle 90). Der Anteil der Jungen, die Kritik mehr oder weniger sachlich zurückweisen ('sage ich, er soll das lassen'), ist unter den Schülern mit und ohne Migrationshintergrund sehr ähnlich (zwischen 26% bzw. 27%); der Anteil der Jungen, die die Kritik nicht beachten, ist in der Gruppe der Jungen, deren Eltern in Deutschland geboren sind, jedoch deutlich höher (48%) als unter den Schülern, deren Eltern aus dem europäischen Ausland oder der ehemaligen UdSSR (39%) und aus der Türkei oder Staaten des arabischen Sprachraumes (26%) zugewandert sind.

Tabelle 90: Zusammenhang zwischen dem Migrationshintergrund und der Reaktion auf 'Wenn mich jemand kritisiert'

Wenn mich jemand kritisiert		Migrationshintergrund			
		Beide Eltern aus Deutschland	Eltern aus dem europäischen Ausland oder der ehemaligen UdSSR	Eltern aus der Türkei oder Staaten des arabischen Sprachraumes	Gesamt
beachte ich es nicht	Anzahl	431	121	56	608
	Prozent	47,9%	38,5%	25,8%	42,5%
sage ich, er soll das lassen	Anzahl	240	86	56	382
	Prozent	26,7%	27,4%	25,8%	26,7%
beschimpfe ich ihn	Anzahl	94	48	28	170
	Prozent	10,5%	15,3%	12,9%	11,9%
drohe ich Prügel an	Anzahl	49	27	39	115
	Prozent	5,5%	8,6%	18,0%	8,0%
schlage ich ihn	Anzahl	85	32	38	155
	Prozent	9,5%	10,2%	17,5%	10,8%
Gesamt	Anzahl	899	314	217	1430
	Prozent	100,0%	100,0%	100,0%	100,0%

Der Zusammenhang ist signifikant: $\chi^2_{(8,\ N=1430)} = 71.42, p = .000, C = .22$

Wegen der geringen Zellbesetzungen können Signifikanztests nur für die Untergruppen der Hauptschüler und der Gesamtschüler verwendet werden. In beiden Schulformen ist der Zusammenhang zwischen der Reaktion auf Kritik und dem Migrationshintergrund signifikant, auf Gesamtschulen ist er aber *deutlich stärker* (Hauptschulen: $\chi^2_{(8,\ N=307)} = 16.64, p = .034, C = .23$; Gesamtschulen: $\chi^2_{(8,\ N=314)} = 38.25, p = .000, C = .33$). Anders als es zu erwarten wäre, ist der stärkere Zusammenhang an den Gesamtschulen aber *nicht* darauf zurückzuführen, dass die Jungen mit (türkisch oder arabisch geprägtem) Migrationshintergrund dort besonders oft mit Schlägen reagieren, sondern sie unterscheiden sich hinsichtlich der übrigen, nicht auf physische Aggressionen bezogenen Verhaltensweisen der anderen Jungen: Nur 10% der Jungen, die auf Gesamtschulen sind und deren Eltern aus der Türkei oder aus Staaten des arabischen Sprachraumes stammen, würden mit Schlägen auf Kritik reagieren; in der Gruppe der Schüler ohne Migrationshintergrund beträgt der Anteil der Schüler, die diese Reaktionsmöglichkeit in Betracht ziehen, 9% und in der Gruppe der Schüler mit europäisch geprägtem Migrationshintergrund 11%. Diese Quote ist insgesamt relativ niedrig. Erfreulich ist auch, dass der Anteil der Jungen mit türkisch oder arabisch geprägtem Migrationshintergrund, die Kritik verbal zurückweisen ('sage, er soll das lassen'), auf den Gesamtschulen sehr hoch ist (43% versus 23% unter Jungen ohne und 31% unter Jungen mit europäisch geprägtem Migrationshintergrund). Deutsche Gesamtschüler reagieren auf Kritik hingegen deutlich häufiger mit Nichtbeachtung (48%) als Jungen mit Migrationshintergrund (28% der Jungen mit Eltern aus dem europäischen Ausland oder der ehemaligen UdSSR bzw. 13% der Jungen mit türkischem bzw. arabischem Migrationshintergrund). Allerdings geben mehr Gesamtschüler mit türkisch oder arabisch geprägtem Migrationshintergrund an, sie würden Prügel *androhen*, wenn sie kritisiert werden (25% versus 7% unter den Jungen ohne und 17% unter den Jungen mit europäischem Migrationshintergrund oder aus der ehemaligen UdSSR). An Hauptschulen ist der Zusammenhang zwischen der Reaktion auf Kritik und dem Migrationshintergrund dagegen schwächer und das Muster entspricht – im Unterschied zu dem der Gesamtschüler – in etwa dem Muster, das in der gesamten Stichprobe festzustellen ist.

Insgesamt lässt sich festhalten, dass 'Beleidigungen' in allen Gruppen die heftigsten Reaktionen hervorrufen. Außerdem antizipieren Jungen mit Migrationshintergrund in allen genannten Situationstypen eher gewaltorientierte Verhaltensweisen als Jungen ohne Migrationshintergrund – das gilt insbesondere für Jungen mit türkisch oder arabisch geprägtem Migrationshintergrund. In der Gruppe der Gesamtschüler bestehen diese Zusammenhänge allerdings so nicht: An dieser Schulform berichten Jungen mit türkisch oder arabisch geprägtem Migrationshintergrund z.B. deutlich seltener als an anderen Schulformen von Verhaltensweisen, die als körperliche Gewalt bezeichnet werden können. Jungen auf Gesamtschulen, die einen Migrationshintergrund haben, scheinen bei 'Kritik' jedoch empfindlicher als andere Jungen zu sein, da sie seltener als andere mit Nichtbeachtung reagieren. Es wäre zukünftig zu untersuchen, ob diese Schulform bei Jungen mit Migrationshintergrund in bestimmten Bereichen mentale

Umorientierungen auslöst, die zum einen in abnehmende körperliche Auseinandersetzungen, zum anderen in zunehmende (verbale) Abwehrreaktionen münden.

3.7.6 Ergebnisse zum Bedrohungsgefühl der Jungen

Die bisherigen Ergebnisse legen den Schluss nahe, dass die meisten Jungen, ob mit oder ohne Migrationshintergrund, ob Förderschüler, Hauptschüler oder Gymnasiasten, eine doch relativ distanzierte Einstellung zur initiierenden Ausübung von körperlicher Gewalt haben. Die Mehrheit der Jungen prügelt sich zwar (aber offensichtlich vorwiegend in Verteidigungsabsicht); und nur 12% der Jungen haben sich noch nie geprügelt. Dennoch sehen sich die meisten nicht als 'harten und brutalen Typen', und auf 'Anmache' reagieren die meisten nicht mit physischer Aggression. In diesem Kapitel wird nun gefragt, inwieweit sie sich als bedroht ansehen, d.h. hier wird der Fokus auf eher passiv erlebte Gewalt gelegt. Zu diesem Zweck wurde gefragt, ob und von wem sich die Jungen bedroht fühlen – Mehrfachantworten waren möglich. Die meisten Jungen (77%) geben an, sich nicht bedroht zu fühlen. Von den Jungen, die sich bedroht fühlen, fühlen sich die meisten von Ausländern (10%) und/oder von einzelnen Brutalen (7%) bedroht. Rechtsextremismus scheint aus Sicht der befragten Jungen dagegen nur ein relativ geringfügiges Problem zu sein (3%; vgl. Tabelle 91). Außerdem gibt es nur wenige Jungen, die sich von mehreren Personengruppen gleichzeitig bedroht fühlen.

Tabelle 91: Subjektiv erlebte Bedrohung in der Schule (in Prozent; N=1635)

Fühlst du dich an der Schule bedroht? (Mehrfachnennungen möglich)	N	Prozent
Nein, ich fühle mich nicht bedroht	1248	76,6
Ja, von Ausländern	169	10,3
Ja, von einzelnen Brutalen	119	7,3
Ja, von Rechtsradikalen	52	3,3
Ja, von Gangs	36	2,2
Ja, von älteren Schülern	32	2,0
Gesamt (Mehrfachnennungen möglich)	1656	101,7

Um Zusammenhänge zwischen der subjektiv erlebten Bedrohung und dem Migrationshintergrund bzw. der Schulform prüfen zu können, müssen die Items einzeln betrachtet werden: Geprüft wird, wie viele Jungen jeweils ein Item angekreuzt haben und wie viele nicht. Da die Analysen andernfalls äußerst umfangreich würden, werden im Folgenden lediglich die Auswertungen zu zwei Items ausführlicher berichtet: zum Erleben von Bedrohung im Allgemeinen ('Nein, ich fühle mich nicht bedroht') und zum Erleben von Bedrohung durch 'einzelne Brutale' und durch 'Ausländer', denn diese beiden Antworten würden relativ gesehen von den meisten Jungen angekreuzt. Wegen der besonderen Relevanz im Hinblick auf Jungen mit Migrationshintergrund wird außerdem berücksichtigt, inwiefern sie sich durch 'Rechtsradikale' bedroht fühlen.

Der Zusammenhang zwischen der Schulform und der subjektiv erlebten Bedrohung ist signifikant ($\chi^2_{(4,\ N=1630)}$ = 18.90, p = .001, C = .11); allerdings ist dieser Zusammenhang nicht linear: Zwar geben erwartungsgemäß Jungen, die ein Gymnasium besuchen, am häufigsten an, sich *nicht* an der Schule bedroht zu fühlen (81%), und es geben relativ zu den anderen Schulformen wenige Förderschüler an, sich an der Schule nicht bedroht zu fühlen (71%). Erwartungswidrig ist jedoch, dass der Anteil der Schüler, die sich nicht bedroht fühlen, unter den Realschülern noch etwas niedriger ist als unter den Schülern der Förderschulen – von den Jungen, die eine Realschule besuchen, geben nur 70% an, sich nicht an der Schule bedroht zu fühlen. An Hauptschulen ist wiederum der Anteil der Jungen, die sich nicht an ihrer Schule bedroht fühlen, mit 80% fast so hoch ist wie an Gymnasien und damit deutlich höher als an Realschulen. Auch an Gesamtschulen ist der Anteil der Schüler, die sich nicht bedroht fühlen, mit 77% deutlich höher als an den Real- und Förderschulen (vgl. Tabelle 92).

Tabelle 92: Zusammenhang zwischen der subjektiv erlebten Bedrohung in der Schule und der Schulform

Fühle mich an Schule nicht bedroht		Schulform					
		Förder-schule	Haupt-schule	Gesamt-schule	Real-schule	Gymna-sium	Gesamt
Nicht	Anzahl	34	71	82	110	85	382
angekreuzt	Prozent	29,1%	20,2%	23,4%	30,4%	18,9%	23,4%
Ja	Anzahl	83	280	269	252	364	1248
	Prozent	70,9%	79,8%	76,6%	69,6%	81,1%	76,6%
Gesamt	Anzahl	117	351	351	362	449	1630
	Prozent	100,0%	100,0%	100,0%	100,0%	100,0%	100,0%

Der Zusammenhang ist signifikant: $\chi^2_{(4,\ N=1630)}$ = 18.90, p = .001, C = .11

Bei der Analyse der Antworten auf die Frage, von welcher Personengruppe sich die Jungen bedroht fühlen, ist festzustellen, dass für die Antwortalternative 'Ja, von Ausländern' der stärkste Zusammenhang zwischen dem Bedrohungsgefühl und der Schulform besteht ($\chi^2_{(4,\ N=1635)}$ = 30.98, p = .000, C = .14). Auch hier fällt auf, dass der Anteil der Schüler, die sich durch 'Ausländer' bedroht fühlen, an Realschulen mit Abstand am höchsten ist (17%), es folgen die Gesamtschulen (13%). An Hauptschulen (8%), Gymnasien (6%) und an Förderschulen (5%) ist der Anteil der Schüler, die sich von 'Ausländern' bedroht fühlen, noch einmal deutlich geringer (vgl. Tabelle 93).

Tabelle 93: Zusammenhang zwischen der subjektiv erlebten Bedrohung in der
Schule durch Ausländer und der Schulform

Fühle mich an Schule bedroht von Ausländern		Schulform					Gesamt
		Förder-schule	Haupt-schule	Gesamt-schule	Real-schule	Gymna-sium	
Nicht angekreuzt	Anzahl	111	322	308	301	424	1466
	Prozent	94,9%	91,7%	87,5%	83,1%	93,6%	89,7%
Ja	Anzahl	6	29	44	61	29	169
	Prozent	5,1%	8,3%	12,5%	16,9%	6,4%	10,3%
Gesamt	Anzahl	117	351	352	362	453	1635
	Prozent	100,0%	100,0%	100,0%	100,0%	100,0%	100,0%

Der Zusammenhang ist signifikant: $\chi^2_{(4, N=1635)} = 30.98$, $p = .000$, $C = .14$

Signifikante Zusammenhänge zwischen der Schulform und der subjektiv erlebten Bedrohung durch 'einzelne Brutale' ($\chi^2_{(4, N=1635)} = 5.68$, $p = .225$, $C = .06$) bzw. zwischen der Schulform und der subjektiv erlebten Bedrohung durch 'Rechtsradikale' ($\chi^2_{(4, N=1599)} = 12.27$, $p = .015$, $C = .09$) bestehen nicht.

Der Zusammenhang zwischen dem Migrationshintergrund der Schüler und dem Bedrohungsgefühl ist signifikant ($\chi^2_{(2, N=1569)} = 25.44$, $p = .000$, $C = .13$): Der Anteil der Schüler, die angeben, sich *nicht* bedroht zu fühlen, ist in beiden Gruppen der Schüler mit Migrationshintergrund (84% bzw. 85%) höher als unter Schülern, deren Eltern in Deutschland geboren sind (73%, vgl. Tabelle 94).

Tabelle 94: Zusammenhang zwischen der subjektiv erlebten Bedrohung in der
Schule und dem Migrationshintergrund

Fühle mich an Schule nicht bedroht		Migrationshintergrund			Gesamt
		Beide Eltern aus Deutsch-land	Eltern aus dem europäischen Ausland oder der ehe-maligen UdSSR	Eltern aus der Türkei oder Staaten des arabischen Sprachraumes	
Nicht angekreuzt	Anzahl	267	55	38	360
	Prozent	27,1%	16,3%	15,5%	22,9%
Ja	Anzahl	720	282	207	1209
	Prozent	72,9%	83,7%	84,5%	77,1%
Gesamt	Anzahl	987	337	245	1569
	Prozent	100,0%	100,0%	100,0%	100,0%

Der Zusammenhang ist signifikant: $\chi^2_{(2, N=1569)} = 25.44$, $p = .000$, $C = .13$

Ähnliches gilt für den Zusammenhang zwischen der subjektiv erlebten Bedrohung durch 'Ausländer' und dem Migrationshintergrund ($\chi^2_{(2, N=1574)} = 34.86$, $p = .000$, $C = .15$): Der Anteil der Schüler, die sich durch 'Ausländer' bedroht fühlen, beträgt bei den Jungen, deren Eltern in Deutschland geboren sind, 14%; von den Jungen, deren Eltern aus europäischen Staaten zugewandert sind, fühlen sich 6% durch 'Ausländer' bedroht und von den Jungen mit türkisch oder arabisch geprägtem Migrationshintergrund fühlen sich 3% durch 'Ausländer' bedroht.

Tabelle 95: Zusammenhang zwischen der subjektiv erlebten Bedrohung in der Schule durch Ausländer und dem Migrationshintergrund

Fühle mich an Schule bedroht von Ausländern		Beide Eltern aus Deutschland	Migrationshintergrund		Gesamt
			Eltern aus dem europäischen Ausland oder der ehemaligen UdSSR	Eltern aus der Türkei oder Staaten des arabischen Sprachraumes	
Nicht angekreuzt	Anzahl	853	318	239	1410
	Prozent	86,2%	94,1%	97,2%	89,6%
Ja	Anzahl	137	20	7	164
	Prozent	13,8%	5,9%	2,8%	10,4%
Gesamt	Anzahl	990	338	246	1574
	Prozent	100,0%	100,0%	100,0%	100,0%

Der Zusammenhang ist signifikant: $\chi^2_{(2, N=1574)} = 34.86$, $p = .000$, $C = .15$

Vermutet werden könnte, dass zumindest ein Teil der Schüler mit Migrationshintergrund sich selbst als 'Ausländer' bezeichnen würde und dass sich diese Schüler weniger durch (andere) 'Ausländer' bedroht fühlen, aber dafür mehr durch andere Personengruppen – z.B. durch Rechtsextreme oder durch 'einzelne Brutale'. Dies ist aber nicht der Fall: Zwar gibt es einen signifikanten Zusammenhang zwischen dem Migrationshintergrund und dem Gefühl, von 'einzelnen Brutalen' bedroht zu sein ($\chi^2_{(2, N=1574)} = 22.42$, $p = .000$, $C = .12$), Schüler mit Migrationshintergrund fühlen sich jedoch im Durchschnitt *weniger* durch einzelne Brutale bedroht als Schüler, deren Eltern in Deutschland geboren sind. Von den Schülern mit türkisch oder arabisch geprägtem Migrationshintergrund geben 2% an, sich durch 'einzelne Brutale' bedroht zu fühlen, unter den Schülern mit europäisch geprägtem Migrationshintergrund beträgt dieser Anteil 4% und unter den Schülern, deren Eltern in Deutschland geboren sind, 10%. Einen signifikanten Zusammenhang zwischen dem Migrationshintergrund und der subjektiv erlebten Bedrohung durch 'Rechtsradikale' gibt es nicht ($\chi^2_{(2, N=1538)} = 7.60$, $p = .022$, $C = .07$); Jungen mit Migrationshintergrund fühlen sich also in *ähnlich niedrigem* Ausmaß von Rechtsextremen bedroht wie Schüler, deren Eltern in Deutschland geboren sind. Auch die Zusammenhänge zwischen dem Migrationshintergrund und dem Bedrohungsgefühl durch ältere Schüler oder durch 'Gangs' sind nicht signifikant.

Betrachtet man den Zusammenhang zwischen dem allgemeinen Bedrohungsgefühl an der Schule und dem Migrationshintergrund noch einmal getrennt nach unterschiedlichen Schulformen, ist festzustellen, dass dieser Zusammenhang ausschließlich an den Gesamtschulen signifikant und dort auch am stärksten ist ($\chi^2_{(2,\ N=341)}$ = 16.59, p = .000, C = .22): Der Anteil der Jungen mit türkisch oder arabisch geprägtem Migrationshintergrund, die angeben, sich *nicht* in der Schule bedroht zu fühlen, ist dort besonders hoch (90%); insbesondere im Vergleich mit Gesamtschülern, deren Eltern in Deutschland geboren sind (68%). Für Gymnasien gilt, wenn auch abgeschwächt, ein ähnlicher Trend (vgl. Tabelle 96).

Teilt man die Jungen nach ihrem Migrationshintergrund auf, ist festzustellen, dass in der Gruppe der Jungen mit europäisch geprägtem Migrationshintergrund kein Zusammenhang zwischen der Schulform und dem allgemeinen Bedrohungsgefühl besteht. In der Gruppe der Schüler mit türkisch oder arabisch geprägtem Migrationshintergrund ist dagegen auffällig, dass der Anteil der Realschüler, die angeben sich nicht in der Schule bedroht zu fühlen, mit 71% relativ gering ist: Von den Jungen an den übrigen Schulformen geben jeweils mindestens 80% an, sich nicht in der Schule bedroht zu fühlen; unter den Gesamtschülern und Gymnasiasten liegt dieser Anteil sogar bei etwa 90%. Der Zusammenhang zwischen der Schulform und dem Bedrohungsgefühl ist für die Gruppe der Jungen mit türkisch oder arabisch geprägtem Migrationshintergrund zwar nicht signifikant, aber mit .19 stärker als bei den Schülern ohne Migrationshintergrund (vgl. Tabelle 96). Dass der Zusammenhang nicht signifikant wird, ist hier also auf die geringere Stichprobengröße zurückzuführen.

Insgesamt lässt sich feststellen, dass der Anteil der Schüler, die angeben, sich nicht in der Schule bedroht zu fühlen, in der Gruppe der Schüler ohne Migrationshintergrund an Hauptschulen und an Gymnasien deutlich höher ist als an den anderen Schulformen, während er in der Gruppe der Schüler mit türkisch oder arabisch geprägtem Migrationshintergrund an Gesamtschulen und Gymnasien am höchsten und an Realschulen deutlich am niedrigsten ist. Für alle Schulformen gilt, dass Schüler mit Migrationshintergrund häufiger angeben, sich nicht in der Schule bedroht zu fühlen als Schüler ohne Migrationshintergrund; signifikant ist dieser Zusammenhang allerdings nur für die Gesamtschulen.

Tabelle 96: Zusammenhang zwischen dem allgemeinen Bedrohungsgefühl und der Schulform bzw. dem Migrationshintergrund (relative und absolute Häufigkeiten der Zustimmung zum Item 'Ich fühle mich nicht in der Schule bedroht')

Schulform	Beide Eltern aus Deutschland (N=987)		Migrationshintergrund Eltern aus dem europäischen Ausland oder der ehemaligen UdSSR (N=337)		Eltern aus der Türkei oder Staaten des arabischen Sprachraumes (N=245)		C
Förderschule (N=109)	66,7%	(N=46)	80,0%	(N=12)	80,0%	(N=20)	.14
Hauptschule (N=337)	77,3%	(N=140)	85,7%	(N=72)	83,3%	(N=60)	.09
Gesamtschule (N=341)	67,8%	(N=122)	82,0%	(N=73)	90,3%	(N=65)	.22***
Realschule (N=347)	67,9%	(N=165)	80,3%	(N=53)	71,1%	(N=27)	.11
Gymnasium (N=435)	78,7%	(N=247)	86,7%	(N=72)	92,1%	(N=35)	.12
Kontingenzkoeffizient	.12	**	.07		.19		

* Der Zusammenhang ist signifikant ($p < .05$); ** der Zusammenhang ist sehr signifikant ($p < .01$); *** der Zusammenhang ist hochsignifikant ($p < .001$).

Insgesamt lässt sich festhalten:

- Nur ein kleiner Teil der Jungen fühlt sich in der Schule bedroht,
- unerwarteterweise fühlen sich am ehesten Realschüler (aber auch Gesamtschüler) bedroht, insbesondere durch 'Ausländer',
- unter den Jungen mit türkisch oder arabisch geprägtem Migrationshintergrund ist der Anteil der Schüler, die sich nicht bedroht fühlen, an Gesamtschulen ähnlich hoch wie an Gymnasien und der Anteil der Realschüler, die sich nicht bedroht fühlen, relativ niedrig,
- unter den Jungen ohne Migrationshintergrund ist der Anteil der Schüler, die sich nicht bedroht fühlen, an Hauptschulen und Gymnasien ähnlich hoch und
- Jungen mit Migrationshintergrund fühlen sich in noch geringerem Maße in der Schule bedroht als Jungen ohne Migrationshintergrund.

Dass nur ein kleiner Teil der Jungen sich in der Schule bedroht fühlt, ist zwar aus pädagogischer Sicht sehr erfreulich, aber unerwartet, denn in Kapitel 3.7.3 wurde festgestellt, dass die meisten Jungen in ihrer Vergangenheit bereits in ernsthafte körperliche Auseinandersetzungen involviert waren. Möglicherweise kann diese Diskrepanz damit erklärt werden, dass (leichtere) körperlich ausgetragene Auseinandersetzungen für Jungen so alltäglich sind, dass sie subjektiv keine wirkliche Bedrohung darstellen. Eine weitere mögliche Erklärung für den niedrigen

Anteil der Jungen, die sich bedroht fühlen, wäre, dass Jungen derartige Gefühle ungern zugeben – auch vor sich selbst. Schließlich gehört das Überspielen von Unsicherheit, Hilflosigkeit oder Schwäche bei Jungen häufig zu den Normen und Erwartungen, die sie im Rahmen ihrer geschlechtsspezifischen Sozialisation internalisieren. Eine dritte Erklärungsvariante geht davon aus, dass die Jungen angesichts gesellschaftlicher Veränderungen generell mit einem zunehmenden Ausmaß an Unsicherheit leben (müssen). Sie beobachten an ihren Eltern, an anderen Familienangehörigen oder am befreundeten Umfeld, dass Zukunftsperspektiven in der heutigen Zeit häufig sehr unsicherheitsbehaftet sind. Es könnte sein, dass die Bedrohung durch Peers im schulischen Kontext dadurch als nur geringfügig und nicht existenziell bedeutsam wahrgenommen wird. Dieses würde auch erklären, warum sich besonders Haupt- und Förderschüler in relativ geringem Ausmaß bedroht fühlen: Haupt- und Förderschüler sind in besonders hohem Maße von Perspektivlosigkeit betroffen, gerade bei ihnen kann also davon ausgegangen werden, dass sie mit deutlich existenzielleren Fragen und Problemen zu kämpfen haben als einer gelegentlichen Prügelei. An Gymnasien dagegen berichten die Jungen auch tatsächlich weniger Gewalt; die Einschätzung der Jungen, die ein Gymnasium besuchen, kann vor diesem Hintergrund als realistisch bezeichnet werden.

3.7.7 Zusammenfassung und Fazit

Im Sinne der Ausgangshypothese ist generell festzustellen, dass die von uns erhobenen Daten den Schluss nahe legen, dass die Schulform für die Einstellung der Jungen zu Gewalt eine wichtigere Rolle spielt als der Migrationshintergrund. Zu berücksichtigen ist aber, dass die Zusammenhänge durchweg eher schwach sind. Daraus ist zu schließen, dass es über die Schulform und den Migrationshintergrund hinaus viele weitere, z.T. wichtigere Einflussfaktoren für die Unterschiede in der Gewaltorientierung zu geben scheint, die in der vorliegenden Studie nicht erfasst wurden. Das weist darauf hin, dass Schulform und Migrationshintergrund nur zwei von vielen Faktoren für die Unterschiede im Antwortverhalten der Jungen zum Thema Gewalt sein können. Andere, von uns nicht erfasste Merkmale dürften ebenfalls bedeutsam sein – vielleicht sogar in höherem Maße.

Im Folgenden werden die wichtigsten Ergebnisse noch einmal kurz zusammengefasst:

- *Beteiligung an 'harmlosen Kloppereien':* Von allen befragten Jungen geben 36% an, dass sie noch nie an einer 'harmlosen Klopperei' beteiligt waren. Auffällig ist insbesondere die Gruppe der Realschüler: Realschüler mit Migrationshintergrund geben signifikant öfter als ihre deutschen Mitschüler an, in solche Kloppereien involviert gewesen zu sein. Förderschüler mit Migrationshintergrund berichten dagegen *seltener* an diesen Aktivitäten beteiligt zu sein als Förderschüler ohne Migrationshintergrund. Die gegensätzliche Antworttendenz zwischen Real- und Förderschülern mit Migrationshintergrund macht deutlich, dass der Migrationshintergrund die unterschiedlichen Beteiligungsquoten von Jungen an als 'harmlos' interpretierten Gewaltaktivitäten nicht hinreichend erklärt. Insgesamt scheint die Schulform eine stärkere Bedeutung für die Unterschiede im Antwortverhalten zu haben als der Migrationshintergrund.

- *Gründe für 'ernsthafte Prügeleien':* Bei der Frage nach den 'ernsthaften Prügeleien' wird deutlich, dass diese Erfahrung zum Aufwachsen von Jungen dazu gehört. Zusammenhänge zwischen dem Migrationshintergrund und den Gründen für 'ernsthafte Prügeleien' sind vorhanden, aber recht gering. Ähnlich wie bei der Frage nach 'harmlosen Kloppereien' wird deutlich, dass dieser Zusammenhang insbesondere unter den Realschülern relativ ausgeprägt ist: Realschüler mit Migrationshintergrund geben deutlich öfter Gründe wie 'Wut', 'Spaß', 'Stärke demonstrieren' und 'Stolz' an als ihre deutschen Mitschüler, die zu 'ernsthaften Prügeleien' führen können. Die Herkunftsregion der Schüler mit Migrationshintergrund ist dabei nicht relevant. An den anderen Schulformen besteht kein signifikanter Zusammenhang zwischen den Gründen für eine ernsthafte Prügelei und dem Migrationshintergrund.

- *Selbstbild als 'harter und brutaler Typ':* Das Bild vom 'harten und brutalen' Typen erfährt insgesamt wenig Zustimmung. Untersucht man die Zusammenhänge zum Migrationshintergrund, so zeigt sich, dass für dieses Selbstbild die jeweilige Herkunftsregion entscheidend ist: Von den Schülern, deren Eltern aus der Türkei oder aus Staaten des arabischen Sprachraumes zugewandert sind, geben relativ viele an, ein solches Selbstbild zu haben, während der Anteil der Jungen mit diesem Selbstbild unter den Schülern, die einen europäisch geprägten Migrationshintergrund haben, ähnlich hoch ist wie bei den Jungen, deren Eltern aus Deutschland stammen. Ein gewaltorientierteres Selbstbild von Jungen mit Migrationshintergrund kann somit nicht generell festgestellt werden. Hervorzuheben ist aber, dass auch unter Jungen mit türkisch oder arabisch geprägtem Migrationshintergrund die Jungen, die sich selbst als 'harten und brutalen Typen' beschreiben würden, ganz deutlich in der Minderheit sind. Insgesamt können diese Zusammenhänge als schwach gelten, sodass davon auszugehen ist, dass weitere Faktoren, die in unserer Untersuchung nicht erhoben wurden, für das Entstehen eines 'harten und brutalen' Selbstbilds der Jungen bedeutsam sind. Die Analysen, die die Schulform berücksichtigen, lassen

weiterhin darauf schließen, dass die Zustimmung zu dem 'harten und brutalen' Selbstbild unter Förder-, Haupt- und Realschülern mit türkisch oder a-
rabisch geprägtem Migrationshintergrund relativ am höchsten ist.

▪ *Reaktionen auf 'Anmache':* Fragt man die Schüler nach ihren Reaktionen
auf unterschiedliche Formen von 'Anmache', hängen ihre Antworten etwas
stärker als bei den anderen Items mit ihrer Herkunft und mit der Schulform
zusammen. Die stärksten Zusammenhänge bestehen zwischen der potenziellen Reaktion auf 'Kritik' und der Schulform sowie zwischen der Reaktion
auf 'Beleidigungen', auf 'Kritik' sowie auf 'Beschimpfungen' und dem
Migrationshintergrund. Insbesondere Jungen, deren Familien aus der Türkei
oder aus Staaten des arabischen Sprachraumes zugewandert sind, geben an,
dass sie auf derartige Anmache eher mit 'Schlagen' reagieren würden. Auffällig ist der Zusammenhang zwischen der Reaktion auf Kritik und dem
Migrationshintergrund unter Gesamtschülern: Gesamtschüler mit türkisch
oder arabisch geprägtem Migrationshintergrund sagen genau so selten, dass
sie auf 'Kritik' mit 'Schlagen' reagieren würden wie Gesamtschüler ohne
Migrationshintergrund und wie diejenigen aus europäischen Ländern bzw.
der ehemaligen UdSSR. Physische Gewalt scheint für sie also in ähnlich geringem Maße eine adäquate Reaktionsform auf Kritik zu sein wie für ihre
Mitschüler.

▪ *Bedrohtheitsgefühl:* Die meisten Jungen fühlen sich in der Schule nicht
bedroht. Jungen mit Migrationshintergrund fühlen sich in noch geringerem
Ausmaß bedroht als die anderen Schüler. Auch hinsichtlich des Bedroht-
heitsgefühls bilden die Realschüler mit Migrationshintergrund eine spezifische Gruppe: Realschüler, die aus türkisch oder arabisch geprägten Eltern-
häuser stammen, geben in höherem Maße an, sich bedroht zu fühlen als
Schüler mit dem selben Migrationshintergrund, die sich an anderen Schulformen befinden – an Realschulen fühlen sie sich in ähnlich hohem Maße
bedroht wie ihre Mitschüler ohne Migrationshintergrund.

▪ Partiell sind in der vorliegenden Studie die Unterschiede zwischen Jungen
aus der ersten und der zweiten Migrantengeneration analysiert worden. Hier
zeigt sich in Übereinstimmung mit vergleichbaren Studien, dass vor allem
Jungen mit Migrationshintergrund, die in Deutschland aufgewachsen sind,
etwas eher zu einem gewaltorientierten Selbstbild neigen ('hart und brutal').

Insgesamt wird für die Jungen ohne Migrationshintergrund in unserer Untersuchung das erwartete Muster – je distanzierter die Einstellungen zu Gewalt, umso
höher das Bildungsniveau der Schulform – bestätigt. Bei den Schülern mit
Migrationshintergrund wird dieses Muster dagegen an einigen Stellen durchbro-
chen. Dies gilt insbesondere für die Beteiligung an 'harmlosen Kloppereien' oder

'ernsthaften Prügeleien': Hier haben Realschüler ohne Migrationshintergrund ähnliche Einstellungen wie Gymnasiasten, während die Einstellung der Realschüler mit Migrationshintergrund eher der der Haupt- und Gesamtschüler ähnelt. Auch die Ergebnisse zu den Förderschülern (Förderschwerpunkt Lernen) mit Migrationshintergrund entsprechen nicht dem gängigen Bild vom Jungen mit Migrationshintergrund, der leistungsschwach und bereits durch Gewalttätigkeit aufgefallen ist. Diese Ergebnisse deuten darauf hin, dass es unter den Jungen mit Migrationshintergrund in den Schulformen Subkulturen geben könnte, z.b. von potenziell aufsteigenden und dabei auch zu körperlicher Härte neigenden Realschülern. Dass sich Hauptschüler mit und ohne Migrationshintergrund hinsichtlich ihrer Gewaltorientierung so wenig unterscheiden, spricht für eine eigene Hauptschulkultur, in der das jeweilige Herkunftsland der Eltern keine Rolle mehr spielt.

Die Gesamtschulen stellen gerade für Jungen, deren Eltern aus der Türkei oder aus Staaten des arabischen Sprachraumes zugewandert sind, in mancherlei Hinsicht ein besonderes Milieu dar; zumindest geben Gesamtschüler mit diesem Migrationshintergrund als Reaktion auf Kritik deutlich weniger gewaltorientierte Antworten als ihre Mitschüler ohne oder mit europäisch geprägtem Migrationshintergrund. Ob die wenigen Unterschiede zwischen deutschen Gesamtschülern und denen mit Migrationshintergrund – und dazu die zwischen unterschiedlichen Herkunftsregionen – damit zusammenhängen, dass eingewanderte Eltern für ihre gegebenenfalls von vornherein weniger aggressiven Jungen eine Gesamtschule (statt z.b. einer Hauptschule) wählen, ob in den Gesamtschulen durch spezielle Erziehungskonzepte bei den Jungen mit türkisch oder arabisch geprägtem Migrationshintergrund eine partiell friedfertigere Haltung entsteht oder ob eine Kombination aus beidem vorliegt, kann nicht entschieden werden.

Inkonsistent sind insbesondere die Ergebnisse zu den Realschülern. In Kapitel 3.7.2 und 3.7.3 wurde deutlich, dass der Zusammenhang zwischen der Beteiligung an – harmlosen wie ernsthaften – Prügeleien und dem Migrationshintergrund an Realschulen relativ stark ist: Nach diesen Ergebnissen der Dortmunder Jungenstudie haben Realschüler mit Migrationshintergrund ein anderes Verhältnis zu Gewalt als Realschüler ohne Migrationshintergrund. Realschüler mit Migrationshintergrund sind, unabhängig von ihrer Herkunftsregion, deutlich häufiger an Prügeleien beteiligt als ihre Mitschüler ohne Migrationshintergrund. Außerdem wurde in Kapitel 3.7.4 festgestellt, dass auch der Anteil der Schüler, die sich als 'harten und brutalen Typen' bezeichnen würden, unter den Realschülern mit Migrationshintergrund relativ am höchsten ist. Detailergebnisse zu Unterschieden innerhalb der Gruppe der Jungen mit Migrationshintergrund sind ebenfalls vorhanden, aber nur zum Teil konsistent: So sind einerseits die Anteile der Realschüler mit europäisch geprägtem Migrationshintergrund und der Realschüler mit türkisch oder arabisch geprägtem Migrationshintergrund, die häufig in körperliche Auseinandersetzungen verwickelt sind, ähnlich hoch, während andererseits der Anteil der Realschüler, die sich als 'harten und brutalen Typen' bezeichnen würden und sich in der Schule bedroht fühlen, unter den Realschülern mit türkisch oder arabisch geprägtem Migrationshintergrund deutlich höher ist als unter den Realschülern mit europäisch geprägtem Migrationshintergrund. Insgesamt ähnelt die Einstellung der Realschüler mit türkisch oder arabisch geprägtem Migrationshintergrund zu Gewalt eher der von Hauptschülern, während die Einstellung der Schüler ohne Migrationshintergrund eher der von Gymnasiasten ähnelt.

Im Folgenden soll versucht werden, diese Ergebnisse unter Bezugnahme auf die in Kapitel 1.2 vorgestellten theoretischen Ansätze zu erklären. Erklärungsmuster, welche die Neigung zu körperlich ausgetragenen Aggressionen mit Frustrationen männlicher Jugendlicher im Bildungsbereich in Zusammenhang bringen, würden davon ausgehen, dass die Gewaltneigung an Schulen umso höher ist, desto weniger Chancen zur gesellschaftlichen Teilhabe der angestrebte Schulabschluss bietet (vgl. Kapitel 1.2.5). Dieser Zusammenhang ist so aber nur für Jungen *ohne* Migrationshintergrund zu finden. Daher ist es unangebracht, dieses Erklärungsmuster unverändert auf Jungen *mit* Migrationshintergrund zu übertragen.

Eine weitere Erklärungsmöglichkeit besteht darin, *individuelle* Frustrationserfahrungen anzunehmen. Unter den Realschülern könnte eine Reihe von Jungen sein, die einen Gymnasialbesuch vorgezogen hätten, dies aber nicht erreichen konnten oder innerhalb der Sekundarstufe I vom Gymnasium auf eine Realschule gewechselt haben. Das Ergebnis mag auch der speziellen Dortmunder Bildungslandschaft geschuldet sein: Angesichts der hohen Zahl von Gesamtschulen könnte die Gruppe der Jungen mit (vor allem türkisch oder arabisch geprägtem) Migrationshintergrund, die sich in diesem Kontext für eine Realschule entschieden haben, durchaus eine eigene Gruppe mit besonderen Einstellungen sein.

Der Frage, was für einzelne Jungen eine Frustration darstellt und was nicht, müsste in weiteren, auch qualitativ ausgerichteten Forschungsvorhaben nachgegangen werden. So könnte es beispielsweise sein, dass Jungen mit Migrationshintergrund noch stärker als Jungen ohne Migrationshintergrund mit hohen Erfolgserwartungen ihrer Eltern konfrontiert werden, die bereits durch einen Realschulbesuch nicht erfüllt werden (vgl. Castro Varela und Mecheril 2005: 416). Eine Studie von Krohne und Meier (vgl. 2004) zeigt darüber hinaus, dass Jungen mit Migrationshintergrund in der Sekundarstufe I zwar *weniger stark*, in der Primarstufe aber *häufiger* vom Sitzenbleiben bedroht sind als Jungen ohne Migrationshintergrund. Dies spräche einerseits gegen die These von den in der Sekundarstufe erlebten schulischen Frustrationserfahrungen. Andererseits ist der

Bildungsaufstieg der Jungen mit der Zuweisung zu einer höheren Schulform nicht garantiert. Schüler mit Migrationshintergrund sind in der Sekundarstufe I stärker vom Phänomen der Abschulung bedroht: Während beispielsweise 17% der Gymnasiasten *ohne* Migrationshintergrund bis zur Klasse 9 in eine andere Schulform wechseln müssen, werden von den Schülern *mit* Migrationshintergrund 23% abgeschult (vgl. Konsortium Bildungsberichterstattung 2006: 152). Für die Abschulung von der Realschule gilt Ähnliches. Dies kann dann durchaus eine relevante Quelle für Frustrationserfahrungen sein.

Eine alternative Erklärungsmöglichkeit, die mit diesen Zahlen durchaus zu vereinbaren ist, wäre aber, dass in den Realschulen einerseits 'Bildungsaufsteiger' mit Migrationshintergrund und 'Bildungsabsteiger' ohne Migrationshintergrund zusammentreffen. Hier würde gegebenenfalls die Theorie der „relativen Deprivation" (vgl. Groenemeyer 2005: 11) greifen. Die Einstellung zu Gewalt kann davon beeinflusst werden, „ob die ungleiche Verteilung von Ressourcen und Aufstiegschancen als legitim erachtet wird oder auf zugeschriebene Merkmale wie die Rassenzugehörigkeit zurück geführt wird" (13). Die Frustration der Realschüler *mit* Migrationshintergrund kann daher ein Ergebnis von sozialen Vergleichsprozessen mit Mitschülern *ohne* Migrationshintergrund sein. Nach diesen Überlegungen wäre dann auch für die Jungen mit Migrationshintergrund, die sich auf Realschulen befinden, die Frustrations-Aggressions-Hypothese plausibel.

Eine weitere Erklärungsmöglichkeit besteht darin, dass in den Schulen unterschiedliche Vorstellungen von Schulkultur gelebt werden und die Ziele von Schule unterschiedlich interpretiert werden; dann würden für den relativ hohen Anteil der Jungen an Realschulen, die sich bedroht fühlen, spezifische Merkmale der Realschulen in der Dortmunder Region eine Rolle spielen. Die kürzlich veröffentlichten Untersuchungen zu schulformspezifischen didaktischen Kulturen (Klieme 2006) stützen diese Vermutung, denn sie zeigen, dass in unterschiedlichen Schulformen unterschiedliche Kriterien für Leistungsbewertung angelegt werden und dass hier auf seiten der Schüler auch unterschiedliche Kompetenzprofile resultieren. Vor allem in Hauptschulen neigen mehr Lehrerinnen und Lehrer dazu, den Erziehungsauftrag von Schule in den Vordergrund zu stellen. Somit können die hier gefundenen Unterschiede zwischen den Schulformen durchaus ein Hinweis auf unterschiedliche Schulkulturen sein, die sich auf Jungen mit und ohne Migrationshintergrund differenziert auswirken. Ob damit auch schulformspezifisch unterschiedliche Niveaus von gelingender Integration einher gehen, wurde bisher nicht untersucht.

Auch unterschiedliche Wertesysteme von Jungen verschiedener Schulformen und unterschiedlicher Milieus könnten eine Rolle spielen: In der Shell-Studie konnten empirisch unter anderem die Gruppen der 'Materialisten' und der

'Macher' nachgewiesen werden. „Als eine singuläre Besonderheit der Macher kann neben der sehr hohen Bewertung der Sekundärtugenden auch die starke Betonung der eigenen Durchsetzungsfähigkeit eingestuft werden" (Shell Deutschland Holding 2006: 192). Auch in der Gruppe der 'Materialisten' haben diese Sekundärtugenden, vor allem das Streben nach Sicherheit sowie Fleiß und Ehrgeiz, eine hohe Bedeutung. „Bei Materialisten trat ein erhöhtes Konkurrenzdenken auch mit erhöhter '*Härte*' der Lebenseinstellung auf"; dies „war verbunden mit erhöhten Gewalterfahrungen" (Shell Deutschland Holding 2006: 197). Da diese Wertorientierung vor allem von männlichen Jugendlichen präferiert wird, schlussfolgern die Autoren: „Das Zusammentreffen von Männlichkeit und Materialismus ist also bereits eine Art 'Kumulation'" (Shell Deutschland Holding 2006: 198). Diese Einstellungen könnte auf die Gruppe der Realschüler mit Migrationshintergrund in verstärktem Maße zutreffen. Fraglich ist dann aber, warum dies bei den Jungen mit Migrationshintergrund, die ein Gymnasium besuchen, nicht der Fall ist.

Diskutiert werden könnte in diesem Zusammenhang, ob das höhere Ausmaß an Gewalterfahrungen bei Realschülern mit Migrationshintergrund auf ihre möglicherweise patriarchale Herkunftskultur zurückzuführen ist (vgl. Toprak 2005, 2007) oder ob sie eine eigene, neue Konstruktionsleistung ist, in der der eigene Aufstieg auf männliche Eigenschaften zurückgeführt und damit geschlechtlich interpretiert wird. Insbesondere der Umstand, dass Jungen mit Migrationshintergrund, die bereits in Deutschland geboren sind, häufiger ein gewaltorientiertes Selbstbild berichten als Jungen, die zunächst im Herkunftsland aufgewachsen sind, weist in Übereinstimmung mit anderen Studien darauf hin, dass gerade die sozialisierenden Milieus in Deutschland Bestandteile solch antiquierter Geschlechtsrollenmuster hervorbringen könnten. Problematisch wäre dann nicht die vermeintlich 'vormoderne Herkunftsregion', sondern die Sozialisationsbedingungen im Einwanderungsland. Diese Sichtweise wird auch durch aktuelle soziologische Forschungen zu Gewalt bestätigt: „Selbst wenn diese Kultur der Ehre ihre Wurzel in spezifischen archaischen ethnischen Traditionen haben sollte, was im öffentlichen Diskurs in Deutschland besonders im Hinblick auf junge Türken und Russlanddeutsche immer wieder angenommen wird, so handelt es sich dabei doch um eine Transformation, die eher durch die aktuellen Lebensbedingungen in benachteiligten Stadtteilen aus Diskriminierungs- und Exklusionserfahrungen und aus Erfahrungen mit den staatlichen Kontrollinstitutionen entsteht" (Groenemeyer 2005, 24).

Eine ähnliche Erklärung unterstellt, dass einige Realschüler mit Migrationshintergrund stärker als Schüler anderer Schulformen Ausgrenzungserfahrungen wahrnehmen. Diese Jungen könnten als *potenzielle* Bildungsaufsteiger in der Tat andere (neue?) Diskriminierungserfahrungen machen: Sie sind „anderen, sie ausgrenzenden Diskursen ausgesetzt" (Castro Varela und Mecheril 2005: 416). Bei Enzmann et al. (vgl. 2003: 267) findet sich die Vermutung, dass es unterschiedliche jungentypische Milieus gibt. Unter den Jungen mit Migrationshintergrund könnte es eine Untergruppe geben, die nicht nur eine höhere Bildungsaspiration hat, sondern die den – mit dem Besuch höherer Schulformen verbundenen – noch unsicheren Aufstieg im Einwanderungsland dann präventiv mit Härte und Durchsetzungsvermögen zu unterstützen versucht. Dazu würden vielfältige Reaktionsmöglichkeiten gehören, die vom Kampf um Status und Anerkennung in der Gruppe zeugen. Diese Jungen scheinen die eigene Reputation demonstrieren und verteidigen zu wollen und dabei Selbstverteidigungskompetenzen 'präventiv demonstrieren' zu wollen. Enzmann et al. (2003: 270) sprechen von „Charakterwettkämpfen und Beleidigungsduellen". Verstärkte Konkurrenzgefühle könnten auch körperlich ausagiert werden.

Eventuell lassen sich dementsprechend die Unterschiede insbesondere bei den Realschülern darauf zurückführen, dass die Realschüler mit Migrationshintergrund eher als die anderen Realschüler Bildungsaufsteiger sind, die in ihrer Freizeit deutlich häufiger als ihre Mitschüler ohne Migrationshintergrund in soziokulturellen Milieus verkehren, in denen aggressives Verhalten eher üblich ist und vielleicht auch anders bewertet wird, d.h. nicht als Aggression, sondern als körperbetonte Form, Dominanz und sozialen Status auszuhandeln oder sich gegen Diskriminierungen zu wehren. Dies kann hier nicht abschließend beurteilt werden, weil in der vorliegenden Studie nicht kontrolliert wurde, ob die Realschüler mit Migrationshintergrund eher aus Elternhäusern mit einem deutlich ungünstigeren sozioökonomischen Status stammen als ihre Mitschüler ohne Migrationshintergrund – und ob dies vielleicht an Gesamt-, Haupt- und Förderschulen anders ist. Diesem Ansatz zufolge kann Gewalt weniger als Folge von Frustration begriffen werden, sondern das Präferieren von aggressiven Auseinandersetzungen wird vielmehr in Zusammenhang zu Konstruktionsprinzipien von Gemeinschaft gesehen; Gewalt wird zum Modus der Integration in männliche Subgruppen (vgl. Groenemeyer 2005: 21).

Dass die Zusammenhänge zwischen der Einstellung zu Gewalt und dem Migrationshintergrund ausgerechnet in den Realschulen so ausgeprägt sind, könnte außerdem mit Prozessen der 'sozialen Schließung' (vgl. Groenemeyer 2005: 23) erklärt werden. Diese Vermutung geht davon aus, dass Realschüler mit Migrationshintergrund befürchten könnten, dass ihre herkunftsbedingten sozialen Ressourcen im schulischen Kontext abgewertet werden und dass die Mobilisierung von (vermeintlichen) ethnischen Werten in diesem Zusammenhang dann der Statuserhöhung dient. Hinzu kommt, dass umso weniger Schüler mit ähnlichem Migrationshintergrund – und damit auch mit ähnlichem soziokulturellen

Hintergrund – in den Schulen sind, desto höher der angestrebte Schulabschluss ist. Potenzielle Bildungsaufsteiger mit Migrationshintergrund gehören vermutlich daher eher einer Gruppe an, die in eng geschlossenen Netzwerken lebt ('soziale Schließung'). Prozesse der 'sozialen Schließung' von Subgruppen begünstigen das Anwachsen von Intoleranz gegenüber vermeintlichen Normverstößen von Gruppenmitgliedern (vgl. Groenemeyer 2005: 23). Zu diesen Vermutungen würde passen, dass sich unter den Schülern mit türkisch oder arabisch geprägten Migrationshintergrund diejenigen, die eine Realschule besuchen, in ähnlich hohem Maße bedroht fühlen wie ihre Mitschüler ohne Migrationshintergrund und damit in höherem Maße als Schüler mit Migrationshintergrund in anderen Schulformen. Dieser Befund könnte ein Hinweis darauf sein, dass hier Konstruktionsprozesse mit gegenseitigen Zuschreibungen von Bedrohlichkeit stattgefunden haben. Möglicherweise fällt ein Migrationshintergrund an Realschulen stärker als an Haupt- und Gesamtschulen auf, so dass hier im konstruktivistischen Sinne des 'Doing Migrant' Prozesse der Fremd- und Selbstetikettierung stattfinden. Dies müsste theoretisch dann aber auch an Gymnasien der Fall sein, da dort der Anteil der Jungen mit Migrationshintergrund noch geringer ist als an Realschulen. Auernheimer (vgl. 1999) unterstellt kulturelle Enteignungsprozesse der Kinder von Migranten: Die erfahrene Abwertung der Herkunfts- und der Migrantenkultur führe zu Selbstethnisierungsprozessen, Desintegration und gewalttätigen Geschlechterverhältnissen. Selbstethnisierung bzw. -kulturalisierung wird häufig gedeutet als ein Übernehmen und Verfestigen der Logik herrschender Diskurse, entpuppt sich aber unter konstruktivistischer Perspektive möglicherweise eher als Produkt von Spielregeln, die von den Migranten selbst aufgestellt worden sind: Wenn Jugendliche mit Migrationshintergrund ihre – vermeintlich eigene – Kultur kultivieren und zu Kapital machen, kann man diese Prozesse auch als Form des Widerstands gegen Marginalisierung interpretieren. In der Sozialarbeit wird beobachtet, dass Ethnizität im Geschlechterverhältnis häufig als 'Joker' eingesetzt wird: Sie wird erwähnt oder nicht erwähnt, je nach dem, ob dies für die spezielle Zielsetzung der Argumentation gerade vorteilhaft erscheint (vgl. Schad 2007). Ein ähnliches Muster könnte vielleicht auch im Macht-Diskurs zwischen Jungen unterschiedlicher Subgruppen bestehen.

Im Hinblick auf die in Kapitel 1 aufgeworfenen theoretischen Fragestellungen bedeuten z.B. die auffälligen Ergebnisse zu männlichen Realschülern mit Migrationshintergrund, dass sowohl die Kulturdifferenzhypothese als auch die Frustrations-Aggressionshypothese an Erklärungskraft verlieren (vgl. auch Stanat 2006). Im Rahmen der vorliegenden Studie, die sich auf benachteiligte soziale Kontexte bezieht, kann das tendenzielle Präferieren von Gewalt auch als Ausdruck eines 'Zugehörigkeitskonflikts' (Ringen um Anerkennung) und als 'Verteidigung sozialer und moralischer Territorien' (Machtdemonstrationen) verstanden werden (vgl. Groenemeyer 2005: 28). Enzmann et al. (vgl. 2003: 283) interpretieren die Ergebnisse ihrer eigenen Untersuchung zur 'Kultur der Ehre' dergestalt, „dass es sich bei der als gewaltlegitimierende Männlichkeitsnormen operationalisierten Kultur der Ehre weniger um einen ethnisch spezifischen kulturellen Faktor handelt, als vielmehr um Orientierungen, die über die Ethnien hinweg allgemeiner in Kontexten von sozialer Benachteiligung und Marginalisierung entstehen". Die Autoren interpretieren ihre Ergebnisse als Zeichen der Wirkung von milieutypischen und vermutlich vorhandenen subkulturellen Jugendgruppen. Da auch die detaillierten Untersuchungen zur Benachteiligung von Schülern mit Migrationshintergrund im Kontext der PISA-Studie (vgl. Stanat 2006, Müller und Stanat 2006, Walter und Taskinen 2007) zeigen, dass mit dem an Bourdieu orientierten Habituskonzept die Differenzen in der Sozialisation vor allem (nicht eingebürgerter) türkischer Jungendlicher bisher nicht hinreichend erklärt werden können, wäre zu prüfen, ob milieutheoretische Analysen nicht fruchtbarer wären (vgl. Grundmann et al. 2003): „Gewaltlegitimierende Männlichkeitsnormen wären dann ein Kennzeichen der Zugehörigkeit zu bestimmten Teilsegmenten unserer Gesellschaft" (Enzmann et al. 2003: 284), zu denen jedoch auch eine Reihe von Jungen ohne Migrationshintergrund gehört.

Die Differenzierung unserer Untersuchung nach Schulformen führt darüber hinaus zu dem Ergebnis, dass die generell höhere Gewaltneigung mancher Jungen nicht primär mit dem Migrationshintergrund zu erklären ist, sondern dass man nach weiteren theoretischen Hinweisen für Unterschiede jenseits von Migrationshintergrund suchen sollte und dabei auch nach Erklärungen für schulformspezifisches Verhalten von Subgruppen. Die Vergleiche zwischen Gymnasien, Gesamtschulen, Hauptschulen, Realschulen und Förderschulen zeigen, dass sich Jungen in unterschiedlichen Kontexten unterschiedlich verhalten; eventuell haben auch pädagogische Interventionen oder bestimmte Schülerzusammensetzungen durchaus wünschenswerte Folgen. Insofern können die Ergebnisse eine optimistische pädagogische Haltung begründen: Jungen mit Migrationshintergrund lassen sich nicht stärker als andere Jungen von eigener bildungs- und ökonomischer Perspektivlosigkeit zu Gewalthandeln verführen. Eher im Gegenteil: In Hauptschulen, an denen dies eine Rolle spielt, zeigen sich keine Unterschiede im selbst berichteten Gewalthandeln zwischen Jungen mit und ohne Migrationshintergrund – an den Förderschulen weisen die Zusammenhänge teilweise in die entgegengesetzte Richtung.

Diese Fragen, die sich auf das oben genannte besondere Antwortverhalten von Realschülern mit Migrationshintergrund beziehen, sollten mit Hilfe von nicht standardisierten Forschungsmethoden untersucht werden (vgl. Stecklina

2007). Genauer zu betrachten wäre dabei eine Teilgruppe aus der Gruppe der potenziellen Bildungsaufsteiger mit Migrationshintergrund, die Realschulen – vielleicht auch Gymnasien – besuchen. Dabei wäre zu prüfen, ob sie ihre relativ erfolgreichen Durchsetzungsstrategien im Sinne des 'Doing Gender' und 'Doing Migrant' stärker als andere Jungen männlich-patriarchal interpretieren.

Bei den hier ausführlich vorgetragenen Überlegungen zu den in Realschulen gefundenen Differenzen zwischen Jungen mit und ohne Migrationshintergrund hinsichtlich ihrer Einstellung zu Gewalt darf nicht vergessen werden, dass die höchsten Zustimmungsraten zu gewaltlegitimierenden Männlichkeitsnormen auf den Hauptschulen (und nur teilweise in den Gesamtschulen) gefunden wurden und hier keine Unterschiede zwischen Jungen mit und ohne Migrationshintergrund festzustellen waren.

Neuere Untersuchungsergebnisse des Kriminologischen Instituts in Hannover liefern Belege für den Zusammenhang zwischen dem gegliederten Schulsystem und Gewalt: „Die Hauptschule ist damit zum ersten Mal zu einem Verstärkungsfaktor für Jugendgewalt geworden" (Pfeiffer 2008: 30). Wenn man nur Schüler aus Elternhäusern mit ähnlichen sozialen Voraussetzungen (z.B. gewaltfreies Elternhaus, kein Armutsrisiko, ähnliche Wertesysteme in der Familie) vergleicht, spielt die ethnische Herkunft der Schüler in Zusammenhang mit Gewalthandeln keine Rolle mehr (vgl. Pfeiffer 2008: 31).[11] Schule wird nach diesen Daten als Ort gesehen, der „Einfluss auf das soziale Netzwerk eines Schülers hat" (Pfeiffer 2008: 30). Daher endet der Bericht mit einem Plädoyer für die Schließung der Hauptschulen, mit einem Plädoyer für Ganztagsschulen, die sich als Motto gesetzt haben: die „Lust auf Leben wecken durch Sport, Musik, Theaterspielen und soziales Lernen" (Pfeiffer 2008: 31, vgl. auch Hopf 2002). Die Dortmunder Jungenstudie hat Jungen aller Schulformen (und nicht speziell Mehrfachtäter) untersucht; sie kann jedoch das Vorhandensein eines besonderen Hauptschulmilieus bestätigen, das bisher – unabhängig von ethnischen Voraussetzungen der Schüler – mit eher ungünstigen Einstellungen zu Gewalt in Verbindung gebracht werden kann.

---

[11] In Hannover besuchen nur noch weniger als ein Drittel der türkischen Jugendlichen die Hauptschule, in München sind es 61%. In Hannover sank der Anteil an gewalttätigen 15-jährigen Türken (Mehrfachtäter) in den letzten zehn Jahren, er hat sich auf sieben Prozent halbiert. Im gleichen Zeitraum stieg der Anteil dieser Gruppierung in München von 6% auf 12%. Der Gymnasialanteil der 15-jährigen Türken ist in Hannover auf 15% gestiegen, während er im gleichen Zeitraum in München von 18% auf 12,6% gesunken ist (vgl. Pfeiffer 2008).

4 Jungen heute – auf dem Weg zu einer neuen Balance

Für die vorliegende Untersuchung wurden 1635 Jungen aller Schulformen (inklusive der Förderschulen mit dem Förderschwerpunkt Lernen) im Alter zwischen 14 und 16 Jahren befragt. Im Folgenden werden zunächst die Ergebnisse der Dortmunder Jungenstudie zusammengefasst und in den Kontext aktueller Untersuchungen gestellt. Im Anschluss daran werden aus den vorliegenden Daten Konsequenzen für die Weiterentwicklung der genderorientierten schulischen Arbeit abgeleitet; dies betrifft die Ebenen Schulentwicklung, Unterrichtsentwicklung, Lehrerinnen- und Lehrerbildung sowie Konzepte für die schulische und auch die außerschulische Jungenarbeit.

4.1 Zusammenfassung der Ergebnisse

Im Bereich der *Freizeitgestaltung* wird deutlich, dass die befragten Jungen bei weitem keine homogene Gruppe sind. Ein Teil der Jungen bevorzugt eher passive Freizeitbeschäftigungen wie Musik hören, Fernsehen oder mit Freunden „rumhängen", ein anderer Teil verhält sich aktiver und treibt z.B. Sport. Entsprechend ist auch der Anteil der Jungen, die in einem Fußballverein sind, relativ hoch. Eine ausgesprochen wichtige Rolle spielt auch der Computer bei der aktiven Freizeitgestaltung von Jungen – sowohl das Spielen als auch die Beschäftigung in und mit dem Internet. Nicht erfragt wurde, ob die Jungen ihre Zeit vor dem Rechner alleine oder mit anderen Jungen verbringen. Immerhin 14% der Jungen geben aber an, zur LAN-Szene zu gehören; diese Jungen spielen also auch gemeinsam mit anderen Jugendlichen Computerspiele. Abgesehen davon bezeichnet sich in dieser Altersgruppe (erwartungsgemäß) nur ein sehr geringer Teil der Jungen als zu einer Szene zugehörig. Im Vergleich zur ersten Dortmunder Jungenbefragung (vgl. Zimmermann 1998) hat sich an der Beliebtheit von Musikhören und Fernsehen wenig geändert; beide Aktivitäten stehen nach wie vor an erster und zweiter Stelle. In den letzten zehn Jahren ist jedoch Sport von Rangplatz drei auf Rangplatz sechs gefallen. In der Freizeit ist es wichtiger geworden, mit Freunden 'rumzuhängen' und im Internet zu surfen.

Auch das Lesen hat einen hohen Stellenwert; der Anteil der Jungen, die angeben, in ihrer Freizeit *gar nicht* zu lesen, ist mit insgesamt 12% gering. Die Jungen lesen ganz überwiegend Zeitungen oder Zeitschriften; analog zu den Freizeitbeschäftigungen stehen Computerzeitschriften an erster Stelle. Ein signifikanter Zusammenhang zwischen dem Lesen und der Schulform besteht insbesondere hinsichtlich des Lesens von Tageszeitungen, nicht aber hinsichtlich des Lesens von Computerzeitschriften. Dennoch ist bemerkenswert, dass die Quote der Jungen, die ihre Freizeit mit Lesen verbringt, in den letzten zehn Jahren deutlich kleiner geworden ist. Überspitzt formuliert verdrängen das Internet und Computerzeitschriften nicht nur die sportliche Betätigung, sondern auch die traditionelle Lektüre (Jugendzeitschriften wie Bravo, Comics und Belletristik).

Die Ergebnisse zu *Freundschaften* zeigen, dass die meisten Jungen einen besten Freund oder eine feste Freundin haben, und auch sonst geben sie an, einen recht großen Freundeskreis zu haben. Im Vergleich der Dortmunder Jungenbefragungen zeigt sich, dass die Größe der Gruppen, in denen sich Jungen bewegen, jedoch abgenommen hat: Die Mehrheit hat heute bis zu sechs männliche und ebenso viele weibliche Freunde. Vor zehn Jahren pflegten viele Jungen freundschaftliche Beziehungen zu mehr als zehn Jugendlichen. Dies würde bedeuten, dass die Jungen heute in etwas kleineren, intimeren Kreisen verkehren, wobei gleichzeitig geschlechtsheterogene Freundschaften häufiger geworden sind. Etwa die Hälfte der befragten Jungen bespricht auch Probleme mit ihrem besten Freund. Insgesamt ist im Vergleich zur Befragung aus dem Jahr 1995 ein Trend zu mehr Überschaubarkeit und Intimität auch in freundschaftlichen Beziehungen festzustellen. Die Peers sind deutlich wichtiger geworden, auch wenn etwa ein Drittel der Jungen Probleme auch heute noch lieber alleine löst. Auch körperliche Nähe unter Freunden ist selten. Vermutet wird, dass dies daran liegt, dass Homosexualität nach wie vor als Stigma gilt und die Jungen auf keinen Fall den Eindruck erwecken möchten, homosexuell zu sein. Aus den Zusammenhängen zwischen Körperkontakt und Migrationshintergrund wird aber auch sehr deutlich, dass der Umgang mit Körperkontakt bzw. mit Nähe und Distanz auch ein gutes Stück weit durch die Herkunftsfamilie tradiert wird.

Die *Beziehung der Jungen zum Vater* wird nur von einem kleinen Teil der befragten Jungen positiv wahrgenommen: Die überwiegende Mehrheit von Jungen wählt als Vorbild nicht den Vater, sondern ganz andere, sehr unterschiedliche Idole. Hier zeigt sich durch die Vergleichsuntersuchung von 1995 eine deutliche Abnahme: Vorbilder sind insgesamt weniger wichtig geworden. Dies betrifft vor allem die früher häufiger genannten Filmhelden, aber eben auch den eigenen Vater. 1995 empfanden 35% der Jungen ihren Vater als Vorbild; heute sind es nur noch 16%. Bei der Analyse der Themen, die sie tatsächlich mit ihrem Vater besprechen, zeigt sich, dass es hierbei größtenteils um Schul- oder um

Geldprobleme geht; ansonsten besprechen Jungen ihre Probleme lieber mit einem Freund oder lösen diese alleine (s.o.). Ein sehr distanzierter Umgang wird
auch mit dem Weinen als starker Gefühlsäußerung gepflegt. Nur wenige Väter
weinen vor ihren Söhnen, und auch wenn die Söhne weinen und die Väter das
mitbekommen, ignorieren sie relativ häufig das Weinen. Dies ist sicher ein
Grund für die Distanz zu den Vätern, denn für die Mehrheit der Jungen ist Weinen ganz normal. Kühle und patriarchal agierende Väter sind für die meisten
Jungen nicht attraktiv. Festzustellen ist außerdem, dass Vorbilder heute – im
Vergleich zur Dortmunder Jungenstudie von 1995 – aus ganz anderen Gründen
attraktiv sind. Damals waren Beliebtheit und 'coole Sprüche' wichtig; sie erhiel-
ten die Rangplätze eins und zwei. Heute wird zum Vorbild, wer Dinge besser
kann als man selbst oder wer viel weiß. Überspitzt formuliert: Jungen lassen sich
von 'coolen Sprüchemachern' nicht mehr beeindrucken; heute ist die Mehrheit
von ihnen kompetenzorientiert. Altruistische Motive ('Ein Vorbild ist jemand,
der anderen Menschen hilft') gelten demgegenüber nicht mehr als so vorbildhaft
wie noch 1995.

Die Ergebnisse zu den *Rollenbildern* der Jungen weisen darauf hin, dass ein
relativ hoher Anteil der befragten Jungen eher konventionelle Ziele und Werte
vertritt, die im privaten Bereich zu verorten sind: Insgesamt streben etwa zwei
Drittel der Jungen eine harmonische Familie oder Reichtum und Wohlstand als
wichtigstes Lebensziel an, nicht Arbeit oder Selbstverwirklichung. Dies ist für
partnerschaftlich geführte Lebensgemeinschaften sicherlich eine gute Voraussetzung. Die meisten Jungen sind mit sich selbst zufrieden und glauben, dass sie
ihre Lebensziele durchaus erreichen können. Machohaftigkeit wird von den Jungen abgelehnt und mit Aggressivität, Misstrauen oder Arroganz assoziiert; als
Rollenvorbilder dienen dagegen eher 'Typen', deren Eigenschaften in der bestehenden Gesellschaft Erfolg und Sicherheit versprechen. Auch die Antworten auf
die Frage danach, wie eine Frau sein sollte, lassen darauf schließen, dass den
Jungen einerseits traditionelle Werte wie Zuverlässigkeit, Treue und Angepasstheit wichtig sind, aber auch Witz und Intelligenz – 'Stärke' dagegen nicht. Sie
scheinen sich eine kompetente, aufgeschlossene Partnerin zu wünschen, mit der
sie jedoch nicht in Konkurrenz treten müssen. Ganz egalitär ist ihre Vorstellung
von den Geschlechterbeziehungen noch nicht, da das Mannsein durchaus noch
mit Stärke verknüpft wird.

Für den Bereich des *Schullebens* zeigen die Ergebnisse, dass nur eine sehr
kleine Minderheit der befragten Jungen Geschlechtertrennung befürwortet (abgesehen vom Sportunterricht), denn sie finden den Unterricht in koedukativen
Lerngruppen interessanter und erhoffen sich dadurch auch die Möglichkeit, mit
den Mädchen aus ihrer Lerngruppe zu flirten. Obwohl viele Jungen der Ansicht
sind, dass die Mädchen von den Lehrkräften als fleißiger und angepasster wahr-

genommen werden, haben die meisten Jungen, unabhängig von der Schulform, ein sehr positives Leistungsselbstbild und sind insbesondere der Meinung, dass sie durchaus erfolgreich sein könnten, wenn sie sich nur anstrengen würden. Jungen mit türkisch oder arabisch geprägtem Migrationshintergrund geben aber häufiger als die anderen Jungen an, mehr arbeiten zu müssen als andere, um erfolgreich zu sein. Anscheinend gelingt es den meisten Jungen ganz gut, die unterschiedlichen und teils widersprüchlichen Erwartungen, die einerseits mit der Jungenrolle und andererseits mit der Schülerrolle zusammenhängen, zu balancieren: Sie bezeichnen sich einerseits als (zumindest potenziell) erfolgreich, andererseits erklären sie mangelnden Erfolg mit Umweltbedingungen oder aber, ganz in Übereinstimmung mit den Erwartungen ihrer Lehrkräfte, mit mangelnder Anstrengung.

Im Vergleich zur ersten Dortmunder Jungenbefragung nehmen heute deutlich mehr Jungen als damals wahr, dass Mädchen für Ruhe im Unterricht sorgen. Insgesamt ist die Quote derjenigen Jungen gestiegen, die etwas neidisch auf die Mädchen blickt: Mehr Jungen als in der Studie aus dem Jahr 1995 meinen, Mädchen würden bevorzugt und hätten es leichter beim Lernen. Eine deutlich größere Gruppe von Jungen sagt heute, dass Lehrerinnen und Lehrer Mädchen deswegen höher schätzen als Jungen, weil sie Mädchen für fleißiger, lieber und intelligenter hielten. Die Unterschiede in den Zustimmungsquoten zu den entsprechenden Antwortvorgaben fallen ausgesprochen drastisch aus. Auch der enorm gestiegene Anteil der Jungen, denen in der Schule interessante Fächer fehlen, deutet auf einen relativ hohen Grad von Unzufriedenheit mit dem schulischen Alltag hin. Dies könnte erklären, warum im Vergleich zur ersten Befragung der Anteil der Jungen, die das Flirten in der Schule wichtig finden, leicht gestiegen ist. Das Anbahnen von erotischen Beziehungen ist für mehr als die Hälfte der Jungen heute eine wichtige Funktion von Schule.

Jungen mit Migrationshintergrund können, verglichen mit dem Bundesdurchschnitt, hinsichtlich ihres *Bildungserfolges* als relativ erfolgreich eingestuft werden; so besucht ein relativ hoher Anteil von ihnen ein Gymnasium. Außerdem ist unabhängig vom Migrationshintergrund eine relativ hohe Quote von Gesamtschülern festzustellen – dies ist vermutlich auf die relativ hohe Zahl der Gesamtschulen im Ruhrgebiet zurückzuführen. Wahrscheinlich ist, dass dies den Schulerfolg von Jugendlichen mit Migrationshintergrund unterstützt – womöglich insbesondere von Jugendlichen, deren Eltern aus Staaten stammen, in denen die Gesamtschule die Regel ist. Die hohen Schülerquoten der Gesamtschule gehen vor allem zu Lasten der Hauptschulen, aber auch Realschulen werden etwas seltener besucht als im Bundesdurchschnitt. Dies lässt darauf schließen, dass vielen Jugendlichen bewusst ist, dass ihnen der Besuch einer Gesamtschule gute Perspektiven eröffnen kann – bis hin zum Abitur und dem damit verbundenen Berufswahlspektrum.

Im Hinblick auf die *Einstellung der Jungen zum Thema Gewalt* ist festzustellen, dass nur ca. ein Drittel von ihnen angibt, noch nie an einer harmlosen Klopperei beteiligt gewesen zu sein. Auch die Erfahrung, an einer ernsthaften Prügelei beteiligt zu sein, gehört offensichtlich zum Aufwachsen von Jungen dazu. Die Analyse der Zusammenhänge zwischen der Beteiligung an harmlosen Kloppereien bzw. den Gründen für eine ernsthafte Prügelei auf der einen und der Schulform bzw. dem Migrationshintergrund auf der anderen Seite ergibt, dass Realschüler mit Migrationshintergrund öfter, Förderschüler mit Migrationshintergrund seltener als ihre deutschen Mitschüler angeben, in harmlose Prügeleien involviert gewesen zu sein – unabhängig von ihrer Herkunftsregion. Dies macht deutlich, dass der Migrationshintergrund die unterschiedlichen Beteiligungsquoten von Schülern an solchen Gewaltaktivitäten nicht hinreichend erklärt.

Obwohl der überwiegende Teil der Jungen berichtet, bereits Gewalterfahrungen mit Gleichaltrigen gemacht zu haben, würden sich nur sehr wenige Jungen als 'harten und brutalen Typ' bezeichnen. Im Unterschied zu den berichteten Erfahrungen mit Prügeleien ist hier aber der Migrationshintergrund entscheidend: Innerhalb der kleinen Gruppe, die sich so bezeichnet, sind es eher Jungen, deren Eltern aus der Türkei oder aus Staaten des arabischen Sprachraumes zugewandert sind, die angeben, ein solches Selbstbild zu haben. Gleichwohl sind Jungen, die sich als 'harten und brutalen Typen' bezeichnen würden, sehr deutlich in der Minderheit. Ebenfalls gibt auch nur ein geringer Anteil der Jungen an, sich in der Schule bedroht zu fühlen – dabei ist der Anteil der Schüler, die sich in der Schule bedroht fühlen, unter den deutschen Schülern etwas höher als unter den Schülern mit Migrationshintergrund.

Eine stärkere Gewaltneigung von Jungen mit Migrationshintergrund kann also pauschal nicht festgestellt werden. Auch die Zusammenhänge zwischen der Schulform und der Einstellung zur Gewalt sind teilweise in sich widersprüchlich. Insgesamt können die gefundenen Zusammenhänge überdies als schwach gelten, sodass davon auszugehen ist, dass weitere Faktoren, die in der vorliegenden Studie nicht erhoben wurden, ebenfalls für die Einstellung der Jungen zum Thema Gewalt bedeutsam sind.

Als Gesamtfazit ergibt sich, dass die Lebensentwürfe von Jungen ausgesprochen vielfältig und ausdifferenziert sind. Eine Reihe neuerer Untersuchungen zu Einstellungen und zum Verhalten von Mädchen und Jungen (bzw. von jungen Frauen und jungen Männern) belegt ähnlich wie in der vorliegenden Studie, dass Unterschiede zwischen den Geschlechtern abnehmen. Das dichotome Denken, welches im Alltag ausgesprochen plausibel erscheint, ist insgesamt fragwürdig geworden. Eine Untersuchung von Allmendinger (vgl. 2008: 57) zu

Lebensentwürfen von jungen Frauen bilanziert z.b. unter Bezugnahme auf eine entsprechende Erhebung bei jungen Männern (beide Gruppen im Alter zwischen 17 und 29 Jahren): „Soziale Kompetenzen und Schlüsselqualifikationen sind nicht geschlechtsspezifisch verteilt. Wir haben keine Anhaltspunkte für Aussagen gefunden wie 'Frauen führen besser', 'Frauen sind pflichtbewusster', 'Frauen sind teamfähiger'. Auch sind Männer nicht belastbarer, cooler, zielstrebiger oder führungsfähiger".

Im Bereich des kommunikativen Verhaltens sind Männer jedoch eine heterogenere Gruppe als Frauen. Vor allem in der Gruppe junger Männer mit geringer formaler Bildung gibt es den Daten dieser Studie zufolge eine große Anzahl mit schwach ausgeprägter kommunikativer Kompetenz. Die Differenzen zwischen den Alltagserfahrungen, in denen Geschlechterunterschiede augenfällig erscheinen, und wissenschaftlichen Ergebnissen können laut Almendinger (vgl. 2008: 57) durch wechselseitige Zuschreibungen erklärt werden. Im Durchschnitt finden sich in den meisten untersuchten Dimensionen gleichwohl hohe Überschneidungen und Ähnlichkeiten im Antwortverhalten von jungen Frauen und jungen Männern: In den Skalen mit Eigenschaftsprofilen beschreiben sich junge Frauen und junge Männer z.B. mit den gleichen Merkmalen und in gleicher Stärke.

Die Selbstbeschreibung unterscheidet sich bei jungen Frauen jedoch nicht nach dem jeweils erreichten formalen Bildungsniveau, während sie bei jungen Männern je nach besuchter Schulform unterschiedlich ist: Die bei sich selbst wahrgenommene soziale Kompetenz steigt mit dem höheren formalen Bildungsniveau. Was die eigene Lebensplanung angeht, so wird die Frage, ob man eher der 'Mutter' oder der 'Karrierefrau' den Vorzug gibt, jedoch vom schulischen Bildungsniveau der jungen Frauen beeinflusst. Bei Männern zeigen sich bei der Frage nach dem Frauenleitbild keine Zusammenhänge mit dem formalen Bildungsniveau (vgl. Allmendinger 2008: 49). Als außerordentlich bemerkenswertes Ergebnis ist schließlich hervorzuheben, dass 57% der jungen Männer es bevorzugen würden, wenn das Land in Zukunft mehr von 'Vätern' geprägt wird; nur 43% meinen, es solle von 'Karrieremännern' geprägt werden.

Auch die Daten der Dortmunder Jungenstudie legen den Schluss nahe, dass sich Jungen Gefühlsäußerungen wie z.B. Weinen zubilligen, dass sie eher geschlechterdemokratische Vorstellungen von Sexualität und Treue haben und dass sie kluge Frauen mögen. Der Macho ist kein Leitbild für sie; auch der eigene Vater ist für viele nicht mehr das Ideal, dem man nachstrebt.

Allerdings halten sich bei faktisch identischer Selbstbeschreibung die antiquierten stereotypen Vorurteile über das jeweils andere Geschlecht. Wenn junge Frauen die Eigenschaften von Männern beschreiben sollen bzw. junge Männer die Eigenschaften von Frauen, zeigen sich jeweils traditionell rollenkonforme

Einschätzungen, die sich auf überkommene Geschlechterdifferenzen beziehen (vgl. Allmendinger 2008: 70 ff.).

Junge Frauen und junge Männer sind sich also einerseits sehr ähnlich geworden. Andererseits halten sich wechselseitig die klischeehaften Zuschreibungen, was zu Kommunikationsproblemen führt und auf notwendige Folgerungen und Veränderungen in den Bereichen Bildung und Erziehung hinweist.

Obwohl Geschlechterunterschiede in Einstellungen und im Verhalten vor allem als Resultat individueller und kollektiver Konstruktionsleistung verstanden werden müssen, ist gleichzeitig die bislang nicht erreichte Chancengleichheit der Geschlechter ein wichtiger Aspekt einer geschlechtergerechten Bildung und vor allem eine notwendige gesellschaftliche Aufgabe im Sinne einer Angleichung von Berufschancen, von Einkommensunterschieden und Einflussmöglichkeiten (vgl. Koch-Priewe 1997). Die 'Geschlechter-Schere', welche sich im Bereich der Schule geschlossen und teilweise sogar zu Gunsten der Mädchen geöffnet hat, ist nach wie vor ein gravierendes Phänomen der Arbeitswelt, in welcher die Chancen junger Frauen abrupt sinken – wenngleich sie auch hier in den letzten Jahre aufgeholt haben (vgl. Allmendinger 2008: 88). Unter der Perspektive des 'Gender Mainstreaming' (vgl. Schmidt 2007) ist der Blick aber inzwischen auch auf Jungen und Männer gerichtet: Mehr Jungen als Mädchen scheitern im schulischen Lernen, und in bestimmten (vor allem sozialen) Berufen sind Männer deutlich unterrepräsentiert. Auch für sie müssen geeignete Maßnahmen entwickelt werden, um Chancengleichheit zu fördern.

Prämissen für die schulische und außerschulische Pädagogik sind also Trends der objektiven Angleichung der Geschlechter, eine neue Vielfalt in der Geschlechtlichkeit, die andauernde Beharrlichkeit von stereotypen Fehlwahrnehmungen des anderen Geschlechts, eine partielle Chancenungleichheit in der Schule und die ungleiche Verteilung von Macht und Einfluss im Berufsleben sowie in der Politik.

4.2 Perspektiven der Jungenarbeit

Aus historischer Perspektive betrachtet ist das Thema Jungenarbeit eng verknüpft mit der Entwicklung der pädagogischen, parteilichen Mädchenarbeit, welche Mitte der 1980er Jahre im Kontext feministischer Bewegungen entstanden ist. Der Anlass für die Entwicklung von Mädchenarbeit waren Diskurse zur geschlechtsspezifischen Sozialisation und der feministischen Gesellschaftsanalyse zur 'Kultur der Zweigeschlechtlichkeit' (vgl. Hagemann-White 1984), aus denen die Forderung zur 'Persönlichkeitsstärkung' von Mädchen abgeleitet wurde. Daran schloss sich bereits nach kurz Zeit die Überlegung an, ergänzend auch die Entwicklung von Jungenarbeit zu forcieren, welche in der Praxis vorrangig von Männern umgesetzt werden sollte (vgl. Cremers 2005). Mittlerweile gibt es unterschiedliche Ansätze, Jungen als eigenständige pädagogische Zielgruppe zu berücksichtigen. Jungenarbeit befindet sich in einem Stadium der partiellen Verstetigung und Profilierung – dies insbesondere im Rahmen der außerschulischen Jugendbildung, der Jugendberatung und der offenen Jugendarbeit in Jugendverbänden, -initiativen sowie der Jugendsozialarbeit (vgl. Bentheim et al. 2004). Die bislang vorliegenden Jungenarbeitskonzepte, welche als geschlechtsbezogene pädagogische und/oder soziale bzw. sozialpädagogische Arbeit von Männern mit Jungen bezeichnet werden können, sind ausgesprochen umstritten (vgl. Schultheis et al. 2006: 7). Insbesondere zur Bedeutung und Wirksamkeit von Jungenarbeit liegen derzeit keine fundierten empirischen Erkenntnisse vor. Es fehlt darüber hinaus auch eine systematische Bestandsaufnahme der Angebote zur Jungenarbeit (vgl. Bentheim et al. 2004). In der (Fach-)Literatur finden sich verschiedene Ansätze, die mit geschlechtsreflektierender, antisexistischer, mythopoetischer, patriarchatskritischer, reflektierender oder emanzipatorischer Jungenarbeit betitelt werden (vgl. Holz 2008: 19). Im Rahmen der Systematisierungsversuche zur pädagogischen Ausrichtung von Jungenarbeit werden aus der Vielzahl der Ansätze drei Arbeitsprinzipien bzw. -konzepte unterschieden. Es handelt sich dabei um Konzepte, denen erstens ein Vorreiter-Status zugemessen wird, die zweitens über eine große Konstanz in ihrer Arbeit verfügen und die drittens im Rahmen der Jungenarbeit am meisten diskutiert werden (vgl. Winter und Neubauer 2001, Bentheim et al. 2004). Die Spannbreite der Konzepte bzw. Ansätze wird im Folgenden beispielhaft verdeutlicht.

4.2.1 Mythopoetischer Ansatz

Die Basis dieses pädagogischen Ansatzes der Forschungsgruppe 'Jungenarbeit Göttingen' bilden naturwissenschaftliche, sozialwissenschaftliche und transrationale, spirituelle Aspekte (vgl. Haindorff 1996: 109), mit denen alte, kulturell überlieferte (traditionelle) Männlichkeitsbilder aufgewärmt oder als Neuentdeckung verkauft werden. Den zentralen Bezugsrahmen bildet die Forderung nach männlichen Vorbildern: „Männer, egal in welcher Situation sie sich gerade befinden und unabhängig davon, mit welchen eigenen Widersprüchen sie gerade zu kämpfen haben, sind Vorbilder für Jungen" (Haindorff 1996: 38). Männliche Pädagogen werden – so die Annahme – von Jungen auch stets als Vertreter des eigenen Geschlechts wahrgenommen und sind deshalb uneingeschränkt Vorbilder für Jungen. Die Vorbildfunktion sollte von Pädagogen vor dem Hintergrund des eigenen Mannseins reflektiert werden, weil Jungen qua Natur schicksalhaft 'durstig' nach Männlichkeit seien. Jungen sind demzufolge auf der Suche nach Männern, die sie in die Geheimnisse und Lebensweisen von Männern einführen (vgl. Haindorff 2003). Sie bedürfen zur Ausbildung (männlicher) Identität Vorbilder, welche diesem Ansatz zufolge jedoch auch bestimmte Eigenschaften – wie z.b. Mut und Entschlossenheit – repräsentieren sollten. Als Begründung für diesen Ansatz der Jungenarbeit dienen der Forschungsgruppe 'Jungenarbeit Göttingen' spirituelle und mythologische Männerbücher wie 'Eisenhans' von Robert Bly oder 'Die Männer und das Wasser des Lebens' von Michael Meade sowie die Arbeiten von C.G. Jung über die Archetypen (vgl. Rohrmann 2001). Vor allem die Unwissenschaftlichkeit der Argumentation und das Festhalten am 'fraglos Gegebenen' wird am mythopoetischen Ansatz der Jungenarbeit kritisiert (vgl. Meuser 1998: 130 und 156ff.). Dennoch gilt er nach wie vor als populäres Beispiel der pädagogischen Arbeit mit Jungen.

4.2.2 Antisexistische Jungenarbeit

Dieser Ansatz pädagogischer Arbeit mit Jungen gilt als ältester Praxisversuch. Ausgangspunkt war die Verhütung von Gewalthandlungen und der Abbau dominanten, raumgreifenden Verhaltens – beides Verhaltensweisen, die vornehmlich mit Jungen in Verbindung gebracht werden. Die Heimvolkshochschule 'Alte Molkerei Frille' bot hierfür als eine der ersten Bildungseinrichtungen in Deutschland reflektierte Bildungsprojekte für Jungen aus Jugendhilfe und Schule an. Im Zentrum der Arbeit steht bei diesem Ansatz der Versuch, Jungen in einem ersten Schritt ihr problematisches (patriarchalisches, sexistisches, gewalttätiges, abwertendes) Verhalten zu verdeutlichen und sie in einem zweiten Schritt zu sensibilisieren, dieses Verhalten zu reduzieren. Antisexistische Konzeptionen und Denkweisen beschäftigen sich vorwiegend mit den 'kritisierten Schwächen' einer dysfunktionalen Männlichkeit, wobei das Patriarchat als Synonym für diese Aspekte der Männlichkeit steht. Männer werden in diesem Zusammenhang als körperlich hart gegen sich und andere, als leistungsorientiert oder als unfähig zu fühlen und zu kommunizieren charakterisiert. Antisexistische Jungenarbeit hat die Aufgabe, diesen negativen Aspekten patriarchaler Männlichkeit entgegen zu wirken, indem Männlichkeitsbilder entworfen werden, die keine Selbstverleugnung verlangen. Das zentrale Ziel einer in diesem Sinne verstandenen Jungenarbeit ist „die geschlechtsbezogen kritische Reflexion alltäglicher jungen-'typischer' – und darunter eben auch als sexistisch verstandener – Verhaltensweisen, denen mit der erfahrungsbezogenen Vermittlung sozial und geschlechtlich besser verträglicher Einstellungen und Handlungsalternativen im Sinne eines partnerschaftlichen, gleichberechtigten Umgangs mit anderen begegnet werden sollte" (Bentheim et al. 2004: 59). Darüber hinaus geht es aber auch darum, Jungen – sofern sie die als negativ etikettierten Verhaltensweisen zeigen – die Grenzwertigkeit ihres Verhaltens zu verdeutlichen. Dies sollte in erster Linie von entsprechend reflektierenden Männern vorgetragen werden und in geschlechtshomogenen Gruppen erfolgen. Von den Vertretern dieses Ansatzes wurde immer wieder darauf hingewiesen, dass nur in der oben genannten Form Lösungen für immer wiederkehrende Probleme – wie beispielsweise der Dominanz von Jungen gegenüber Mädchen im öffentlichen Raum – gefunden werden können (vgl. Bentheim et al. 2004: 60). Mit (eingeschränktem) Blick auf das unerwünschte Verhalten von Jungen kann aber der pädagogische Grundsatz, dass Erziehung immer auf die Zukunft gerichtet sein muss, nicht eingehalten werden. Erfolgreiche pädagogische (Jungen-)Arbeit ist nur dann zu gewährleisten, wenn Erkenntnisse darüber gebündelt werden, was 'gelingende' Jungensozialisation – die sich in erster Linie dadurch auszeichnet, dass Jungen Gelegenheiten erhalten, reflexiv und gestaltend (nicht nur) mit der eigenen Geschlechtlichkeit umzugehen – ausmacht. Entwicklungstheoretisch wie auch pädagogisch begründbar und überzeugender als die beiden bisher referierten Ansätze ist unseres Erachtens das Konzept der balancierten Jungenarbeit.

4.2.3 Balancierte Jungenarbeit

Dem Konzept der balancierten Jungenarbeit liegt ein Modell zugrunde, das die Persönlichkeit und Handlungsmuster von Jungen möglichst ausgewogen zu beschreiben sucht – d.h. ohne in einseitig bewertende Dualismen zu verfallen, wie sie beispielsweise in der antisexistischen Jungenarbeit üblich sind. Aufgrund von Individualisierungs- und Pluralisierungsprozessen werden Versuche der Generalisierung von Geschlechtlichkeit zunehmend problematisch. Die Auffächerung der Aspekte einer balancierten Männlichkeit soll dementsprechend „wegführen von Generalisierungen und die Qualität von Bandbreiten öffnen" (Winter und Neubauer 2002: 29). Die Bandbreiten werden darüber ersichtlich, dass unterschiedliche Aspekte des Verhaltens berücksichtigt und vor dem Hintergrund der genannten Veränderungsprozesse analysiert werden: „So können z.B. das demonstrative 'Gehabe' und die lautstarken Präsentationsformen von Jungen im Jugendtreff oder in der Clique ziemlich stören oder nerven – sich als Person zeigen zu können, nicht unterzugehen, sondern aufzufallen, sind aber Eigenschaften, die in der Moderne kostbar, ja unverzichtbar sind" (Winter und Neubauer 2002: 30). Von dieser Grundannahme ausgehend, ist das Modell der balancierten Jungenarbeit zunächst darauf ausgelegt, Aspekte von 'gelingendem' Junge- und Mannsein zusammenzufassen (vgl. Winter und Neubauer 2002). Das Modell stellt insgesamt 16 paarweise geordnete Aspekte vor, mit denen männliche Ressourcen abgebildet werden (vgl. Tabelle 97):

Tabelle 97: Begriffspaare

Konzentration	Integration
Aktivität	Reflexivität
Präsentation	Selbstbezug
(Kulturelle) Lösung	(Kulturelle) Bindung
Leistung	Entspannung
Heterosozialer Bezug	Homosozialer Bezug
Konflikt	Schutz
Stärke	Begrenztheit

Die Begriffe sind – gleichwohl sie paarweise angeordnet sind – nicht als 'entweder oder' und auch nicht als negativ oder positiv wertende Begriffe zu verstehen. Auf der linken Seite sind Begriffe aufgelistet, die traditionell männlichem Verhalten zugeschrieben werden. Auf der rechten Seite sind Begriffe aufgelistet, die ohne weiteres auch zur Charakterisierung männlichen Verhaltens aufgenommen werden können, die aber in der Realität eher verdeckt bzw. unberücksichtigt bleiben.

In der (pädagogischen) Praxis geht es diesem Modell folgend darum, im Verhalten von Jungen das jeweils Komplementäre zu erkennen und zu fördern. Balancierte Jungenarbeit heißt in diesem Sinne, dass Männlichkeits- und Weiblichkeitsbilder sich nicht gegenseitig ausschließen – Verhaltensweisen sind nicht entweder weiblich oder männlich, d.h. sie gehören zum (Gesamt-)Repertoire menschlicher Verhaltensweisen. Die methodische Vorgehensweise erfolgt bei der balancierten Jungenarbeit in drei Schritten: (1) Zunächst geht es um eine Analyse der vorliegenden Verhaltensweisen von Jungen. (2) Darauf aufbauend werden die jeweils komplementären Verhaltensweisen beschrieben. (3) Abschließend geht es darum, für die pädagogische Arbeit der Umsetzung geeignete entwicklungsfördernde Zugänge auszuloten. Ein solches Vorgehen eignet sich in der pädagogischen Arbeit mit Jungen beispielsweise im Hinblick auf die Eigeneinschätzungen bei Themen wie Freizeitgestaltung, Gesundheit oder Freundschaften. Jungen lernen dabei, ihre (momentane) Situation zu beurteilen und ihre Ressourcen einzuschätzen. Zudem besteht die Möglichkeit, den Entwicklungsverlauf (z.b. über ein Schuljahr hinweg) zu reflektieren und dabei Veränderungen festzustellen (vgl. Sturzenhecker und Winter 2002).

Was zeichnet den Ansatz der balancierten Jungenarbeit aus und weshalb könnte er in der pädagogischen Praxis erfolgversprechend sein? Dass Jungen Probleme haben und Probleme machen, steht außer Frage und ist selbstverständlich. In der antisexistischen Variante der Jungenarbeit wird in der Regel jedoch versucht, den Gegenpol zu fokussieren und zu stärken: Ein dominanter Junge soll stärker in den Hintergrund treten. Stärke soll gegen Schwäche eingetauscht werden etc. (Nicht nur) Jungen reagieren auf derartige Ansinnen mit Ablehnung, selbst wenn engagierte Pädagogen wiederholt meinen, ihnen vermitteln zu müssen, dass dies für sie bzw. für ihre weitere Entwicklung besser sei. In der balancierten Jungenarbeit werden die Verhaltensweisen von Jungen demgegenüber zunächst als solche registriert, begrifflich gefasst und ohne Wertung in den Blick genommen. Keines der Begriffspaare – beispielsweise Stärke/Begrenztheit oder Leistung/Entspannung – ist in dem Modell der balancierten Jungenarbeit von vornherein positiv oder negativ konnotiert. Beide Seiten sind im Blick zu halten und zu fördern, um letztlich einen reflektierten und balancierten Umgang der Jungen mit jedweder Alltagssituation (zumindest) in Ansätzen zu ermöglichen.

Auch unsere Untersuchungsergebnisse zeigen, dass von den befragten Jungen in unterschiedlichen Themenkomplexen balancierte Rückmeldungen gegeben wurden, was wir abschließend am Beispiel des Begriffspaares Stärke/Begrenztheit verdeutlichen werden. Wenn Jungen in der Lage sind, innere und äußere Grenzen wahrzunehmen, dann ist hiermit ein wesentliches Merkmal einer gelingenden Jungensozialisation markiert. Mit Stärke ist neben der körperlichen Kraft ein entwickeltes Selbst im Sinne eines ausgeprägten Selbstwertgefühles gemeint. Begrenztheit weist hingegen auf die Beschränkungen selbstbezogener Fähigkeiten hin. Beispielsweise sehen Jungen nach unserer Interpretation ihre Stärke (aber auch ihre Begrenztheit), wenn 37% von ihnen angeben, nur zum Teil mit ihrer Leistung zufrieden zu sein oder 20% von ihnen nicht immer mit sich selbst zufrieden sind. Die Angaben schwanken dabei je nach Schulform bzw. nach sozialer Herkunft. Das weist unseres Erachtens darauf hin, dass Jungen nicht beliebig 'balancieren' können, sondern berücksichtigt werden muss, dass vermeintlich als offen antizipierte Spielräume aufgrund des Bildungsniveaus, der sozialen Herkunft oder aufgrund von Armut beeinträchtigt und massiv verengt sein können. Das Modell der balancierten Jungenarbeit ist gleichwohl eine sinnvolle Möglichkeit, in der Arbeit mit Jungen Kommunikations- und Operationalisierungsbereiche zu öffnen und pädagogische Gestaltungsmöglichkeiten auszuloten und diese gegebenenfalls zu vergrößern.

4.3 Perspektiven der Schulentwicklung

Jungenarbeit hat bisher vor allem im außerschulischen Bereich stattgefunden. Folgerungen für die Schulentwicklung und die pädagogische Arbeit an Schulen müssen jedoch ebenfalls gezogen werden. Im Folgenden gehen wir auf die Fragestellung ein, welche Konsequenzen sich aus den Ergebnissen der vorliegenden Studie für die drei von Rolff (vgl. 2006) definierten Komponenten der Organisationsentwicklung an Schulen ergeben (Schulentwicklung, Unterrichtsentwicklung, Personalentwicklung). In allen drei Bereichen wurde auch das Genderthema diskutiert (vgl. Schratz-Hadwich 1998, Fischer et al. 1998, Koch-Priewe 1998a, 1998b). Wie viele Beiträge aus dem Bereich der Schulentwicklung zeigen, hat man sich lange und eher implizit vor allem an differenztheoretischen Geschlechtertheorien orientiert (vgl. Koch-Priewe 1995). Genderorientierte Schulentwicklung hat primär das Thema Chancengleichheit von Jungen und Mädchen aufgenommen. Hier standen lange Zeit geschlechtskompensatorisch gemeinte Initiativen auf der Agenda, vor allem die Stärkung der Mädchen durch Selbstbehauptungs- und Selbstverteidigungstrainings. Gleichzeitig wurden gewaltpräventive Maßnahmen durchgeführt, die sich vor allem an Jungen richteten. Die Fächer- und Berufswahlorientierung ging ähnlich vor: Vor allem sollte das Interesse der Mädchen für mathematisch-naturwissenschaftliche Disziplinen und entsprechende Ausbildungen geweckt werden. Andererseits sollten z.B. durch entsprechende Praktika erzieherische Berufe für Jungen attraktiver gemacht werden. Genderorientierte Schulentwicklung bezog auch die Lehrerinnen und Lehrer ein: Da sie als Modell der geschlechtlichen Interaktion verstanden wurden, wurde z.B. das Ausmaß ihrer Beteiligung an Schulleitung, an konkreten Schulentwicklungsmaßnahmen und ihrer Mitarbeit in Steuergruppen relevant. Vor allem die 'unsichtbare Arbeit' von Lehrerinnen (vgl. Flaake 1990), ihre innovativen Kompetenzen (vgl. Schümer 1992, Kanders und Rolff 1996, Wiechmann 1994) sowie ihr kooperativer Kommunikationsstil (vgl. Schley und Schley 1998) waren Gegenstand von Diskussionen um geeignete Strategien der Schulentwicklung. Diesbezüglich war eine Sensibilisierung erforderlich, denn viele der genannten Merkmale von Lehrerinnen zeigten sich nur jenseits offizieller Gremientätigkeiten. Es erschien im Alltag mehr als evident, dass Mädchen und Jungen, Lehrerinnen und Lehrer verschieden sind und dass Schulentwicklung darauf Bezug nehmen sollte (vgl. Horstkemper 1999).

Inzwischen sind viele Pädagoginnen und Pädagogen eher darum bemüht, die Individualisierung ihrer Schülerinnen und Schüler (bei gleichzeitigem Fokus auf Prozesse des sozialen Lernens) zu fördern, um dadurch zu Chancengleichheit beizutragen. In Anlehnung an Prengels Konzept einer 'Pädagogik der Vielfalt' (vgl. Prengel 1993) ist daher eine systematische Kombination aus differenztheoretischen und konstruktivistischen Überlegungen sinnvoll: Zu befürworten ist *erstens* beispielsweise die Geschichte der Geschlechterungleichheit und Analysen patriarchaler Gesellschaftsstrukturen als Unterrichtsinhalte aufzunehmen und die Schülerinnen und Schüler auf überkommene Geschlechterstereotypien aufmerksam zu machen. Darüber hinaus soll *zweitens* den Heranwachsenden Freiheit gewährt werden, selbst zu entscheiden, wie und mit welch neuer Vielfalt sie heute ihre Geschlechtlichkeit leben wollen, gleichwohl sollen sie auf diesem Weg auch unterstützt werden. Beides zusammen ermöglicht Entwicklungen in

Richtung auf zunehmende Geschlechterdemokratie. Da die Gegenwartsgesellschaft partiell noch von patriarchalem Denken geprägt ist, rät Prengel *drittens* von aktuellen Versuchen ab, Geschlechterunterschiede (neu) zu definieren, denn jeder noch so gut gemeinte Versuch führt zur Vermengung mit Bewertungen, die aus der Tradition der Geschlechterhierarchie stammen, in der das Weibliche eher abqualifiziert wird. Ein Offenhalten der Definition von Geschlechterunterschieden dient der Zielsetzung 'Geschlechterdemokratie' als sinnvolles Zwischenstadium. Die Leitlinien von Prengel ergänzen das bewährte Konzept der 'Reflexiven Koedukation' (vgl. Faulstich-Wieland 1991), das an vielen Schulen in den 1990er Jahren im Unterricht umgesetzt wurde und auch Hintergrund von Schulentwicklungsprozessen war.

In den letzten Jahren kann man auch in einigen Schulen eine explizite pädagogische Praxis beobachten, die sich zum Ziel gesetzt hat, nicht nur geschlechterstereotypes Denken abzubauen, sondern darüber hinaus auch mit den Schülerinnen und Schülern die Konstruktion von normierter Zweigeschlechtlichkeit zu 'de-konstruieren', d.h. zu enttarnen (vgl. Reich 1998). Wer sich am 'De-Konstruktivismus' orientiert, hält es in der Regel pädagogisch gar nicht für sinnvoll, Schülerinnen und Schüler beim Aufbau einer vermeintlich 'sicheren' Geschlechtsidentität zu unterstützen. Diese Orientierung zielt über geschlechtskompensatorische Maßnahmen hinaus und macht ein reflektiertes 'Undoing Gender' notwendig. Die Konsequenzen eines vom Konstruktivismus beeinflussten Paradigmenwechsels bezüglich der Geschlechtertheorien müssen für den Bereich der Schulentwicklung und der Schulentwicklungstheorie jedoch noch stärker durchdacht werden (vgl. Kapitel 4.3.1 bis 4.3.3). Das im Kapitel 4.2.3 vorgestellte Konzept der 'balancierten Jungenarbeit' würde diese Vorstellungen aufgreifen und sollte daher nicht nur in außerschulische, sondern auch in schulische Praxis Eingang finden – am besten als ein Ziel des Schulprogramms, so dass es mit Hilfe von Evaluationsmaßnahmen ausdifferenziert und optimiert werden kann.

4.3.1 Schulprogrammentwicklung

Mit der Konzentration von Schulentwicklung auf die Schulprogrammarbeit wurde das Organisationsentwicklungskonzept (OE: Veränderung in den Organisationsstrukturen und des Sozialverhaltens der Mitglieder) auf einige wesentliche Gesichtspunkte konzentriert; in den in den meisten Bundesländern geltenden Erlassen, die die Formulierung von Schulprogrammen verlangen, geht es um geplante Innovationen, die eine Verbesserung der Aufgabenerfüllung im Bereich der schulischen Arbeit herbeiführen sollen.

Das Erstellen von Schulprogrammen dient auch als Instrument der Konsensbildung im Kollegium (vgl. Holtappels 2004). Als Resultat führt das Schulprogramm nach seiner Umsetzung zu einem expliziten Schulprofil der Einzelschule. Schulprogramme „sind nicht nur Handlungskonzepte auf dem Weg zum individuellen Schulprofil, sondern sie vermitteln die erzieherischen und curricularen Zielsetzungen und Maßnahmen einer Schule an der Schnittstelle zwischen verschlankten Rahmenvorgaben einerseits und dem konkreten Unterricht andererseits" (vgl. Fleischer-Bickmann und Maritzen 1996: 14). Die Arbeit am Schulprogramm soll ein der Identität einer Schule dienender Selbstfindungsprozess sein. Währenddessen wird ein Prozess der Verständigung über pädagogische Grundorientierungen angestrebt. Als schriftlich kodifiziertes Produkt soll es Ausdruck der bewussten Verständigung aller Beteiligten über Grundfragen von Schule und Unterricht sein, und es soll verbindliche Absichten enthalten, in welcher Weise die pädagogischen Grundorientierungen realisiert werden sollen. Somit stellt es ein zielorientiertes Handlungskonzept für die Verwirklichung einer 'guten Schule' dar. Auch die in diesem Kontext entworfenen schulischen Leitbilder sind ein Mittel für die Einzelschule, ihr pädagogisches Profil zu entwickeln (vgl. Philipp und Rolff 1998, Rolff 2006, Rahm 2005).

Wenn man heute die bestehenden Bausteine im Hinblick auf eine geschlechtergerechte Schule überarbeiten will, sollten folgende Überlegungen berücksichtigt werden: An einigen bundesrepublikanischen Schulen ist die Gender-Perspektive explizit in die Schulprogrammarbeit aufgenommen worden. Die Beteiligung weiterer Schulen an der Profilierung als geschlechtergerechte Schule erscheint sinnvoll, ebenso eine Aktualisierung bestehender Schulprogramme. Im Bereich der Mädchen- und Jungenförderung wird deutlich, welche Vielzahl von Zielen Schulprogramme aller Schulformen enthalten können, wenn die Aufgabe darin besteht, Schulen zu geschlechtergerechten Schulen weiter zu entwickeln (vgl. Koch-Priewe 2002). In der Regel finden sich auch konkrete Hinweise auf die thematischen Angebote innerhalb der pädagogischen Arbeit mit Jungen. Beispielsweise werden Projekte oder Unterrichtseinheiten durchgeführt zu

- Abenteuer-, Körper- und Gefühlserfahrungen,
- Sexualität, Körpersprache und Männlichkeit,
- Männerbildern, Väterbildern und Freundschaften,
- Berufswahlorientierung,
- Lebensplanung, Partnerschaft und Lebenshaltungskosten oder
- dem Erwerb eines Haushaltspasses.

Mittlerweile wird zwischen 'Jungenarbeit' und 'Jungenpädagogik' unterschieden: Von Jungenarbeit wird immer dann gesprochen, wenn die Lerngruppe nur aus Jungen besteht; Jungenpädagogik kann im Rahmen gemischtgeschlechtlicher Gruppen praktiziert werden (vgl. Winter 2007: 152). Die hier genannten Themen sind eher Gegenstand von Jungenpädagogik, die nachfolgend genannten Themen eher Gegenstand von Jungenarbeit. Biermann und Tillmann zufolge wurden bereits an einigen Schulen innerhalb und außerhalb des Unterrichts entsprechende Veranstaltungen durchgeführt – z.b. Jungenkonferenzen, Jungennachmittage mit Vätern und Jungentage (Boysday). In einigen Schulen ist zusätzlich ein Kita- bzw. Sozialpraktikum für Jungen Pflicht (vgl. Biermann und Tillmann 1999).

Aus den Ergebnissen der vorliegenden Studie lassen sich weitere Punkte für ein die Geschlechtergerechtigkeit förderndes Schulprogramm ergänzen. Vor allem der erste Teil der nachfolgenden Themen zielt auf das Anbieten von „Möglichkeiten zur Konstruktion nicht-hegemonialer Männlichkeiten" (vgl. Fuhr 2007: 137):

- Integration 'moderner' männlicher Vorbilder, deren Erfolg auf dem Einsatz von 'Softskills' beruht,
- 'Neue' Berufswahlorientierung für Jungen (Dienstleistungsberufe, Vereinbarkeit von Beruf und Familie),
- Auseinandersetzung mit dem Phänomen der Modernisierung weiblicher Lebensentwürfe (Partnerschaftlichkeit, Gleichberechtigung) und
- Training sozial-emotionaler Kompetenzen wie Empathie, Konfliktlösungsstrategien etc.

Darüber hinaus sollten fachdidaktische Möglichkeiten der Leistungssteigerung von Jungen in bestimmten Fächern ausgelotet werden, z.b. durch

- phasenweise Geschlechtertrennung in sprachlichen Fächern,
- lesen jungenspezifischer Texte,
- Jungen-Leseförderprogramme mit der Auflage, über Texte zu sprechen oder
- Inhalte der Elternarbeit und Kontrakte mit Eltern (z.B. Lesen mit Jungen).

Es muss dabei überprüft werden, ob die Bedürfnisse und Interessen aller Schülerinnen und Schüler und besonders die von Jungen im Curriculum und im alltäglichen Unterricht aller Fächer angemessen repräsentiert sind. Wenn man im Rahmen der Förderung von Geschlechterdemokratie die bisherigen Schulprogramme überarbeiten möchte, muss im Detail darauf geachtet werden, durch welche Maßnahmen möglicherweise latent und entgegen der guten Absichten der Beteiligten dennoch geschlechtsstereotypes Verhalten gefördert wird. Daher wird empfohlen:

- Geschlechtskompensatorisch gemeinte Erziehungsmaßnahmen müssen sich an alle, also an Schülerinnen *und* Schüler, richten – z.B. Selbstverteidigung/-behauptung *und* nicht-kampforientierte Interaktionsspiele für Mäd-

chen und Jungen; je ein verpflichtendes Kita-Praktikum *und* ein Praktikum
in technischen Berufen für Mädchen und Jungen,

- Individualisierung muss gefördert werden – z.b. indem im Fach Sport (aber
auch in allen anderen Fächern) stärker nach Neigung differenziert wird an-
stelle nach Geschlecht.

Wichtig ist dabei erstens, dass die Schülerinnen und Schüler altersgemäß in be-
gleitende Reflexionen einbezogen werden, um den im Kontext der Maßnahmen
gegebenenfalls einsetzenden Prozessen einer erneuten Stereotypisierung entgegen zu arbeiten. Zweitens wäre die Qualität von Schulprogrammen dann hoch,
wenn es nicht nur in den sozialwissenschaftlichen und sprachlichen Fächern
selbstverständlich würde, beide Geschlechter für die eigene Beteiligung an der
Reproduktion überkommener Geschlechterhierarchien zu sensibilisieren. Drittens müssen Anreize geschaffen werden, damit sich auch männliche Lehrer an
der Entwicklung von Schulprogramminhalten beteiligen, die sich auf Geschlechtergerechtigkeit beziehen. Viertens muss die Zielerreichung kontinuierlich in
Prozessen der Evaluation überprüft werden (vgl. Bauer 2007). Fuhr (2007: 137)
empfiehlt, „dass Institutionen sich im Rahmen von Organisationsentwicklungs-
maßnahmen systematisch daraufhin beobachten, welche dominanten Formen von
Maskulinität in ihnen gelebt werden. Aufbauend auf solchen Beobachtungen
können Entwicklungen eingeleitet werden." Da Schulprogramme Konsequenzen
für die Unterrichtsentwicklung haben, soll im nächsten Abschnitt gezeigt werden, in welchem Verhältnis Schulprogramme und Unterricht stehen.

4.3.2 Unterrichtsentwicklung

Aus theoretischer Perspektive wurde „anfangs unterschätzt, wie wichtig Unterrichtsentwicklung für Schulentwicklung ist" (Rolff 2006: 44). Heute weiß man:
„Unterricht ist die Kernaktivität von Lehrpersonen. Daraus folgt nicht, dass
Schulentwicklung immer bei der Unterrichtsentwicklung ansetzen muss" (Rolff
2006: 44); dennoch sollten Veränderungsprozesse immer auch die unterrichtliche
Realität im Blick haben (vgl. Horster und Rolff 2001). Im Bereich der Schulent-
wicklungsforschung ist bislang der Nachweis nicht gelungen, dass die Schulpro-
grammarbeit kurzfristig „Wirkungen in Form von Qualitätsverbesserungen in der
Lernkultur und in der Unterrichtsgestaltung" (Rolff 2006: 46) nach sich zieht.
Unklar ist zudem, ob sich in Deutschland Effekte der Schulprogrammarbeit –
ähnlich wie in der Studie von Rutter et al. (vgl. 1980) – auf Komponenten der
Allgemein- und Persönlichkeitsbildung von Schülerinnen und Schülern, der
Lebensplanung und Berufsorientierung, der Delinquenz (Gewalt/Drogenkonsum)
und auf weitere erzieherische Aspekte nachweisen lassen könnten, wenn sie denn
untersucht würden. Dies ist bislang im deutschsprachigen Raum in der Regel

nicht geschehen, denn in den entsprechenden Untersuchungen wurde neben der fachlichen Leistung vor allem das Entwickeln von Lernstrategien der Schülerinnen und Schüler untersucht (vgl. Holtappels und Voss 2006). Von einer Orientierung an den Zielen einer geschlechtergerechten Schule würden sich also andere Erfolgskriterien für Unterricht ergeben, die bisher von der Schulentwicklungsforschung noch nicht oder nicht genügend beachtet worden sind (vgl. Jantz und Brandes 2006, Heinzel et al. 2007).

Dennoch belegen gerade neuere empirische Studien die Wirksamkeit bestimmter pädagogischer Einzelmaßnahmen sowie unterrichtlicher Veränderungen im Kontext der Arbeit mit Mädchen und Jungen. Untersucht wurde einerseits, wie Schülerinnen und Schüler (aber auch Lehrerinnen und Lehrer) im Unterricht an der Reproduktion von dichotom verstandenen Geschlechterunterschieden beteiligt sind und wie andererseits Interaktionen aussehen könnten, wenn 'Undoing Gender' praktiziert wird (vgl. Prechtl 2005, Budde et al. 2008, Faulstich-Wieland 2008, Faulstich-Wieland et al. 2008 etc.), das nicht mit 'sich neutral verhalten' verwechselt werden darf: „Neutralisieren meint, dass die Kategorie Geschlecht unter der Prämisse 'alle gleich zu behandeln' ignoriert wird. Dass diese Neutralisierung nicht 'genderfrei' ist, zeigt sich daran, dass für Jungen wie Mädchen ein 'heimlicher Lehrplan' existiert" (Budde et al. 2008: 274). Unterricht kann nur dann der Perpetuierung von Geschlechterstereotypien entgegenwirken, wenn er „Geschlecht als Kategorie reflexiv mitdenkt" (Budde et al. 2008: 274).

Schulischer Unterricht muss durch das Kollegium in allen Fällen gemeinsam unter den Fragestellungen weiter entwickelt werden: Wie können Mädchen und Jungen in Reflexionen darüber einbezogen werden, wie sie sich selbst an der Konstruktion von Geschlecht beteiligen? Welche Rolle spielen dabei z.B. unterschiedliche Sportarten, Hobbies, Kleidungsstücke, Frisuren, Musik oder Kommunikationspraktiken? Wie kann der Prozess der 'Naturalisierung' dieser Unterschiede vermittelt werden?

In Bezug auf Jungen besteht die besondere didaktische Herausforderung darin, sie für das Thema der Geschlechterhierarchie zu gewinnen und dabei zu vermeiden, dass sie sich als Angeklagte fühlen und ihnen darüber hinaus zu zeigen, was sie gewinnen, wenn sie den männlichen 'Überlegenheitsimperativ' aufgeben, also auf Stärke verzichten, von der sie – wie die vorliegende Studie bestätigt – immer noch meinen, dass sie zum Mannsein dazu gehört. Gleichzeitig kann die Schulpädagogik davon ausgehen, dass die überwiegende Zahl der Jungen bereits wichtige Schritte hin zum 'neuen Mann' getan hat, wie Gollnick (vgl. 2007) nachweist.

Die bereits in den 1990er Jahren diskutierten und auch erforschten curricularen Veränderungen sollten breiter rezipiert und aktualisiert werden (paradigma-

tisch: Hoffmann und Häußler 1999). Zu prüfen ist, welche Unterrichtsbeispiele –
die exemplarisch für bestimmte Urphänomene, für allgemeine Prinzipien sind –
Mädchen und Jungen ansprechen. Es muss im Sinne der reflexiven Koedukation
überlegt werden, ob für das jeweils 'Exemplarische' nicht unterschiedliche Angebote gemacht werden können, die beide Geschlechter (bzw. eine Vielfalt von
Schülerinnen und Schülern) ansprechen. Kann z.b. das Funktionieren von Re-
gelkreisen nicht nur an Maschinen, sondern auch am menschlichen Körper erklärt werden? Analoge Überlegungen sollten bezüglich der Auswahl von geeig-
neter Lektüre angestellt werden (vgl. Gailberger und Willenberg 2008: 69).

Die Veränderung des Curriculums betrifft auch die Frage der im Unterricht
behandelten Vorbilder, der Modelle und ihr jeweiliges Geschlecht: Berücksichtigt der naturwissenschaftliche, aber auch der künstlerische und der historisch-
gesellschaftswissenschaftliche Unterricht ausdrücklich auch erfolgreiche Frauen?
Gibt es z.b. Vorbilder für Männer, die nicht durch siegreiches Bekämpfen bzw.
Vernichten ihrer Gegner in die Geschichte eingegangen sind? Zu den curricularen Veränderungen gehört – wie mehrfach erwähnt – auch die Lehrperson, die
teilweise als das wichtigste Curriculum verstanden wird: Hier ist nicht nur die
Reflexion von Verhalten im Unterricht, sondern auch in der Schulorganisation,
in der schulischen Hierarchie und im Privatleben relevant.

4.3.3 Lehrerinnen- und Lehrerbildung

Geschlechtergerechte Bildung ist nur dann erfolgreich, wenn Lehrerinnen und
Lehrer auch sich selbst in die Reflexion einbeziehen und sie ihr eigenes Ge-
schlechtsrollenverhalten (auch außerhalb des Unterrichts) überprüfen und sich
dabei ihre Funktion als Modell vergegenwärtigen. Viele Menschen gehen irri-
gerweise davon aus, dass sich ihre bewusst vertretenen und verbal geäußerten
Gleichheitsansprüche mit ihrem faktischen Verhalten decken. Eigene Wahrneh-
mungsfehler sind aber eher die Regel als die Ausnahme: Z.B. sieht man bei
Schülerinnen und Schülern nur Geschlechtsrollenklischees und übersieht andere,
untypischere Verhaltensweisen und fördert diese auch nicht. Oder man unterstützt klassische Geschlechtsrollenstereotypien noch zusätzlich durch eigenes
Handeln (das 'Doing Gender' z.B. durch Loben von Mädchen für 'Bravheit und
Fleiß' und das Loben von Jungen für 'chaotische Genialität'). Zentral für die
Lehrerinnen und Lehrer ist daher das bewusste Praktizieren von 'Undoing Gen-
der', dem reflektierten Vermeiden von Stereotypien.

Die moderne 'Genderkompetenz' besteht nach Budde et al. (2008: 281) darin, dass Lehrerinnen und Lehrer „über genderbezogenes Wissen (bspw. um
Doing Gender-Prozesse, Machtverteilungen), genderbezogene Praxiskompetenz
(gendersensible Unterrichtsmethoden) und genderbezogene Selbstkompetenz
(Reflexion, Entstereotypisierung)" verfügen sollten. Hinweise darauf, wie spe-

zielle Kompetenzen für Jungenpädagogik erlernt werden können, finden sich bei Winter (vgl. 2007) und Rohrmann (vgl. 2007). Mit Interviewbeispielen führt King (vgl. 2007) in Möglichkeiten der pädagogischen Arbeit mit männlichen türkischen Jugendlichen ein.

Glumpler (vgl. 1993) hatte bereits Anfang der 1990er Jahre gefordert, dass das Genderthema im Rahmen der Lehrerinnen- und Lehrerbildung in allen Phasen ein obligatorischer Bestandteil und verpflichtendes Prüfungsthema sein sollte. Die im entsprechenden Werk skizzierten Curriculumbausteine könnten als Anregung für eine aktuelle Überarbeitung von Ausbildungs- und Prüfungsordnungen dienen. Da die Vorstellung verbreitet ist, man brauche sich nur geschlechtsneutral zu verhalten, um beide Geschlechter gleichermaßen zu fördern, wird es viel Engagement und Argumentationskraft erfordern, entsprechende Stundenanteile bzw. Credits in den Modulen zur Lehrerinnen- und Lehrerbildung zu verankern. Es ist daher zu wünschen, dass sich das Wissen um die retardierenden Wirkungen des heimlichen Lehrplans im Bereich des Doing Gender durch die vorliegende und andere aktuelle Studien schnell und weit verbreiten wird.

4.4 Fazit

'Sie gaben sich als Sieger aus – in Wirklichkeit waren sie aber Helden in Not' – in dieser Form lassen sich, plakativ auf den Punkt gebracht, die Ergebnisse der ersten Dortmunder Jungenstudie aus dem Jahr 1995 zusammenfassen. Jungen gaben in dieser Studie ein ausgeprägt positives Selbstbild von sich und orientierten sich an traditionellen Mustern von Männlichkeit. Sie schätzten sich überwiegend als 'stets gut gelaunt', 'zufrieden mit sich selbst' sowie 'cool und witzig' ein. Wenn sich die befragten Jungen aber beispielsweise ihrer Gefühle unsicher waren oder Trost suchten, dann trugen sie dies in der Regel mit sich selber aus. Auch hatten sie Schwierigkeiten mit dem Zulassen körperlicher Nähe, dem Austausch von Gefühlen und in Bezug auf Mädchen, die in der Schule wesentlich leistungsstärker waren als sie. Zusammenfassend lässt sich sagen, dass sich die Jungen der 1995er Befragung qua Geschlecht in einer widersprüchlichen bzw. paradoxen Situation befanden: Einerseits wurde von ihnen lässige, männliche Überlegenheit und selbstverständlich auch Durchsetzungsfähigkeit (als rigide, typisch männliche Rollenanforderungen) erwartet. Andererseits sollten sie aber auch neuen gesellschaftlichen Anforderungen genügen, wie beispielsweise Kommunikations- und Kooperationsfähigkeit oder Empathie. Anders formuliert: Sie sollten Kompetenzen aufweisen, die eher Mädchen und Frauen zugeschrieben wurden. Auch wenn – in Abhängigkeit vom Bildungsniveau – bereits erste

Aufweichungen und Veränderungen festgestellt werden konnten, sahen die meisten Jungen diese neuen Anforderungen eher als Bedrohung an und orientierten sich unhinterfragt an traditionellen Geschlechterrollenbildern. Das heißt, dass sie der Ansicht waren, dass sie als zukünftige Leistungsträger der Gesellschaft Probleme und Schwächen überspielen müssten.

'Jungen – Sorgenkinder oder Sieger?' – plakativ formuliert lässt sich die im Titel der aktuellen Dortmunder Jungenstudie gestellte Frage auf den einfachen Nenner bringen: Nur einige sind Sorgenkinder, und die meisten sind heute insofern Sieger, da sie inzwischen eine auf Partnerschaft und gemeinsame Problemlösung gerichtete Einstellung gewonnen haben. Familie hat für sie einen hohen Stellenwert, ohne dass sie sich in der Rolle des einsamen Patriarchen sehen. Die in den letzten zehn Jahren beobachtete gesellschaftliche Tendenz zur Aufweichung traditioneller Geschlechterrollenbilder wirkt sich aus. Nur noch teilweise neigen Jungen dazu, sich in stereotypen Kategorien von Männlichkeit abzubilden. Ihre Vorstellungen und Bilder von Frauen bzw. Mädchen haben sich mehrheitlich gewandelt. Auch wenn sich die meisten Jungen schon mal aus Spaß oder ernsthaft prügeln – der idealisierte, harte und coole Macho ist wenig gefragt. Stattdessen taucht der smarte und coole Gewinnertyp auf – aber ohne Ecken und Kanten, d.h. gut aussehend, stark, intelligent und witzig. Große Zustimmung findet aber auch ein Männertyp, der für Harmonie, Zuverlässigkeit und Sicherheit steht. Jungen billigen sich durchaus Gefühlsäußerungen und Schwächen zu und mögen kluge – wenn auch nicht unbedingt starke, d.h. durchsetzungsfähige und erfolgreiche – Frauen. Insgesamt deutet sich hier eine Tendenz zu enthierarchisierenden, geschlechterdemokratischen Vorstellungen bei Jungen an. Jungen können wir deswegen als Sieger beschreiben, da in der Tendenz – wenn auch noch nicht voll ausgeprägt – bereits ein balancierendes Bewältigungsverhalten zu konstatieren ist, in dem vor allem das zukünftige eigene Bindungsverhalten antizipiert wird.

Jungen haben heute darüber hinaus mehr Kontakte zu einem engeren Freundeskreis, zu dem im Vergleich zu früher auch mehr Mädchen gehören. Die Peers sind insgesamt wichtiger geworden bei Problemen; man spricht offenbar häufiger miteinander. Als Vorbild hat der (häufig emotionslose) Vater enorm an Attraktivität verloren. Vorbilder sind insgesamt weniger wichtig als früher; und wenn Jungen jemanden als Vorbild betrachten, dann aufgrund der Kompetenzen, die sie dem Vorbild zuschreiben. Nüchtern beschreiben Jungen die wichtige Rolle der Mädchen im Unterricht (als Flirtobjekt, aber auch als Disziplinierungsagentin). Mit der Schule sind viele Jungen ausgesprochen unzufrieden. Hier hat sich im Vergleich mit der Befragung aus dem Jahr 1995 prinzipiell nichts verändert: Jungen befürchten, dass Lehrerinnen und Lehrer Mädchen insgesamt positiver einschätzen. Auch fehlen ihnen jungenspezifische Fächer.

Plakativ formuliert:

- Lose, coole Sprüche sind bei Jungen out. Kompetenzorientierung ist in.
- Für Jungen bedeuten die weiblichen und männlichen Peers sehr viel, oft aber bleiben die Generationen und die Geschlechter eher unter sich.
- Kluge Mädchen und Frauen sind attraktiv; vorherrschend sind eher egalitäre Vorstellungen von Liebe, Ehe und Treue.
- Die unterstellte Bevorzugung von Mädchen in der Schule ist für eine Reihe von Jungen ein Problem; Schule wird aber auch als ein Ort der Anbahnung von geschlechtlichen Bindungen gesehen.

Gleichwohl Jungen nach wie vor (auch) traditionelle Geschlechterrollenbilder vertreten, ist ihnen eine gewachsene Reflexionsfähigkeit und die Fähigkeit und Bereitschaft zum Erwerben alternativer Handlungskompetenzen nicht abzusprechen. Pädagogische Jungenarbeit – innerhalb und außerhalb der Schule – kann diesbezüglich unterstützend wirken.

Abbildungsverzeichnis

Tabellenverzeichnis

Literaturverzeichnis

Allmendinger, Jutta, 2008: Frauen auf dem Sprung. Die Brigitte-Studie 2008. Hamburg: Gruner + Jahr

Andresen, Sabine, 2005: Einführung in die Jugendforschung. Darmstadt: Wissenschaftliche Buchgesellschaft

Auernheimer, Georg, 1999: Verlockender Fundamentalismus. Ein problematischer Beitrag zum Diskurs über 'ausländische' Jugendliche. S. 119-113 in Bukow, Wolf-Dieter und Ottersbach, Markus (Hrsg.): Fundamentalismusverdacht. Plädoyer für eine Neuorientierung der Forschung im Umgang mit allochthonen Jugendlichen. Opladen: Leske + Budrich

Barz, Monika und Maier-Strömer, Susanne, 1982: Schlagen und geschlagen werden. S. 279-287 in Brehmer, Ilse (Hrsg.): Sexismus in der Schule. Weinheim und Basel: Beltz

Bauer, Frank, Gross, Hermann und Schilling, Gabi, 1996: Arbeitszeit '95. Arbeitszeitstrukturen, Arbeitszeitwünsche und Zeitverwendung der abhängig Beschäftigten in West- und Ostdeutschland. Institut zur Erforschung sozialer Chancen im Auftrag des Ministeriums für Arbeit, Gesundheit und Soziales des Landes Nordrhein-Westfalen. Neuss: Eigendruck

Bauer, Karl-Oswald (Hrsg.), 2007: Evaluation an Schulen. Theoretischer Rahmen und Beispiele guter Evaluationspraxis. Weinheim: Juventa

Baumert, Jürgen, Stanat, Petra und Watermann, Rainer (Hrsg.), 2006: Herkunftsbedingte Disparitäten im Bildungswesen: Differentielle Bildungsprozesse und Probleme der Verteilungsgerechtigkeit. Wiesbaden: Verlag für Sozialwissenschaften

Beauftragte der Bundesregierung für Migration, Flüchtlinge und Integration, 2005: Bericht der Beauftragten der Bundesregierung für Migration, Flüchtlinge und Integration über die Lage der Ausländerinnen und Ausländer in Deutschland. Berlin: Bonner Universitäts-Buchdruckerei

Beck, Ulrich, 1983: Jenseits von Stand und Klasse? Soziale Ungleichheiten, gesellschaftliche Individualisierungsprozesse und die Entstehung neuer Formationen und Identitäten. S. 35-74 in Kreckel, Reinhard (Hrsg.): Soziale Ungleichheiten. Göttingen: Schwartz

Beck, Ulrich, 1986: Risikogesellschaft. Frankfurt a. M.: Suhrkamp

Beck, Ulrich und Beck-Gernsheim, Elisabeth (Hrsg.), 1994: Riskante Freiheiten. Individualisierung in modernen Gesellschaften. Frankfurt a. M.: Suhrkamp

Benard, Cheryl und Schlaffer, Edit, 2000: Einsame Cowboys: Jungen in der Pubertät. München: Kösel

Bentheim, Alexander, May, Michael, Sturzenhecker, Benedikt und Winter, Reinhard, 2004: Gender Mainstreaming und Jugendarbeit. Weinheim: Juventa

Biedermann, Thomas und Plaum, Ernst, 1999: Aggressive Jugendliche. Fakten, Theorien, Hintergründe und methodische Zugangsweisen. Wiesbaden: DUV

Bierhoff, Hans Werner und Wagner, Ulrich, 1998: Aggression: Definition, Theorie und Themen. S. 2-25 in dies. (Hrsg.): Aggression und Gewalt: Phänomene, Ursachen und Interventionen. Stuttgart: Kohlhammer

Biermann, Christine und Tillmann, Klaus-Jürgen, 1999: Jungen und Männer an der Schule. Moderation eines Themenheftes der 'Pädagogik'. Pädagogik 51 (5): 6-35

Bilden, Helga, 1991: Geschlechtsspezifische Sozialisation. S. 270-301 in Hurrelmann, Klaus und Ulich, Klaus (Hrsg.): Neues Handbuch der Sozialisationsforschung. Weinheim und Basel: Beltz

Blinkert, Baldo und Höfflin, Peter, 1995: Jugend-Freizeit und offene Jugendarbeit. Eine empirische Untersuchung zur Unterstützung der Jugendhilfeplanung in Pforzheim. Pfaffenweiler: Centaurus

Blos, Peter, 1990: Sohn und Vater. Diesseits und jenseits des Ödipuskomplexes. Stuttgart: Klett-Cotta

Böhmann, Marc und Horstkemper, Marianne, 2006: Zeitweise geschlechtergetrennter Unterricht? Pro und Contra. Pädagogik 58 (1): 50-51

Böhnisch, Lothar, 2003: Männlichkeit in sozialpädagogischer Perspektive. Zeitschrift für Sozialpädagogik 1 (2): 173-194

Böhnisch, Lothar und Winter, Reinhard, 1993: Männliche Sozialisation. Bewältigungsprobleme männlicher Geschlechtsidentität im Lebenslauf. Weinheim: Juventa

Bohnsack, Ralf, 2001: Der Habitus der 'Ehre des Mannes'. Geschlechtsspezifische Erfahrungsräume bei Jugendlichen türkischer Herkunft. S. 49-71 in Döge, Peter und Meuser, Michael (Hrsg.): Männlichkeit und soziale Ordnung. Neuere Beiträge zur Geschlechterforschung. Opladen: Leske + Budrich

Bohnsack, Ralf, Loos, Peter und Schäffer, Burkhard (Hrsg.), 1995: Die Suche nach Gemeinsamkeit und die Gewalt der Gruppe. Hooligans, Musikgruppen und andere Jugendcliquen. Opladen: Leske + Budrich

Bohnsack, Ralf und Nohl, Arnd-Michael, 2000: Events, Efferveszenz und Adoleszenz. S. 77-93 in Gebhard, Winfried, Hitzler, Ronald und Pfadenhauer, Michaela (Hrsg.): Events. Soziologie des Außergewöhnlichen. Opladen: Leske + Budrich

Bortz, Jürgen, 1989: Statistik für Sozialwissenschaftler. Berlin u.a.: Springer

Bortz, Jürgen, 2005: Statistik für Sozialwissenschaftler, 6. Auflage. Berlin u.a.: Springer

Bos, Wilfried (Hrsg.), 2003: Erste Ergebnisse aus IGLU. Schülerleistungen am Ende der vierten Jahrgangsstufe im internationalen Vergleich. Münster: Waxmann

Bos, Wilfried, Holtappels, Heinz Günter, Pfeiffer, Hermann, Rolff, Hans-Günter und Schulz-Zander, Renate (Hrsg.), 2006: Jahrbuch der Schulentwicklung, Band 14. Daten, Beispiele und Perspektiven. Weinheim: Juventa

Bos, Wilfried, Lankes, Eva-Maria, Prenzel, Manfred, Schwippert, Knut, Valtin, Renate und Walther, Gerd (Hrsg.), 2005: IGLU - Vertiefende Analysen zu Leseverständnis, Rahmenbedingungen und Zusatzstudien. Münster: Waxmann

Böttcher, Wolfgang und Klemm, Klaus (Hrsg.), 1995: Bildung in Zahlen. Statistisches Handbuch zu Daten und Trends im Bildungsbereich. Weinheim: Juventa

Bourdieu, Pierre, 1987: Sozialer Sinn. Kritik der theoretischen Vernunft. Frankfurt a. M.: Suhrkamp

Bourdieu, Pierre, 1997: Die männliche Herrschaft. S. 153-217 in Dölling, Irene und Krais, Beate (Hrsg.): Ein alltägliches Spiel. Geschlechterkonstruktion in der sozialen Praxis. Frankfurt a. M.: Suhrkamp

Brehmer, Ilse (Hrsg.), 1982: Sexismus in der Schule. Der heimliche Lehrplan der Frauendiskriminierung. Weinheim: Beltz

Breidenstein, Georg und Kelle, Helga, 1998: Geschlechteralltag in der Schulklasse. Ethnographische Studien zur Gleichaltrigenkultur. Weinheim: Juventa

Budde, Jürgen, 2003: Männlichkeitskonstruktionen in der Institution Schule. Zeitschrift für Frauenforschung und Geschlechterstudien 21 (1): 91-101

Budde, Jürgen, 2005: Männlichkeit und gymnasialer Alltag. Doing Gender im heutigen Bildungssystem. Bielefeld: Transcript

Budde, Jürgen, 2006: Interaktionen im Klassenzimmer – Die Herstellung von Männlichkeit im Schulalltag. S. 113-119 in Andresen, Sabine und Rendtorff, Barbara (Hrsg.): Geschlechtertypisierungen im Kontext von Familie und Schule. Opladen: Budrich

Budde, Jürgen, Scholand, Barbara und Faulstich-Wieland, Hannelore, 2008: Geschlechtergerechtigkeit in der Schule. Eine Studie zu Chancen, Blockaden und Perspektiven einer gender-sensiblen Schulkultur. Weinheim: Juventa

Bukow, Wolf-Dieter und Ottersbach, Markus (Hrsg.), 1999: Fundamentalismusverdacht. Plädoyer für eine Neuorientierung der Forschung im Umgang mit allochthonen Jugendlichen. Opladen: Leske + Budrich

Bundesverband der Unfallkassen, 2005: Gewalt an Schulen. Ein empirischer Beitrag zum gewaltverursachten Verletzungsgeschehen an Schulen in Deutschland 1993-2003. München. http://www.unfallkassen.de/files/510/Gewalt_an_Schulen.pdf?PHPSESSID=78e6d9 08601445c03e730103a680d31d www.unfallkassen.de/files/510/Info_2005_mit_Deckblatt.pdf (letzter Zugriff: 02.06.2008)

Castro Varela, Maria do Mar und Mecheril, Paul, 2005: Minderheitenangehörige und 'professionelles Handeln'. Anmerkungen zu einem unmöglichen Verhältnis. S. 406-419 in Leiprecht, Rudolf und Kerber, Anne (Hrsg.): Schule in der Einwanderungsgesellschaft. Bad Schwalbach: Wochenschau-Verlag

Chlosta, Christoph und Ostermann, Thorsten, 2005: Warum fragt man nach der Herkunft, wenn man die Sprache meint? Ein Plädoyer für die Aufnahme sprachbezogener Fragen in demografische Untersuchungen. S. 55-65 in Bundesministerium für Bildung und Forschung (Hrsg.): Arbeitsstelle Interkulturelle Konflikte und gesellschaftliche Integration: Migrationshintergrund von Kindern und Jugendlichen: Wege zur Weiterentwicklung der amtlichen Statistik. Bildungsreform Band 14. Bonn, Berlin

Cohen, Michèle, 1998: A habit of healthy idleness: boys' underachievement in historical perspective. pp. 19-34 in Epstein, Debbie, Elwood, Jannette, Hey, Valeri und Maw, Janet (Hrsg.): Failing Boys? Issues in Gender and Achievement. Buckingham/Philadelphia: Open University Press

Connell, Robert, 1999: Der gemachte Mann. Opladen: Leske + Budrich

Cornelißen, Waltraud, 2004: Einige Anmerkungen zur Debatte um die Benachteiligung von Jungen in der Schule. Zeitschrift für Frauenforschung & Geschlechterforschung 22 (1): 128-136

Cremers, Michael, 2005: Geschlechtsbezogene Pädagogik mit Jungen. S. 50-61 in Debbing, Cecilia, Ingenfeld, Marita, Cremers, Michael und Drogand-Strud, Michael (Hrsg.): Gender Mainstreaming. Mädchen und Jungen in der Kinder- und Jugendhilfe NRW. Expertise zum 8. Kinder- und Jugendbericht der Landesregierung NRW. Ministerium für Schule, Jugend und Kinder des Landes Nordrhein-Westfalen. Düsseldorf: Eigendruck

Damon, William, 1990: Die soziale Welt des Kindes. Frankfurt a. M.: Suhrkamp

Debbing, Cecilia, Ingenfeld, Marita, Cremers, Michael und Drogand-Strud, Michael (Hrsg.), 2005: Gender Mainstreaming. Mädchen und Jungen in der Kinder- und Jugendhilfe NRW. Expertise zum 8. Kinder- und Jugendbericht der Landesregierung NRW. Ministerium für Schule, Jugend und Kinder des Landes Nordrhein-Westfalen. Düsseldorf: Eigendruck

Demmer-Dieckmann, Irene und Textor, Annette (Hrsg.), 2007: Integrationsforschung und Bildungspolitik im Dialog. Bad Heilbrunn: Klinkhardt

Der Spiegel, 2004: Schlaue Mädchen – dumme Jungen. Heft 21 vom 17. Mai 2004

Derrida, Jaques, 1988: Randgänge der Philosophie. Wien: Passagen

DESI-Konsortium (Hrsg.), 2008: Unterricht und Kompetenzerwerb in Deutsch und Englisch. Ergebnisse der DESI-Studie. Weinheim: Beltz

Deutsche Hauptstelle gegen die Suchtgefahren (Hrsg.), 1998: Jahrbuch Sucht '99. Geesthacht: Neuland

Deutsche Shell (Hrsg.), 2000: Jugend 2000. 13. Shell Jugendstudie, 2 Bände. Opladen: Leske + Budrich

Deutsche Shell (Hrsg.), 2002: Jugend 2002. Zwischen pragmatischem Idealismus und robustem Materialismus. Frankfurt a. M.: Fischer

Die Zeit, 2007: Die Krise der kleinen Männer. Nr. 24 vom 07. Juni 2007

Döge, Peter und Meuser, Michael, 2001: Geschlechterverhältnisse und Männlichkeit. Entwicklung und Perspektiven sozialwissenschaftlicher Männlichkeitsforschung. S. 7-26 in Dies. (Hrsg.): Männlichkeit und soziale Ordnung. Neuere Beiträge zur Geschlechterforschung. Opladen: Leske + Budrich

Dölling, Irene und Krais, Beate (Hrsg.), 1997: Ein alltägliches Spiel. Geschlechterkonstruktion in der sozialen Praxis. Frankfurt a. M.: Suhrkamp

Drilling, Matthias, Friedrich, Peter und Wehrli, Hans (Hrsg.), 2002: Gewalt an Schulen. Ursachen, Prävention, Intervention. Zürich: Pestalozzianum

Eder, Ferdinand, Gastager, Angela und Hofmann, Franz (Hrsg.), 2006: Qualität durch Standards? Münster: Waxmann

Eckert, Roland, Reis, Christa und Wetzstein, Thomas, 2000: 'Ich will halt anders sein wie die anderen'. Abgrenzung, Gewalt und Kreativität bei Gruppen Jugendlicher. Opladen: Leske + Budrich

Enders-Dragässer, Ute und Fuchs, Claudia, 1988: Jungensozialisation in der Schule. Eine Expertise. Darmstadt: Gemeindedienste und Männerarbeit der EKHN

Enders-Dragässer, Ute und Fuchs, Claudia, 1989: Interaktionen der Geschlechter. Sexismusstrukturen in der Schule. Weinheim: Juventa

Enzmann, Dirk, Brettfeld, Karin und Wetzels, Peter, 2003: Männlichkeitsnormen und die Kultur der Ehre. S. 264-287 in Oberwittler, Dietrich und Karstedt, Susanne (Hrsg.): Soziologie der Kriminalität. Wiesbaden: Verlag für Sozialwissenschaften

Epstein, Debbie, Elwood, Jannette, Hey, Valeri und Maw, Janet (Hrsg.), 1998: Failing Boys? Issues in Gender and Achievement. Buckingham/Philadelphia: Open University Press

Farin, Klaus, 2001: Die Skins. Mythos und Realität. Bad Tölz: Tilsner

Faulstich-Wieland, Hannelore, 1991: Koedukation – enttäuschte Hoffnungen? Darmstadt: WVG

Faulstich-Wieland, Hannelore, 1995: Geschlecht und Erziehung. Grundlagen des pädagogischen Umgangs mit Mädchen und Jungen. Darmstadt: Wissenschaftliche Buchgesellschaft

Faulstich-Wieland, Hannelore, 2006: Einführung in Genderstudien. Opladen: Leske + Budrich

Faulstich-Wieland, Hannelore, 2008: Geschlechtergerechtigkeit durch Individualisierung. Chancen und Blockaden einer geschlechtergerechten Schule. NDS 60 (6/7): 14-15

Faulstich-Wieland, Hannelore und Horstkemper, Marianne, 1995: 'Trennt uns bitte, bitte nicht!' Koedukation aus Mädchen- und Jungensicht. Opladen: Leske + Budrich

Faulstich-Wieland, Hannelore, Weber, Martina und Willems, Katharina, 2004: Doing Gender im heutigen Schulalltag. Empirische Studien zur sozialen Konstruktion von Geschlecht in schulischen Interaktionen. Weinheim: Juventa

Faulstich-Wieland, Hannelore, Willems, Katharina, Feltz, Nina, Freese, Urte und Läzer, Katrin Luise, 2008: Genus – geschlechtergerechter naturwissenschaftlicher Unterricht in der Sekundarstufe I. Bad Heilbrunn: Klinkhardt

Fend, Helmut, 1986: 'Gute Schulen – schlechte Schulen' – Die einzelne Schule als Pädagogische Handlungseinheit. Die Deutsche Schule 78 (3): 275-293

Fend, Helmut, 1994: Die Entdeckung des Selbst und die Verarbeitung der Pubertät. Bern: Huber

Fend, Helmut, 2001: Entwicklungspsychologie des Jugendalters. Opladen: Leske + Budrich

Ferchhoff, Wilfried, 1985: Zur Pluralisierung und Differenzierung von Lebenszusammenhängen bei Jugendlichen. S. 46-85 in Baacke, Dieter und Heitmeyer, Wilhelm (Hrsg.): Neue Widersprüche. Jugendliche in den 80er Jahren. Weinheim: Juventa

Ferchhoff, Wilfried, 2007: Jugend und Jugendkulturen im 21. Jahrhundert. Lebensformen und Lebensstile. Wiesbaden: Verlag für Sozialwissenschaften

Fischer, Dietlind, Schratz, Michael und Seidel, Giesela, 1998: Schulentwicklung weiblich-männlich. Journal für Schulentwicklung 1 (3): 4-10

Flaake, Karin, 1990: Geschlechterdifferenz und Institution Schule. Das unterschiedliche Verhältnis von Lehrerinnen und Lehrern zu ihrem Beruf. Die Deutsche Schule (Beiheft 1): 160-171

Fleischer-Bickmann, Wolff und Maritzen, Norbert, 1996: Schulprogramm. Anspruch und Wirklichkeit eines Instruments der Schulentwicklung. Pädagogik 48 (1): 12-17

Focus, 2002: Arme Jungs. Nr. 32 vom 05. August 2002

Franz, Matthias, 2004: Wenn der Vater fehlt. Psychologie heute 31 (3): 20-25

Frasch, Heidi und Wagner, Angelika, 1982: 'Auf Jungen achtet man einfach mehr...' S. 260-278 in Brehmer, Ilse (Hrsg.): Sexismus in der Schule. Der heimliche Lehrplan der Frauendiskriminierung. Weinheim: Beltz

Fuchs, Marek, Lammnek, Siegfried, Luedtke, Jens und Baur, Nina, 2005: Gewalt an Schulen. Wiesbaden: Verlag für Sozialwissenschaften

Fuhr, Thomas, 2007: Pädagogische Jungenforschung. Ein einführender Überblick über ein neues Forschungsfeld. Päd Forum: unterrichten und erziehen 35 (3): 135-137

Gahleitner, Silke Birgitta und Lenz, Hans-Joachim (Hrsg.), 2007: Gewalt und Geschlechterverhältnis. Interdisziplinäre und geschlechtersensible Analysen und Perspektiven. Weinheim: Juventa

Gailberger, Steffen und Willenberg, Heiner, 2008: Leseverstehen Deutsch. S. 60-71 in DESI-Konsortium (Hrsg.): Unterricht und Kompetenzerwerb in Deutsch und Englisch. Ergebnisse der DESI-Studie. Weinheim: Beltz

Glaser, Edith (Hrsg.), 2004: Handbuch Gender und Erziehungswissenschaft. Bad Heilbrunn: Klinkhardt

Glumpler, Edith, 1993: Zur Integration von Frauenforschung in die LehrerInnenbildung. Konzeptionen – Curriculumbausteine. S. 10-37 in Dies. (Hrsg.): Erträge der Frauenforschung für die LehrerInnenbildung. Bad Heilbrunn: Klinkhardt

Gluszczynski, Andreas und Krettmann, Ulrike, 2006: Koedukation und Sexualerziehung aus der Sicht 9- bis 13-jähriger Jungen und Mädchen. S. 34-54 in Kaiser, Astrid (Hrsg.): Koedukation und Jungen. Weinheim und Basel: Beltz

Goffman, Erving, 1994: Interaktion und Geschlecht. Frankfurt a. M.: Campus

Gogolin, Ingrid, 2006: Erziehungswissenschaft und Transkulturalität. S. 31-43 in Göhlich, Michael, Leonhard, Hans-Walter, Liebau, Eckart und Zirfas, Jörg (Hrsg.): Transkulturalität und Pädagogik. Weinheim: Juventa

Gogolin, Ingrid und Krüger-Potratz, Marianne, 2006: Einführung in die Interkulturelle Pädagogik. Opladen: Budrich

Gogolin, Ingrid und Pries, Ludger, 2004: Stichwort: Transmigration und Bildung. Zeitschrift für Erziehungswissenschaft 7 (1): 5-19

Gollnick, Rüdiger, 2007: Geschlechteraspekte in konkreter schulpädagogischer Bedeutung. Päd Forum: unterrichten und erziehen 35 (3): 172-179

Groenemeyer, Axel, 2005: Ordnungen der Exklusion – Ordnungen der Gewalt. Eine Frage der Ehre? Überlegungen zu Analyse des Zusammenhangs von Exklusion und Gewalt. Soziale Probleme 16 (2): 5-41

Grundmann, Matthias, Groh-Samberg, Olaf, Bittlingmayer, Uwe H. und Bauer, Ullrich, 2003: Milieuspezifische Bildungsstrategien in Familie und Gleichaltrigengruppe. Zeitschrift für Erziehungswissenschaft 6 (1): 25-45

Güting, Damaris, 2004: Soziale Konstruktion von Geschlecht im Unterricht. Ethnographische Analysen alltäglicher Inszenierungspraktiken. Bad Heilbrunn: Klinkhardt

Hafeneger, Benno, 2005: Jungenbilder – eine phänomenologische Skizze. SozialExtra 29 (6): 40-43

Hagemann-White, Carol, 1984: Sozialisation: Weiblich – männlich? Opladen: Leske + Budrich

Hagemann-White, Carol, 2002: Geschlechtertheoretische Ansätze. S. 143-164 in Krüger, Heinz-Hermann und Grunert, Cathleen (Hrsg.): Handbuch Kindheits- und Jugendforschung. Opladen: Leske + Budrich

Haindorff, Götz, 1996: Vater-Hunger. Die Bedeutung von Autorität in der Arbeit mit jungen Männern. S. 38-58 in Sturzenhecker, Benedikt (Hrsg.): Leitbild Männlichkeit?! Was braucht die Jungenarbeit? Münster: Votum

Haindorff, Götz, 2003: Die Jungs von nebenan. Das magische Land der jungen männlichen Psyche. Göttingen: Satzwerk

Hannover, Bettina, 1997: Das dynamische Selbst. Die Kontextabhängigkeit selbstbezogenen Wissens. Bern: Huber

Halbhuber, Werner, 2005: Die Schulstatistik der Kultuskonferenz. S. 68-74 in Bundesministerium für Bildung und Forschung (Hrsg.): Arbeitsstelle Interkulturelle Konflikte und gesellschaftliche Integration: Migrationshintergrund von Kindern und Jugendlichen: Wege zur Weiterentwicklung der amtlichen Statistik. Bildungsreform Band 14. Bonn und Berlin: Eigendruck

Häußler, Peter und Hoffmann, Lore, 1998: Chancengleichheit für Mädchen im Physikunterricht – Ergebnisse eines erweiterten BLK-Modellversuchs. Zeitschrift für Didaktik der Naturwissenschaften 4 (1): 51-67

Head, John, 1999: Understanding the Boys. Issues of Behaviour and Achievement. London: Falmer

Heinzel, Friederike, Henze, Rabea und Klomfaß, Sabine, 2007: Eine Schule für Mädchen und Jungen. Praxishilfe mit Unterrichtsentwürfen für eine geschlechtergerechte Bildung. GEW Broschüre Nr. 1199. Frankfurt a. M.: Eigendruck

Heitmeyer, Wilhelm, 1994: Entsicherungen. Desintegrationsprozesse und Gewalt. S. 376-401 in Beck, Ulrich und Beck-Gernsheim, Elisabeth (Hrsg.): Riskante Freiheiten. Individualisierung in modernen Gesellschaften. Frankfurt a. M.: Suhrkamp

Heitmeyer, Wilhelm, 1995: Rechtsextremistische Orientierungen bei Jugendlichen: Empirische Ergebnisse und Erklärungsmuster einer Untersuchung zur politischen Sozialisation, 5. Auflage. Weinheim: Juventa

Heitmeyer, Wilhelm, Collmann, Birgit und Conrads, Jutta, 1995: Gewalt. Schattenseiten der Individualisierung bei Jugendlichen aus unterschiedlichen Milieus. Weinheim: Juventa

Heitmeyer, Wilhelm und Hagan, John (Hrsg.), 2002: Internationales Handbuch der Gewaltforschung. Gefälligkeitsübersetzung: International Manual of Violence Research. Opladen: Westdeutscher Verlag

Heitmeyer, Wilhelm, Müller, Joachim und Schröder, Helmut, 1997: Verlockender Fundamentalismus. Türkische Jugendliche in Deutschland. Frankfurt a. M.: Suhrkamp

Heitmeyer, Wilhelm und Schröttle, Monika (Hrsg.), 2006: Gewalt: Beschreibungen, Analysen, Prävention. Bonn: Bundeszentrale für politische Bildung

Herwartz-Emden, Leonie, 2005: Migrant/innen im deutschen Bildungssystem. S. 7-24 in Bundesministerium für Bildung und Forschung (Hrsg.): Arbeitsstelle Interkulturelle Konflikte und gesellschaftliche Integration: Migrationshintergrund von Kindern und Jugendlichen: Wege zur Weiterentwicklung der amtlichen Statistik. Bildungsreform Band 14. Bonn und Berlin: Eigendruck

Herwartz-Emden, Leonie und Küffner, Dieter, 2006: Schulerfolg und Akkulturationsleistungen von Grundschulkindern mit Migrationshintergrund. Zeitschrift für Erziehungswissenschaft 9 (2): 240-254

Hitzler, Ronald, Bucher, Thomas und Niederbacher, Arne, 2005: Leben in Szenen. Formen jugendlicher Vergemeinschaftung heute, 2. Auflage. Wiesbaden: Verlag für Sozialwissenschaften

Hitzler, Ronald und Honer, Anne (Hrsg.), 1997: Sozialwissenschaftliche Hermeneutik. Opladen: Leske + Budrich

Hoffman, Lore und Häußler, Peter, 1999: Zeitweise Aufhebung der Koedukation. Ein Modellversuch. Naturwissenschaften im Unterricht. Physik 10: 20-21

Holtappels, Heinz Günter, 2001: Gewalt in verschiedenen Schulformen. Forschungsbefunde über Ausmaß und Bedingungen von Schülergewalt. Lernchancen Nr. 20: 56-60

Holtappels, Heinz Günter (Hrsg.), 2004: Schulprogramme – Instrumente der Schulentwicklung. Konzeptionen, Forschungsergebnisse, Praxisempfehlungen. Weinheim: Juventa

Holtappels, Heinz Günter und Voss, Andreas, 2006: Organisationskultur und Lernkultur. Zusammenhänge zwischen Schulorganisation und Unterrichtsgestaltung am Beispiel selbständiger Schulen. S. 247-275 in Bos, Wilfried, Holtappels, Heinz Günter, Pfeiffer, Hermann, Rolff, Hans-Günter und Schulz-Zander, Renate (Hrsg.): Jahrbuch der Schulentwicklung, Band 14. Daten, Beispiele und Perspektiven. Weinheim: Juventa

Holz, Oliver, 2008: Von Machos und Weicheiern im Spiegel geschlechtergerechter Bildung und Erziehung. S. 9-23 in ders. (Hrsg.): Jungenpädagogik und Jungenarbeit in Europa. Standortbestimmung, Trends, Untersuchungsergebnisse. Münster: Waxmann

Hopf, Werner, 2002: Sozialwirksame Schule – ein systemischer Ansatz. Gewaltprävention – soziales Lernen – Schulkultur. S. 86-91 in Drilling, Matthias, Friedrich, Peter und Wehrli, Hans (Hrsg.): Gewalt an Schulen. Ursachen, Prävention, Intervention. Zürich: Pestalozzianum

Horster, Leonhard und Rolff, Hans-Günter, 2001: Unterrichtsentwicklung. Grundlagen, Praxis, Steuerungsprozesse. Weinheim: Beltz

Horstkemper, Marianne, 1987: Schule, Geschlecht und Selbstvertrauen. Eine Längsschnittuntersuchung über Mädchensozialisation in der Schule. Weinheim: Juventa

Horstkemper, Marianne, 1995: Mädchen und Frauen im Bildungswesen. S. 188-216 in Böttcher, Wolfgang und Klemm, Klaus (Hrsg.): Bildung in Zahlen. Statistisches Handbuch zu Daten und Trends im Bildungsbereich. Weinheim: Juventa

Horstkemper, Marianne, 1999: Zwischen Gleichheitspostulat und Rollenanpassung: Sozialisationseffekte westdeutscher Schulen. S. 250-270 in dies. und Kraul, Margret (Hrsg.): Koedukation. Erbe und Chancen. Weinheim: DSV

Hurrelmann, Klaus und Bründel, Heidrun, 1997: Drogengebrauch – Drogenmissbrauch: Gratwanderung zwischen Genuss und Abhängigkeit. Darmstadt: Wissenschaftliche Buchgesellschaft

Jantz, Olaf und Brandes, Susanne, 2006: Geschlechtsbezogene Pädagogik an Grundschulen. Basiswissen und Modelle. Wiesbaden: Verlag für Sozialwissenschaften

Jösting, Sabine, 2005: Jungenfreundschaften. Zur Konstruktion von Männlichkeit in der Adoleszenz. Wiesbaden: Verlag für Sozialwissenschaften

Jugendwerk der Deutschen Shell (Hrsg.), 1992: Jugend 92: Lebenslagen, Orientierungen und Entwicklungsperspektiven im vereinten Deutschland, 4 Bände. Opladen: Leske + Budrich

Jugendwerk der Deutschen Shell (Hrsg.), 1997: Jugend '97: Zukunftsperspektiven, gesellschaftliches Engagement, politische Orientierungen. Opladen: Leske + Budrich

Jungwirth, Helga, 1990: Mädchen und Buben im Mathematikunterricht. Eine Studie über geschlechtsspezifische Modifikationen der Interaktionsstrukturen. Wien: BMUK

Kaiser, Astrid, 1985: 'Schulfrühstück' oder: Was haben die Mädchen im Sachunterricht zu sagen? Frauen und Schule 4 (8): 2-35

Kaiser, Astrid (Hrsg.), 2006: Koedukation und Jungen. Weinheim und Basel: Beltz

Kanders, Michael und Rolff, Hans-Günter, 1996: Lehrer und Schulentwicklung. Ergebnisse einer bundesweit repräsentativen Lehrerbefragung. Zeitschrift für Sozialisationsforschung und Erziehungssoziologie 16 (4): 410-428

Kassis, Wassilis, 2003: Wie kommt die Gewalt in die Jungen? Soziale und personale Faktoren der Gewaltentwicklung bei männlichen Jugendlichen im Schulkontext. Bern und Stuttgart: Haupt

Kampshoff, Marita, 2006: Geschlechtertrennung und Schulleistungen. Ein Blick auf deutsche und englische Studien. Die Deutsche Schule 98 (3): 322-336

Keddie, Amanda, 2003: Little Boys: tomorrow's macho lads. Discourse: studies in the cultural politics of education 24 (3): 289-306

Kersten, Joachim, 1998: Sichtbarkeit und städtischer Raum. Jugendliche Selbstinszenierung, Männlichkeit und Kriminalität. S. 112-128 in Breyvogel, Wilfried (Hrsg.): Stadt, Jugendkulturen und Kriminalität. Bonn: Dietz

Kessels, Ursula (2002): Undoing Gender in der Schule. Eine empirische Studie über Koedukation und Geschlechtsidentität im Physikunterricht. Weinheim: Juventa

Kindler, Heinz, 2002: Väter und Kinder. Langzeitstudien über väterliche Fürsorge und die sozioemotionale Entwicklung von Kindern. Weinheim: Juventa

King, Vera, 2007: Typisch 'türkischer Jugendlicher'? Bildungswege und Missachtungserfahrungen bei Söhnen aus Migrantenfamilien. Päd Forum: unterrichten und erziehen 35 (3): 141-144

King, Vera und Flaake, Karin (Hrsg.), 2005: Männliche Adoleszenz. Sozialisation und Bildungsprozesse zwischen Kindheit und Erwachsensein. Frankfurt a.M.: Campus

Klewin, Gabriele, 2006: Alltagstheorien über Schülergewalt. Perspektiven von LehrerInnen und SchülerInnen. Wiesbaden: Verlag für Sozialwissenschaften

Klewin, Gabriele, Tillmann, Klaus-Jürgen und Weingart, Gail, 2002: Gewalt in der Schule. S. 1078-1105 in Heitmeyer, Wilhelm und Hagan, John (Hrsg.): Internationales Handbuch der Gewaltforschung. Opladen: Westdeutscher Verlag

Klieme, Eckard, 2006: Bildungsstandards als Instrumente zur Harmonisierung von Leistungsbewertung und zur Weiterentwicklung didaktischer Kulturen. S. 55-70 in Eder, Ferdinand, Gastager, Angela und Hofmann, Franz (Hrsg.): Qualität durch Standards? Münster: Waxmann

Koch-Priewe, Barbara, 1995: Schulentwicklung aus der Sicht von Lehrerinnen. Über die männliche Kultur hinausgehen. Pädagogik 47 (2): 22-24

Koch-Priewe, Barbara, 1997: Qualität von Schule: Geschlecht als Strukturkategorie. Zeitschrift für Pädagogik 43 (4): 567-582

Koch-Priewe, Barbara, 1998a: Schulentwicklung geht von Frauen aus. S. 238-243 in Lutzau, Mechthild v. (Hrsg.): 'Frauen und Schule'. Bericht über den 11. Kongreß vom 11-13.09.1997 in Kassel. Weinheim: Beltz

Koch-Priewe, Barbara, 1998b: Ansätze einer geschlechterbewussten Schulentwicklung. Journal für Schulentwicklung 1 (3): 11-19

Koch-Priewe, Barbara (Hrsg.), 2002: Schulprogramme zur Mädchen- und Jungenförderung. Die geschlechterbewusste Schule. Weinheim: Beltz

Kolip, Petra, 1997: Geschlecht und Gesundheit im Jugendalter. Opladen: Leske + Budrich

Konsortium Bildungsberichterstattung, 2006: Bildung in Deutschland. Ein indikatorengestützter Bericht mit einer Analyse zu Bildung und Migration. Im Auftrag der Ständigen Konferenz der Kultusminister der Länder in der Bundesrepublik Deutschland und des Bundesministeriums für Bildung und Forschung. Bielefeld: Bertelsmann

Krappmann, Lothar, 1988: Soziologische Dimensionen der Identität. Strukturelle Bedingungen für die Teilnahme an Interaktionsprozessen. Stuttgart: Klett-Cotta

Krappmann, Lothar und Oswald, Hans, 1995: Alltag der Schulkinder. Beobachtungen und Analysen von Interaktionen und Sozialbeziehungen. Weinheim: Juventa

Kraus, Ludwig und Töppich, Jürgen, 1998: Konsumtrends illegaler Drogen bei Jugendlichen und Erwachsenen in Deutschland 1973-1997. S. 129-153 in Deutsche Hauptstelle gegen die Suchtgefahren (Hrsg.): Jahrbuch Sucht '99. Geesthacht: Neuland

Krebs, Andreas, 2002: Sichtweisen und Einstellungen heranwachsender Jungen. Ergebnisse einer Befragung an Hamburger Schulen. Hamburg: Behörde für Bildung und Sport: Eigendruck

Krohne, Julia und Meier, Ulrich, 2004: Sitzenbleiben, Geschlecht, Migration. S. 117-148 in Schümer, Gundel, Tillmann, Klaus Jürgen und Weiß, Manfred (Hrsg.), 2004: Die Institution Schule und die Lebenswelt der Schüler. Wiesbaden: Verlag für Sozialwissenschaften

Krüger-Potratz, Marianne und Lutz Helma, 2004: Gender in der Interkulturellen Pädagogik. S. 436-448 in Glaser, Edith (Hrsg.): Handbuch Gender und Erziehungswissenschaft. Bad Heilbrunn: Klinkhardt

Krüger, Heinz-Hermann und Kötters, Catrin, 1999: Vom Risiko, ein Mädchen zu sein. S. 287-295 in Opp, Günther (Hrsg.): Was Kinder stärkt. Erziehung zwischen Risiko und Resilienz. München: Reinhardt

Lammerding, Frank, 2004: Geschlechtsidentitätsentwicklung von Jungen. Kollektive Männlichkeitsorientierungen in der Adoleszenz. Berlin: Wissenschaftlicher Verlag Berlin

Leiprecht, Rudolf und Kerber, Anne (Hrsg.), 2005: Schule in der Einwanderungsgesellschaft. Bad Schwalbach: Wochenschau-Verlag

Lohaus, Arnold, Beyer, Anke und Klein-Heßling, Johannes, 2004: Stresserleben und Stresssymptomatik bei Kindern und Jugendlichen. Zeitschrift für Entwicklungspsychologie und pädagogische Psychologie 36 (1): 38-46

Lutzau, Mechthild v. (Hrsg.), 1998: 'Frauen und Schule'. Bericht über den 11. Kongreß vom 11-13.09.1997 in Kassel. Weinheim

Maaz, Kai, Kreuter, Frauke und Watermann, Rainer, 2006: Schüler als Informanten? Die Qualität von Schülerangaben zum sozialen Hintergrund. S. 31-59 in Baumert, Jürgen, Stanat, Petra und Watermann, Rainer (Hrsg.): Herkunftsbedingte Disparitäten

im Bildungswesen: Differentielle Bildungsprozesse und Probleme der Verteilungsgerechtigkeit. Wiesbaden: Verlag für Sozialwissenschaften

Machwirth, Eckart, 1994: Die Gleichaltrigengruppe (peer-group) der Kinder und Jugendlichen. S. 248-268 in Schäfers, Bernhard (Hrsg.): Einführung in die Gruppensozio-
logie. Heidelberg: UTB

Mannitz, Sabine, 2002: Einschränkungen, Konvergenz und Cross-over. S. 323-357 in
Schiffauer, Werner, Baumann, Gerd, Kastoryano, Riva und Vertovec, Steven
(Hrsg.): Staat – Schule – Ethnizität. Politische Sozialisation von Immigrantenkin-
dern in vier europäischen Ländern. Münster: Waxmann

Mansel, Jürgen und Hurrelmann, Klaus, 1991: Alltagsstress bei Jugendlichen. Eine Untersuchung über Lebenschancen, Lebensrisiken und psychosoziale Befindlichkeit im
Statusübergang. Weinheim: Juventa

Markefka, Manfred und Nauck, Bernhard (Hrsg.), 1993: Handbuch der Kindheitsfor-
schung. Neuwied: Luchterhand

Mayr, Johannes, 2002: Innere Differenzierung auf der Sekundarstufe I: Eine Bestandsaufnahme.
www.gemeinsamlernen.at/siteBenutzer/mBeitrage/beitrag.asp?id=142&MenuID=10
0&bgcolor=1 (letzter Zugriff: 14.05.08)

Melzer, Wolfgang und Rostampour, Parviz, 1996: Schulische Gewaltformen und Opfer-
Täter-Problematik. S. 131-148 in Schubarth, Wilfried, Kolbe, Fritz-Ulrich und Wil-
lems, Helmut (Hrsg.): Gewalt an Schulen. Ausmaß, Bedingungen und Prävention.
Opladen: Leske + Budrich

Meuser, Michael, 1998: Geschlecht und Männlichkeit. Soziologische Theorie und kulturelle Deutungsmuster. Opladen: Leske + Budrich

Meuser, Michael, 2004: Junge Männer: Aneignung und Reproduktion von Männlichkeit.
S. 370-377 in Becker, Ruth und Kortendiek, Beate (Hrsg.): Handbuch Frauen- und
Geschlechterforschung. Theorien, Methoden, Empirie. Wiesbaden: Verlag für Sozi-
alwissenschaften

Meuser, Michael, 2005a: Die widersprüchliche Modernisierung von Männlichkeit. Konti-
nuitäten und Veränderungen im Geschlechterverhältnis. Köln: Manuskript

Meuser, Michael, 2005b: Strukturübungen. Peergroups, Risikohandeln und die Aneignung des männlichen Geschlechtshabitus. S. 309-323 in King, Vera und Flaake, Karin (Hrsg.): Männliche Adoleszenz. Sozialisation und Bildungsprozesse zwischen
Kindheit und Erwachsensein. Frankfurt a. M.: Campus

Michalek, Ruth, 2006: 'Also, wir Jungs sind...' Geschlechtervorstellungen von Grund-
schülern. Münster: Waxmann

Ministerium für Schule und Weiterbildung NRW, 2005: www.schulministerium.
nrw.de/BP/Schulsystem/Statistik/2005_06/Quantita_05_06.pdf (letzter Zugriff:
02.06.08)

Ministerium für Schule, Wissenschaft und Forschung des Landes Nordrhein-Westfalen,
2002: Amtliche Schuldaten 2001/2002. Ausländische Schülerinnen und Schüler,
Lehrerinnen und Lehrer. Statistische Übersicht Nr. 330. Düsseldorf: Eigendruck

Müller, Andrea G. und Stanat, Petra, 2006: Schulischer Erfolg von Schülerinnen und
Schülern mit Migrationshintergrund: Analysen zur Situation von Zuwanderern aus
der ehemaligen Sowjetunion und aus der Türkei. S. 221-255 in Baumert, Jürgen,

Stanat, Petra und Watermann, Rainer (Hrsg.): Herkunftsbedingte Disparitäten im Bildungswesen: Differentielle Bildungsprozesse und Probleme der Verteilungsgerechtigkeit. Wiesbaden: Verlag für Sozialwissenschaften

Müller, Henning und Jäger, Guido, 1998: Leben mit der Dose: Über Jugendliche in der Graffiti-Szene. S. 225-253 in Breyvogel, Wilfried (Hrsg.): Stadt, Jugendkulturen und Kriminalität. Bonn: Dietz

Neubauer, Walter, 1989: Selbstbilder, Selbstwertgefühle und Lebensentwürfe junger Menschen. S. 519-533 in Markefka, Manfred und Nave-Herz, Rosemarie (Hrsg.): Handbuch der Familien- und Jugendforschung, Band 2: Jugendforschung. Neuwied: Luchterhand

Nordlohne, Elisabeth, 1992: Die Kosten jugendlicher Problembewältigung. Alkohol-, Zigaretten- und Arzneimittelkonsum im Jugendalter. Weinheim: Juventa

Offer, Daniel, 1984: Das Selbstbild normaler Jugendlicher. S. 111-126 in Olbrich, Erhard und Todt, Eberhard (Hrsg.): Probleme des Jugendalters. Neuere Sichtweisen. Berlin: Springer

Panyr, Sylva, 2004: Gewalt an Schulen: Problemlage und qualitative Evaluationsergebnisse. S. 74-98 in Schmidt, Bernhard und Tippelt, Rudolf (Hrsg.): Jugend und Gewalt – Problemanlagen, empirische Ergebnisse und Präventionsansätze. München: Utz

Pfeiffer, Christian, 2008: Ethnische Herkunft spielt faktisch keine Rolle. Interview mit Christian Pfeiffer. E&W 60 (3): 30-31

Pfeiffer, Christian, Baier, Dirk, & Windzio, Michael, 2006: Jugendliche mit Migrationshintergrund als Opfer und Täter. S. 240-268 in Heitmeyer, Wilhelm und Schröttle, Monika (Hrsg.): Gewalt: Beschreibungen, Analysen, Prävention. Bonn: Bundeszentrale für politische Bildung

Pfeiffer, Christian, Kleinmann, Mattias, Petersen, Sven und Schott, Tilmann, 2005: Migration und Kriminalität. Ein Gutachten für Zuwanderungsrat der Bundesregierung. Baden-Baden: Nomos

Pfeiffer, Christian und Wetzels, Peter, 1999: Zur Struktur und Entwicklung der Jugendgewalt in Deutschland. Ein Thesenpapier auf der Basis aktueller Forschungsbefunde. Aus Politik und Zeitgeschichte 26: 3-22

Philipp, Elmar und Rolff, Hans-Günter, 1998: Schulprogramme und Leitbilder entwickeln. Weinheim: Beltz

PISA-Konsortium Deutschland (Hrsg.), 2001: PISA 2000 – Basiskompetenzen von Schülerinnen und Schülern im internationalen Vergleich. Opladen: Leske + Budrich

PISA-Konsortium Deutschland (Hrsg.), 2004: PISA 2003. Der Bildungsstand der Jugendlichen in Deutschland – Ergebnisse des zweiten internationalen Vergleichs. Münster: Waxmann

Popp, Ulrike, 1999: Geschlechtersozialisation und Gewalt an Schulen. S. 207-223 in Holtappels, Heinz Günter (Hrsg.): Forschung über Gewalt an Schulen. Weinheim: Juventa

Popp, Ulrike, 2002: Geschlechtersozialisation und schulische Gewalt. Geschlechtsspezifische Ausdrucksformen und konflikthafte Interaktionen von Schülerinnen und Schülern. Weinheim: Juventa

Popp, Ulrike, Meier, Ulrich und Tillmann, Klaus-Jürgen, 2001: Es gibt auch Täterinnen: Zu einem bisher vernachlässigten Aspekt schulischer Gewaltdiskussion. Zeitschrift für Soziologie der Erziehung und Sozialisation 21 (2): 170-191

Prechtl, Markus, 2005: 'Doing Gender' im Chemieunterricht. Zum Problem der Konstruktion von Geschlechterdifferenz - Analyse, Reflexion und mögliche Konsequenzen für die Lehre von Chemie. Köln: Uni-Diss

Prengel, Annedore, 1993: Pädagogik der Vielfalt. Opladen: Leske + Budrich

Preuschoff, Gisela, 2007: Arme Jungs: Was Eltern, die Söhne haben, wissen sollten. Köln: PapyRossa Verlag

Radebold, Hartmut, 2000: Abwesende Väter. Folgen der Kriegskindheit in Psychoanalysen, Göttingen: Vandenhoeck & Ruprecht

Rahm, Sibylle, 2005: Einführung in die Theorie der Schulentwicklung. Weinheim: Beltz

Raithel, Jürgen, 2001: Explizit risiko-konnotative Aktivitäten und riskante Mutproben. S. 11-29 in Ders. (Hrsg.): Risikoverhaltensweisen Jugendlicher. Formen, Erklärungen und Prävention. Opladen: Leske + Budrich

Raithel, Jürgen, 2003a: Riskante Verhaltensweisen im Jugendalter. Ein Literaturüberblick und lebensstilbezogene Forschungsperspektive. Zeitschrift für Soziologie der Erziehung und Sozialisation 23 (3): 286-301

Raithel, Jürgen, 2003b: Mutproben im Übergang vom Kindes- ins Jugendalter. Befunde zur Verbreitung, Formen und Motiven. Zeitschrift für Pädagogik 49 (5): 657-674

Raithel, Jürgen, 2005: Die Stilisierung des Geschlechts. Jugendliche Lebensstile, Risikoverhalten und die Konstruktion von Geschlechtlichkeit. Weinheim: Juventa

Reich, Kersten, 1998: Thesen zur konstruktivistischen Didaktik. Pädagogik 50 (7/8): 41-46

Renold, Emma, 2004: 'Other' boys: negotiating non-hegemonic masculinities in the primary school. Gender and Education 16 (2): 247-266

Rheinberg, Falko, 2006: Motivation. Stuttgart: Kohlhammer

Rheinberg, Falko und Enstrup, Birgit, 1977: Selbstkonzept der Begabung bei Normal- und Sonderschülern gleicher Intelligenz: Ein Bezugsgruppeneffekt. Zeitschrift für Entwicklungspsychologie und Pädagogische Psychologie 9 (3): 171-180

Rogge, Jan-Uwe und Mähler, Bettina, 2002: Lauter starke Jungen. Reinbek bei Hamburg: Rowohlt

Röhr-Sendlmeier, Una M. und Demircioglu, Jenny, 2006: Der Einfluss der Bildung auf die privaten Zukunftsentwürfe junger Migranten. Bildung und Erziehung 59 (4): 447-462

Rohrmann, Tim, 2001: Echte Kerle. Jungen und ihre Helden. Reinbek bei Hamburg: Rowohlt

Rohrmann, Tim, 2007: Brauchen Jungen eine geschlechtsbewusste Pädagogik? Päd Forum: unterrichten und erziehen 35 (3): 145-149

Rolff, Hans-Günter, 2006: Was wissen wir über die Entwicklung von Schule? Pädagogik 58 (3): 42-47

Rose, Lotte und Schmauch, Ulrike (Hrsg.), 2005: Jungen – die neuen Verlierer? Auf den Spuren eines öffentlichen Stimmungswechsels. Frankfurt a. M.: Helmer

Rosenmayr, Leopold, 1976: Schwerpunkte der Jugendsoziologie. S. 1-374 in König, René (Hrsg.): Handbuch der empirischen Sozialforschung, Band 6 (Jugend). Stuttgart: Enke

Rutter, Michael, Maughan, Barbara, Mortimore, Peter und Ouston, Janet, 1980: Fünfzehntausend Stunden. Schulen und ihre Wirkung auf die Kinder. Weinheim: Beltz

Salisch, Maria von, 2000: Wenn Kinder sich ärgern... Emotionsregulierung in der Entwicklung. Göttingen: Hogrefe

Schad, Ute, 2007: „Anders anders". Geschlecht und Ethnizität in einer Pädagogik der kulturellen Vielfalt. S. 193-206 in Munsch, Chantal, Gemende, Marion und Rotino, Steffi (Hrsg.): Eva ist emanzipiert, Mehmet ist ein Macho. Weinheim: Juventa

Scherr, Albert, 1997: Jungenarbeit, Männlichkeit und Gewalt. Deutsche Jugend 45 (5): 212-219

Schley, Vera und Schley, Wilfried, 1998: Der Geschlechterdialog in Schulen als interkulturelle Kommunikation. Journal für Schulentwicklung 1 (3): 20-34

Schmidt, Andrea, 2007: Mädchen und Jungen in der Schule. Päd Forum: unterrichten und erziehen 35 (3): 167-171

Schmuck, Richard A., Runkel, Philip J. und Langmeyer, Daniel, 1977: Die Verbesserung des Problemlösungspotentials von Organisationen im Lehrerkollegium einer Schule. S. 205-235 in Sievers, Burkard (Hrsg.): Organisationsentwicklung als Problem. Stuttgart: Klett-Cotta

Schnack, Dieter und Neutzling, Rainer, 2003: Kleine Helden in Not. Jungen auf der Suche nach Männlichkeit Reinbek bei Hamburg: Rowohlt

Scholz, Sylka, 2004: 'Hegemoniale Männlichkeit' – Innovatives Konzept oder Leerformel? S. 33-45 in Hertzfeld, Hella, Schäfgen, Katrin und Veth, Silke (Hrsg.): GeschlechterVerhältnisse. Analysen aus Wissenschaft, Politik und Praxis. Berlin: Dietz

Schratz-Hadwich, Barbara, 1998: Feministische Schulentwicklung – Wunsch oder Alptraum? S. 446-478 in Altrichter, Herbert, Schley, Wilfried und Schratz, Michael (Hrsg.): Handbuch zur Schulentwicklung. Wien: Studienverlag

Schröder, Achim und Leonhardt, Ulrike, 1998: Jugendkulturen und Adoleszenz. Verstehende Zugänge zu Jugendlichen in ihren Szenen. Neuwied: Luchterhand

Schultheis, Klaudia und Fuhr, Thomas, 2006: Grundfragen und Grundprobleme der Jungenforschung. S. 12-71 in dies. und Strobel-Eisele, Gabriele (Hrsg.): Kinder: Geschlecht männlich. Pädagogische Jungenforschung. Stuttgart: Kohlhammer

Schultheis, Klaudia, Strobel-Eisele, Gabriele und Fuhr, Thomas (Hrsg.), 2006: Kinder: Geschlecht männlich. Pädagogische Jungenforschung. Stuttgart: Kohlhammer

Schümer, Gundel, 1992: Unterschiede in der Berufsausübung von Lehrern und Lehrerinnen. Zeitschrift für Pädagogik 38 (5): 655-679

Schümer, Gundel, 2004: Zur doppelten Benachteiligung von Schülern aus unterprivilegierten Gesellschaftsschichten im deutschen Schulwesen. S. 73-114 in Schümer, Gundel, Tillmann, Klaus Jürgen und Weiß, Manfred (Hrsg.): Die Institution Schule und die Lebenswelt der Schüler. Wiesbaden: Verlag für Sozialwissenschaften

Seiffge-Krenke, Inge und Seiffge, Jakob Moritz, 2005: „Boys play sport..?" Die Bedeutung von Freundschaftsbeziehungen für männliche Jugendliche. S. 267-286 in King, Vera und Flaake, Karin (Hrsg.): Männliche Adoleszenz. Sozialisation und Bildungsprozesse zwischen Kindheit und Erwachsensein. Frankfurt a. M.: Campus

Selman, Robert, 1984: Die Entwicklung des sozialen Verstehens. Frankfurt a. M.: Suhrkamp

Shell Deutschland Holding (Hrsg.), 2006: Jugend 2006. Eine pragmatische Generation unter Druck. Frankfurt a. M.: Fischer

Söhn, Janina und Özcan, Veysel, 2005: Bildungsdaten und Migrationshintergrund: Eine Bilanz. S. 117-128 in Bundesministerium für Bildung und Forschung (Hrsg.): Arbeitsstelle Interkulturelle Konflikte und gesellschaftliche Integration: Migrationshintergrund von Kindern und Jugendlichen: Wege zur Weiterentwicklung der amtlichen Statistik. Bildungsreform Band 14. Bonn und Berlin: Eigendruck

Spender, Dale, 1985: Frauen kommen nicht vor. Sexismus im Bildungswesen. Frankfurt a. M.: Fischer

Spender, Dale und Sarah, Elisabeth, 1980: Learning to lose. Sexism and education. London: Women's Press

Stamm, Margrit, 2008: Underachievement von Jungen: Perspektiven eines internationalen Diskurses. Zeitschrift für Erziehungswissenschaft 11 (1): 106-124

Stanat, Petra, 2006: Disparitäten im schulischen Erfolg: Forschungsstand zur Rolle des Migrationshintergrunds. Unterrichtswissenschaft 34 (2): 98-124

Statistisches Bundesamt, 2005: Bildung und Kultur. Allgemeinbildende Schulen. Schuljahr 2004/05. Fachserie 11 (Reihe 1). Wiesbaden: Eigendruck

Statistisches Bundesamt, 2006: Bevölkerung und Erwerbstätigkeit. Einbürgerung 2005. Fachserie 1 (Band 2.1). Wiesbaden: Eigendruck

Stecklina, Gerd, 2007: 'Kleine Jungs mit zu großen Eiern'. Männlichkeitsstereotype über junge männliche Migranten. S. 74-90 in Munsch, Chantal, Gemende, Marion und Rotino, Steffi (Hrsg.): Eva ist emanzipiert, Mehmet ist ein Macho. Weinheim: Juventa

Sturzenhecker, Benedikt und Winter, Reinhard (Hrsg.), 2002: Praxis der Jungenarbeit. Modelle, Methoden und Erfahrungen aus pädagogischen Arbeitsfeldern. Weinheim: Juventa

Swain, Jon, 2003: Needing to be 'in the know': strategies of subordination uses by 10-11-year-old schoolboys. International Journal of Inclusive Education 7 (4): 305-324

Swain, Jon, 2004: The resources and strategies that 10-11-year-old boys use to construct masculinities in the school setting. British Educational Research Journal 30 (1): 167-185

Tertilt, Hermann, 1996: Turkish Power Boys. Ethnographie einer Jugendbande. Frankfurt a. M.: Suhrkamp

Thies, Wiltrud und Röhner, Charlotte, 2000: Erziehungsziel Geschlechterdemokratie: Interaktionsstudie über Reformansätze im Unterricht. Weinheim: Juventa

Thole, Werner, 2002: Jugend, Freizeit, Medien und Kultur. S. 653-683 in Krüger, Heinz-Hermann und Grunert, Cathleen (Hrsg.): Handbuch der Kindheits- und Jugendforschung. Opladen: Leske + Budrich

Tillmann, Klaus-Jürgen, Holler-Nowitzki, Birgit und Holtappels, Heinz Günter, Meier, Ulrich und Popp, Ulrike, 1999: Schülergewalt als Schulproblem. Verursachende Bedingungen, Erscheinungsformen und pädagogische Handlungsperspektiven. Weinheim: Juventa

Tittmann, Mandy und Rudolph, Udo, 2007: Aggressives Verhalten und soziometrischer Status bei Kindern im Vorschulalter. Verantwortlichkeitszuschreibungen und Emotionen bei Kindern. Zeitschrift für Entwicklungspsychologie und Pädagogische Psychologie 39 (4): 177-186

Toprak, Ahmet, 2005: Jungen und Gewalt. Die Anwendung der konfrontativen Pädagogik in der Beratungssituation mit türkischen Jugendlichen. Herbolzheim: Centaurus

Toprak, Ahmet, 2007: Migration und Männlichkeit. S. 122-135 in Munsch, Chantal, Gemende, Marion und Rotino, Steffi (Hrsg.): Eva ist emanzipiert, Mehmet ist ein Macho. Weinheim: Juventa

Valtin, Renate, Wagner, Christine und Schwippert, Knut, 2006: Jungen – benachteiligt? Einige Ergebnisse aus IGLU. Die Grundschulzeitschrift Nr. 20: 18-19

Vogelgesang, Waldemar, 2001: 'Meine Zukunft bin ich!' Alltag und Lebensplanung Jugendlicher. Frankfurt a. M.: Campus

Walter, Oliver und Taskinen, Päivi, 2007: Kompetenzen und bildungsrelevante Einstellungen von Jugendlichen mit Migrationshintergrund in Deutschland: Ein Vergleich mit ausgewählten OECD-Staaten. S. 337-366 in Prenzel, Manfred (Hrsg.): PISA 2006. Die Ergebnisse der dritten internationalen Vergleichsstudie. Münster: Waxmann

Wetzels, Peter und Brettfeld, Katrin, 2003: Auge um Auge, Zahn um Zahn? Migration, Religion und Gewalt junger Menschen. Eine empirisch-kriminologische Analyse der Bedeutung persönlicher Religiosität für Gewalterfahrungen, -einstellungen und -handeln muslimischer junger Migranten im Vergleich zu Jugendlichen anderer religiöser Bekenntnisse. Münster: LIT

Wetzels, Peters, Enzmann, Dirk und Mecklenburg, Eberhard, 2001: Jugend und Gewalt. Eine repräsentative Dunkelfeldanalyse in München und acht anderen deutschen Städten. Baden Baden: Nomos

Wiechmann, Jürgen, 1994: Die pädagogische Selbsterneuerung von Schulen. Eine Untersuchung der Schulentwicklung in deiner Region. Kiel: IPN

Willems, Horst und Winter, Reinhard, 1990: Groß und stark werden. S. 1-8 in dies. (Hrsg.): '...damit Du groß und stark wirst'. Beiträge zur männlichen Sozialisation. Schwäbisch Gmünd: Neuling

Willems, Horst und Winter, Reinhard (Hrsg.), 1990: '...damit Du groß und stark wirst'. Beiträge zur männlichen Sozialisation. Schwäbisch Gmünd: Neuling

Winter, Reinhard, 2001: Jungesein heute: authentisch und normal. Tübingen: Manuskript

Winter, Reinhard, 2005: Blähungen – Mythen – Diskurse. Ein subjektives Statement zum 'Arme-Jungen-Thema'. S. 78-92 in Rose, Lotte und Schmauch, Ulrike (Hrsg.): Jungen – die neuen Verlierer? Auf den Spuren eines öffentlichen Stimmungswechsels. Frankfurt a. M.: Helmer

Winter, Reinhard, 2007: Jungenpädagogik lernen. Päd Forum: unterrichten und erziehen 35 (3): 153-154

Winter, Reinhard und Neubauer, Gunter, 1998: Kompetent, authentisch und normal? Aufklärungsrelevante Gesundheitsprobleme, Sexualaufklärung und Beratung von Jungen. Köln: BZgA

Winter, Reinhard und Neubauer, Gunter, 2001: Dies und Das! Das Variablenmodell 'balanciertes Junge- und Mannsein' als Grundlage für die pädagogische Arbeit mit Jungen und Männern. Tübingen: Neuling

Winter, Reinhard und Neubauer, Gunter, 2002: Dies und Das. Das Variablenmodell 'balanciertes Jungesein' und die Praxis der Jungenarbeit. S. 27-35 in Sturzenhecker, Benedikt und Winter, Reinhard (Hrsg.): Praxis der Jungenarbeit. Modelle, Methoden und Erfahrungen aus pädagogischen Arbeitsfeldern. Weinheim: Juventa

Winter, Reinhard und Neubauer, Gunter, 2005: Körper, Männlichkeit und Sexualität. Männliche Jugendliche machen 'ihre' Adoleszenz. S. 207-226 in King, Vera und Flaake, Karin (Hrsg.): Männliche Adoleszenz. Sozialisation und Bildungsprozesse zwischen Kindheit und Erwachsenensein. Frankfurt a. M.: Campus

Yates, Frank, 1994: Risk-Taking Behavior. Chichester: Wiley

Zimmer, Karin, Burba, Désirée und Rost, Jürgen, 2004: Kompetenzen von Jungen und Mädchen. S. 211-223 in PISA-Konsortium Deutschland (Hrsg.): PISA 2003. Der Bildungsstand der Jugendlichen in Deutschland – Ergebnisse des zweiten internationalen Vergleichs. Münster: Waxmann

Zimmermann, Peter, 1998: Junge, Junge! Theorien zur geschlechtstypischen Sozialisation und Ergebnisse einer Jungenbefragung. Dortmund: IFS-Verlag

Zimmermann, Peter, 2006: Grundwissen Sozialisation, 3. Auflage. Wiesbaden: Verlag für Sozialwissenschaften

Zinnecker, Jürgen, Behnken, Imbke und Maschke, Sabine, 2002: null zoff & voll busy. Die erste Jugendgeneration des neuen Jahrhunderts. Ein Selbstbild. Opladen: Leske + Budrich

Schwerpunkt Sozialraum

Fabian Kessl / Christian Reutlinger
Sozialraum
Eine Einführung
2007. 131 S. Br. EUR 14,90
ISBN 978-3-531-14946-2
Was ist ein „Sozialraum"? Was müssen
Studierende in den Fachbereichen Soziale
Arbeit und Sozialpädagogik, Soziologie,
Geographie und Architektur von sozial-
räumlichen Arbeiten in Theorie und Praxis
wissen? Das Lehrbuch stellt einen syste-
matischen Überblick disziplinärer Positio-
nen und relevanter Handlungsfelder zur
Verfügung.

Fabian Kessl / Christian Reutlinger /
Susanne Maurer / Oliver Frey (Hrsg.)
Handbuch Sozialraum
2005. 659 S. Geb. EUR 49,90
ISBN 978-3-8100-4141-8

Christian Reutlinger /
Fabian Kessl (Hrsg.)
**Schlüsselwerke der
Sozialraumforschung**
Traditionslinien in Texten und Kontexten
2008. 238 S. Br. EUR 19,90
ISBN 978-3-531-15152-6

Detlef Baum (Hrsg.)
Die Stadt in der Sozialen Arbeit
Ein Handbuch für soziale und
planende Berufe
2007. 404 S. Br. EUR 39,90
ISBN 978-3-531-15156-4

Erhältlich im Buchhandel oder beim Verlag.
Änderungen vorbehalten. Stand: Juli 2008.

Frank Früchtel / Gudrun Cyprian /
Wolfgang Budde
**Sozialer Raum und
Soziale Arbeit**
Textbook: Theoretische Grundlagen
2007. 228 S. Br. EUR 19,90
ISBN 978-3-531-15143-4

Frank Früchtel / Wolfgang Budde /
Gudrun Cyprian
**Sozialer Raum und
Soziale Arbeit**
Fieldbook: Methoden und Techniken
2007. 335 S. Br. EUR 19,90
ISBN 978-3-531-15144-1

Wolfgang Budde / Frank Früchtel /
Wolfgang Hinte (Hrsg.)
Sozialraumorientierung
Wege zu einer veränderten Praxis
2006. 317 S. Br. EUR 24,90
ISBN 978-3-531-15090-1

Marlo Riege / Herbert Schubert (Hrsg.)
Sozialraumanalyse
Grundlagen – Methoden – Praxis
2005. 331 S. Br. EUR 29,90
ISBN 978-3-531-33604-6

www.vs-verlag.de

VS VERLAG FÜR SOZIALWISSENSCHAFTEN

Abraham-Lincoln-Straße 46
65189 Wiesbaden
Tel. 0611.7878-722
Fax 0611.7878-400

Handbücher Soziale Arbeit

MIX
Papier aus verantwortungsvollen Quellen
Paper from responsible sources
FSC® C105338

FSC
www.fsc.org

If you have any concerns about our products,
you can contact us on
ProductSafety@springernature.com

In case Publisher is established outside the EU,
the EU authorized representative is:
Springer Nature Customer Service Center GmbH
Europaplatz 3, 69115 Heidelberg, Germany

Printed by Libri Plureos GmbH
in Hamburg, Germany